Teología de la familia

Rodrigo Díaz Bermúdez

Teología de la familia

Con la colaboración
de Zoila Suero de Díaz (cónyuge)

Teología de la familia
Rodrigo Díaz Bermúdez
ISBN:
2022

Editorial SANTUARIO
Av. Pedro Henríquez Ureña No. 134,
La Esperilla, Santo Domingo, Rep. Dom.
E-mail: editorialsantuario@gmail.com
http://editorialsantuario.blogspot.com
Tels.: 809 412-2447; 809 637-1918

Impresión: Impresora Soto

Impreso en República Dominicana
Printed in Dominican Republic

Índice

Este libro está dedicado a mi esposa, Zoila, también coautora de este y madre de mis tres hijos, ella es la persona más importante en mi vida.

Solo a Dios sea la Gloria.

Prólogo

En esta obra de luz el consejero y maestro, doctor Rodrigo Díaz Bermúdez, presenta un tema actual y novedoso: *Teología de la familia para la sociedad del cambio.*

En esta joya de gran valor literario, social y espiritual, el autor pretende y de seguro lo consigue hacer una valiosa contribución a la desconstrucción y reconstrucción del tema familiar, para que estas vivan de acuerdo con los valores cristianos en un mundo que con sus constantes cambios y transformaciones nos reta a ser diferentes.

En este escrito se nos invita a ser guías para las familias que atraviesan por transformaciones en sus vidas.

Este material servirá para enriquecer nuestro discipulado y misión, construyendo familias vivas, fieles y creíbles, que además sean un testimonio y signo de la Trinidad Divina, que es modelo de toda familia.

Estando consientes que la familia es una obra de Dios como lo establece las Sagradas Escrituras en Génesis, cuando dice: "Dejará el hombre a su padre y a su madre y se unirá a su mujer y serán una sola carne", debemos entonces valorar lo importante que es honrar ese pacto contraído con Dios y con la persona escogida para compartir nuestra vida.

Cuando los animales se presentan –en la narrativa fundacional del libro del Génesis– el hombre se impone sobre ellos, les da nombre, los domina y los somete. Pero entre ellos no encontró una ayuda adecuada.

Ser superior o dominar no le hace feliz al ser humano. Seguramente ni siquiera el hombre sabía bien qué es lo que buscaba, qué tipo de ayuda o de ayudante necesitaba.

La soledad como aislamiento existencial es una insatisfacción muy difícil de resolver. Pero llegó la solución.

"Ahora sí, esta es hueso de mis huesos y carne de mi carne".

El hombre por sí mismo, no logra construir su propia felicidad. Dios toma la iniciativa y forma a la mujer de la costilla del hombre. Al despertar el varón reconoce en la mujer: "Ahora sí..."

El encuentro entre el varón y la mujer ya no es como el del día anterior entre el varón y los animales, aquel encuentro fue de dominación y sumisión, este es de reconocimiento de la mutua necesidad y complementariedad resuelta comunitariamente.

Por lo menos esta será la teología consistente con la revelación bíblica en todo el desarrollo progresivo de la misma.

Hombre y mujer se diferencian y se necesitan, forman una unidad y en eso está la clave de su realización.

La unidad de la pareja se fundamenta en relaciones de igualdad, de reconocimiento y de respeto de la dignidad del otro con sus diferencias, de ayuda, colaboración y complementariedad, esa es la obra de Dios.

Admiro intensamente en esta obra la intención de exponer cómo nosotros, los cristianos, desde la familia, debemos asumir nuestro compromiso en la sociedad actual.

Rodrigo Díaz Bermúdez auspicia con ingentes reflexiones el valor de la fe en el seno familiar y cómo la misma va transformándose positivamente en la medida que cada miembro logra imbuirse del espíritu de Dios. Solo el mayor sentido de Dios irradiando luz desde el seno familia puede iluminar y salvar de la destrucción a una sociedad colmada de grietas y oscuridades.

El autor hace un enfoque magistral acerca de la influencia de la familia en el ámbito, social, político, espiritual y moral y cómo debe conducirse e influir la familia cristiana en estos aspectos. Esta obra de inquietante fervor cristiano nos convoca ante la presencia del Señor, a cumplir y ser fiel a la familia desde su mismo nicho, por lo tanto, es un texto imprescindible para toda persona involucrada en la realidad familiar con capacidad para reflexionar y ampliar su nivel de conciencia, comprensión y su felicidad como ser humano.

Leerlo es una oportunidad que viene del cielo, una auténtica bendición.

El aporte que al conjunto de la obra le da su esposa, la Dra. Zoila de Díaz es una herramienta de éxito financiero familiar desde el corazón de una espiritualidad y práctica basada en la experiencia y la madurez alcanzada durante treinta y cinco años de vida matrimonial con el autor de la misma, ambos padres de tres exitosos hijos, en el ámbito familiar y de muchos espirituales en un ministerio conjunto dedicado a pastorear la familia de la fe, tanto de ovejas del redil evangélico como las de otros rediles de los que habla Jesús, en el Evangelio de Juan 10:16: "También tengo otras ovejas que no son de este redil; aquellas también debo traer, y oirán mi voz; y habrá un rebaño, y un pastor"; con el propósito de hacer del mundo una familia extendida y para el Reino.

Recomendamos con entusiasmo la adquisición y disfrute de esta sorprendente obra de sabor científico y sobrenatural.

Pastor Andrés Martínez
Teólogo y Presbítero Metodista

Presentación

Ha sido dicho con incuestionable razón que si la familia está en crisis, también lo está la sociedad; y esto es así por cuanto la familia, en tanto que célula vital de primer orden en el entramado colectivo siempre habrá de ser un reflejo del tejido social en su conjunto.

Teología de la familia para la sociedad del cambio del Dr. Rodrigo Díaz Bermúdez, es una voz de alerta acerca de la crisis que a lo interno enfrentan millones de hogares hoy día alrededor del mundo, pero más allá de la advertencia también es una voz de esperanza, y esto es así por cuanto Dios, a través de los tiempos, en su infinita misericordia y sabiduría ha sabido levantar profetas, hombres y mujeres de fe, para que vayan y hablen a su pueblo y por ende a esa generación en crisis en que les ha tocado vivir, a fin de orientarles para enderezar el camino.

Es por ello que con toda la brillantez teológica que le caracteriza y mediante un discurso fresco, diáfano y actualizado, el Dr. Díaz Bermúdez, expone sin ambages en este maravilloso tratado sobre la familia, los orígenes de la maldad sobre la tierra desvelando dicha esencia en tanto que, causa provocadora de los distintos trances en que una gran parte de la humanidad se encuentra sumida y entrampada, los cuales atrofian y laceran su normal desarrollo, como si de arena movediza se tratase, viéndose obligada a naufragar sin terminar de romper el círculo vicioso, acción que de llegar a ser concretada, definitivamente le permitiría dar el salto hacia el círculo virtuoso.

De ahí que, entender hacia lo interno del núcleo familiar la dinámica que se da entre quienes integran ese órgano social, requiere como mínimo de un manual de alto nivel, pues nunca podremos lograr que algo funcione correctamente si no conocemos las herramientas y técnicas de cómo operativizar el proceso y hacerlo funcionar.

Pero la buena noticia es que ese manual existe, estamos hablando de la Biblia, el manual por excelencia, suministrado por aquel que creó la familia. Y en *Teología de la familia para la sociedad del cambio*, el Dr. Díaz Bermúdez nos dice que para que la familia funcione como debe ser, es necesario que vayamos a, y conozcamos ese manual donde están contempladas todas las instrucciones dadas por el diseñador y creador de la familia.

Ya sabemos que los seres humanos formamos familia bajo la aprehensión de que nos irá bien, pero... la pregunta que surge es, ¿y si no nos va bien? Sobre todo cuando miramos nuestro alrededor y vemos y escuchamos las estadísticas que dan cuenta acerca de la escalada en el aumento de divorcios a nivel mundial; hogares-familias, desintegrándose y tirando por la borda todo lo que durante décadas de unión matrimonial les ha costado sangre, sudor y lágrimas en construir; hijos irrespetando a padres y hermanos; esposos que no terminan de entender el rol que como cabeza de familia le fue asignado desde el principio.

Esto nos lleva a considerar que justamente por ello debemos estar claros en lo siguiente: no podemos hacer que funcione aquello que desde su origen desconocemos su mecánica acerca de *cómo es que funciona*. Pues es lo mismo que de repente nos pongan a conducir un avión, de seguro que no sabríamos ni siquiera encenderlo, mucho menos ponerlo en movimiento y hacerlo volar. Del mismo modo guiar una familia sin entender para qué fue creada, cuál es su propósito y cual es nuestro real compromiso para con ella es apostar a la suerte.

Y es que, por lo regular asumimos el reto de formar familia sin la más mínima idea de lo que esto significa. Por eso tenemos que volver a la pregunta obligada: ¿Cómo podemos hacer que algo funcione correctamente si no conocemos y muchas veces ni siquiera hemos leído el manual? Es por ello que el pastor Díaz Bermúdez se proponga en esta obra, a la luz de la Palabra y con el acompañamiento del Espíritu Santo, abrir nuestros ojos espirituales para ayudarnos en esta ingente tarea.

Por esto y por más, *Teología de la familia para la sociedad del cambio* es una obra que no debe faltar como libro de cabecera en ningún hogar que aspire a forjar lazos firmes de confraternidad que les permitan a sus congéneres mediante la unidad, el amor y la comprensión perdurar en el tiempo, pues es una obra que está escrita desde el corazón con la clara intención y firme razonamientos de advertirnos sobre la urgente necesidad de corregir grietas, cerrar brechas, sanar heridas, consolidar estimas, fortalecer la solidaridad y la tolerancia, en fin, llevar a la familia a jugar el rol que Dios le confirió y para el cual fue diseñada y creada desde el instante en que la concibió en el marco de su plan de redención universal y eterno.

Finalizo diciendo que estoy plenamente seguro de que este libro ayudará enormemente a los que todavía no han formado familia, tanto como a los que sí, pues la obra hace un recorrido desde la creación, la primera familia plantada en el jardín de Edén, hasta la familia del futuro, pasando por el espinoso pero desafiante tema de las finanzas el cual nos revelará que uno de los múltiples propósitos de la familia es planificar para tomar decisiones que la lleven a estar unida y le dé sentido y dirección a lo que hacen sus integrantes, en otras palabras, *disfrutar haciendo lo que hacemos como familia* porque a fin de cuentas eso será lo que nos hará *ser familia*.

En tal sentido invito a los lectores a atesorar en sus mentes y corazones, aquella frase, que cierto día en un retiro de parejas escuché al pastor-conferencista decir a los asistentes: "el matrimonio es algo a lo que debemos ir *no para ver si funciona, sino para que* funcione".

ALEJANDRO SANTANA
Escritor y analista bíblico

Introducción

Teología desde y para la familia

Esta es una obra dedicada al tema de la familia.
Pero ¿por qué es una obra teológica?

Responder este punto nos lleva a otra pregunta vinculante ¿Qué es la teología y qué relación podría tener con el gran espectro familiar?

Teología es mucho más que decir "teos" igual a Dios y logos significa estudio. Teología es más que esa simple reducción; ni siquiera es el conjunto de temas tratados sistemáticamente. Eso sería la *Teología Sistemática.*

Teología implica no solo los atributos de Dios sino su inserción y dinámica dentro de la historia, del tiempo, de la materia, de la creación y de la familia; en el quehacer del hombre, de la ciencia y de todas las expresiones por donde fluya la verdad.

La verdad de Dios, la verdad de Cristo, la verdad de la Iglesia y la verdad del hombre, en la totalidad misma de la creación y de la vida, con sus leyes naturales y espirituales es parte de la esencia y presencia de esa teología contextual.

Ese es el gran escenario de una teología completa, dialéctica, realista y numinosa.

En esta obra sobre la familia haremos teología desde y para la sociedad del cambio.

No todo cambio ha sido lo mejor, pero el paradigma permanente de la historia ha sido ese, la ley del cambio, como decía el filósofo Silo, "ir contra la evolución de las cosas es ir contra uno mismo", aunque a veces como cristianos, tenemos que ir en contra de las corrientes ideológicas que orientan dichos cambios hacia senderos inciertos y destructivos de los valores fundamentales que defiende la Biblia.

Ese cambio sufrido también nos ha traído grietas.

El cambio que necesita el mundo actual, requiere volver a la vieja fuente de la senda antigua de los principios y valores fundamentales y a la apertura creativa de nuevos modelos tanto de reflexión como de acción para los tiempos actuales.

Si despreciamos el cambio nos volvemos antihistóricos.

Si nos doblegamos a las ideologías perniciosas del cambio, nos convertiremos en esclavos.

Se trata por ende de una teología que asume el reto de enfrentar las nuevas coyunturas y responder, proponer, señalar y aprender. Pero sin renunciar al amor, la compasión, la santidad, la misericordia y la verdad de Dios como agente encarnado en la persona de Cristo y en la presencia operante del Espíritu Santo.

Esto será posible en esta obra, de carácter teológico, abierta a la fe y a la revelación como fuentes de creatividad filosófica.

Este intento ha sido realizado desde la perspectiva de la *Teología Contextual*.

¿De qué trata la teología contextual?

La teología contextual es la que no solo enseña, sino que aprende. Dios sigue hablando, aunque el canon bíblico obviamente está cerrado, pero no la intervención dialogante del Espíritu de Dios que viene a darle vigencia a la revelación profética segura ya establecida en las Sagradas Escrituras.

La voz de Dios no puede ser silenciada ya que es la de un Creador y sustentador en tres personas y como tales comunicantes y vivos. En ese sentido decimos que Dios no está mudo. Dios es Dios, Él sigue hablando, clamando y desafiando desde la realidad misma. Él se ha encarnado y sigue presente por medio de su Santo Espíritu. Aún en aquellos pueblos donde las familias no conocen el evangelio de Jesucristo, ya Dios había llegado antes que el misionero con su Biblia.

Siempre desde la realidad, se expresará la esperanza y la propuesta para el cambio y la santidad, para el conocimiento de un Dios salvífico, encarnado y participante de los procesos aún dolorosos de las creaturas, porque "Yo soy el Dios de tus padres... y tengo bien vista la opresión de mi pueblo que está en Egipto. He escuchado sus gritos de dolor provocados por sus capataces. Sí, Yo conozco muy bien sus sufrimientos". (Éxodo 3:6-7)

Por lo dicho, la Teología contextual no implica solo academia, sino construcción de un discurso donde se incluye la reflexión con la acción. Reclama un círculo hermenéutico que comience por donde inició el trato de Abran con Jehová o Yavéh, desde Ur de los caldeos, desde los contextos específicos e históricos, desde la misma realidad.

Dios comienza allí mismo, donde usted está, con o sin misioneros oficiales. El que comienza la obra, la continuará y la completará.

La Teología contextual contiene una perspectiva desde la misma fe. Teología es no dejar a Dios sin opinión y sin participación en un aislado olimpo desencarnado.

Teología desde y para el cambio, implica un trabajo de construcción y deconstrucción.

Es toda una tarea profética.

Por supuesto que la Teología es interpretación, o sea, que incluye la hermenéutica no solo de textos sino de realidades por donde Dios habla e invita a participar en esta gran construcción de lo que teológicamente se ha llamado el Reino, cuyas dimensiones eternas y naturales se juntan en la acción y se han hecho evidentes en una cristología de la encarnación.

En ese contexto, la familia ha jugado un papel importante en el gran trato del Creador que a la vez es Sustentador de la vida como ya lo hemos señalado.

La familia es un tema de gran interés teológico, porque es Dios mismo el que da inicio presentándose en forma de *Comunidad de Amor*: "Entonces dijo Dios: Hagamos al hombre a nuestra imagen, conforme a nuestra semejanza; y señoree en los peces del mar, en las aves de los cielos, en las bestias". (Génesis 1:26)

La iglesia vislumbró teológicamente en ello, desde muy temprano, una participación trinitaria, donde el Espíritu Santo ministra la presencia de la divinidad no de una forma externa como si fuera un extraterrestre extraño, sino como un agente participante desde la vida misma, desde lo corpóreo, desde lo real y desde la Palabra siempre encarnándose, palpitante, en el corazón de la más íntima partícula cuántica y manifestada en la persona extraordinaria del Jesús histórico, inserto en una familia que al parecer no prometía entender del todo su ministerio, por lo menos al inicio.

¿Desde qué tipo de teología pretendemos enfrentarnos entonces al tema de la familia? Desde la teología contextual como ya lo hemos sugerido.

Esto es fundamental aclararlo desde el principio para que podamos ir pisando en firme, hasta llegar a una posible salida para los problemas y desafíos que vamos a analizar durante este recorrido de reflexión y posibles acciones, para acercarnos a soluciones frente a las profundas crisis de la familia posmoderna líquida y agrietada como lo veremos más adelante al analizar el significado de dichas metáforas.

Contextualidad, profecía y actualidad

La teología contextual, o sea, la que nace como una expresión no sesgada, no es solo reflexión, sino acción y reacción, por lo tanto con vocación profética.

De ahí que, la teología contextual más allá de las referencias inmediatas a las que alude, es profética, no solo tomando la palabra profecía como vaticinio, sino incluyendo sus dimensiones de anuncio y denuncia.

Nada más contextual que las palabras de los profetas, que anuncian la esperanza, en nuestro caso para la familia y denuncian a una sociedad cuyos cambios no siempre han traído buenas cosas para esta institución fundada en Dios y su Palabra.

La labor de los profetas fue y sigue siendo esa misma. Anunciar códigos correctos y denunciar los incorrectos. *Predecir y Decir*. El profeta vaticina con base a la visión de Dios, pero su percepción no está ajena del juicio ético basado en la denuncia del pecado ya sea personal, social o estructural, sea que esté en una tribu o en una familia o en las grandes ciudades como Nueva York.

Hablar de parte de Dios indicando el presente y futuro, eso es profecía. Anunciar con ello el mensaje de la salvación y señalar la falta de santidad, amor, misericordia. Ese es y será siempre un profeta completo.

El oficio del profeta terminará cuando acabe el pecado que hay que denunciar y el *rehma* que haya que ministrar, proponiendo la intención primaria, que es el amor, y denunciando lo contrario, llamado desamor, ya sea organizado o caótico, sea de izquierda o de derecha, venga del mundo urbano o de los "popis" de las grandes aldeas tecnológicas. (Popi es un concepto fabricado por las culturas urbanas para designar al individuo privilegiado económicamente, generalmente blanco y con símbolos de poder y de alta gama, aunque no lo sea en su profundidad para valorar axiológicamente las cosas significativas).

El pecado siempre será idolatría "popi" o "wawa" (este es otro concepto fabricado por las masas para referirse al urbano, carente de todo, pero que saca de sí la genialidad para ganarse la vida).

El pecado siempre es y será *harmatía*, en términos griegos, lo cual es errar en el blanco de lo que desea Dios, en términos bíblicos, nunca está desvinculado del pecado de la idolatría.

La *hamartía* en última instancia es terminar adorando algo que no es Dios, sea esto un animal, persona, cosa, símbolo o fetiche. Implicando con ello algo más que un simple acto biológico, sexual, social o religioso.

El pecado es intrínsecamente idolatría.

La familia es una institución que tiene como finalidad romper con la idolatría y reconocer que es imagen de un Dios cuyo ser es auto concebido como familiar, comunitario, trinitario y amoroso. El amor familiar es comunitario y rompe con toda idolatría al individualismo si se entiende como la unión cimentada en una estructura básica formada por tres, es decir, un hombre, una mujer y Dios, mediante un pacto, que no puede concebirse cristianamente como un simple contrato que se pueda romper y deshacer cuando les plazca a las partes. Un pacto no es un simple papel sellado y timbrado que puede ser roto cuando las partes quieran. El pacto tiene un significado más profundo y permanente.

Es decir, se hace familia a través de una Alianza o Pacto no contractual sino profundamente espiritual y comprometido con el plan divino.

El hecho de que una teología sea de tipo contextual no tiene que entenderse como que está obligada a ser servil de las culturas relativistas de la época, es contextual, porque nace y se parece al contexto, pero a su vez es capaz de ser violenta desde la palabra contra las estructuras que pretenden pasar por bueno lo que es sustancialmente malo. Por ello el mismo Jesús declaró que el Reino es de los valientes y violentos. "Y desde los días de Juan el Bautista hasta ahora, el reino de los cielos sufre violencia, y los violentos lo conquistan por la fuerza". (Mateo 11:12)

La teología contextual es por sus formas y efectos, teología incómoda para el mundo.

En ese sentido es revolucionaria, violenta y valiente, porque señala, desafía, combate y construye, como lo enseñó y practicó el maestro de Galilea. Su poder está en destruir lo malo y establecer lo bueno, a través de métodos dignos y pacíficos, pero eficaces, inteligentes y santos.

La teología de la familia que representamos en esta obra es enormemente contextual, muy fuerte en sus señalamientos y poco romántica, porque la misma no es un ente aislado para adornar un meloso cuadro familiar sacado del imaginario feliz, sino complejamente enraizada en una realidad, desde lo general hasta lo más particular y desde el grito de miles de seres humanos particulares y colectivos que han visto sus familias destrozadas, y a sus hijos entregándose en las manos del sistema materialista y pecaminoso.

El mito de la familia feliz, se cae frente a una teología contextual que señala que la construcción familiar no surge de un gesto sentimental ni de una costosa ceremonia de bodas sino de un parto compartido que comienza con la gran decisión que un día hizo Josué. "Y dijo Josué a todo el pueblo, escogeos a quién sirváis ... pero yo y mi casa serviremos a Jehová". (Josué 24:2–15)

Una teología contextual presentará siempre el tema de la familia en franca confrontación con los poderes de las tinieblas que brotan en forma de ideologías y de propuestas de modelos muy extraños al orden divino, teniendo como paradigma de este a los diseños presentados en la Biblia.

La teología contextual es de tipo bíblico, por lo que al mismo tiempo no permite una lectura simplemente mítica del texto, sino real y contundente, por encima de cualquier estilo literario que adornen las narrativas escriturales.

La Biblia no es un cuento de hadas, llena de fórmulas mágicas, ni Dios un mago oriental. A pesar de los formatos culturales, ella es y contiene la opinión y el consejo de Dios, su dirección y mensaje fundamental para toda la humanidad.

Por ello, nos ubicamos hermenéuticamente, en esta obra, al tratar el tema de la familia desde los relatos escriturales, considerando dos los sentidos que tienen, o sea en dos realidades exegéticas ; la que dio origen al texto revelado y en la que estamos con sus diversos códigos que hay que descifrar para poder entender y transformar. Asumir y rechazar.

¿Qué más podemos decir sobre la teología contextual? Creemos que la pregunta sobra en este momento en que ya se han dado las explicaciones pertinentes, pero agreguemos algo más, para que no pecar de déficit pedagógico.

La teología contextual está vinculada profundamente con la tarea misionera y pastoral. Y no puede haber praxis pastoral sin teología contextual ya que sería un ejercicio impositivo, arbitrario, desencarnado y dictatorial.

De allí podríamos inferir que no solo se trata de una teología contextual lo que pretendemos sino también diaconal, o sea de servicio ministerial. Ambas caminarán siempre juntas si desean llegar al propósito de ser una guía para lograr esta gran hazaña de construir una familia en medio de estos desiertos, terremotos y ciclones existenciales de nuestra historia humana.

Trataremos el asunto de la Pastoral Familiar en un capítulo aparte, pero vale mencionarlo para hacer el énfasis que entronca la teología contextual con la tarea profética del ministerio cristiano.

Volveremos sobre eso. Pero anotemos algunas consideraciones básicas previas, que sirvan de plataforma y enlace con el propósito de la obra.

Y digamos sin ningún titubeo que toda teología ministerial no solo debe ser fiel a la doctrina bíblica básica, sino a la compasión con que debe tratarse cada situación; esto así por cuanto, dogma y compasión nunca podrán ir divorciados dentro de la cosmovisión cristiana y su tarea para con la humanidad.

En otras palabras, podemos decir que la teología pastoral o ministerial es *ortopraxis*, término acuñado para definir la correcta acción y no solo la ortodoxia, o correcta doctrina.

En algunos momentos de la historia la ortodoxia negó con sus posturas a la ortopraxis.

La iglesia muchas veces ha cometido el error de actuar cruelmente en nombre de una doctrina mal aplicada. En ese sentido, la casuística familiar obliga al ejercicio de una ortopraxis válida, que no contradiga la misión ministerial asumida por Jesús;

"El Espíritu del Señor está sobre mí,

Por cuanto me ha ungido para dar buenas nuevas a los pobres;

Me ha enviado a sanar a los quebrantados de corazón;

A pregonar libertad a los cautivos,

Y vista a los ciegos;

A poner en libertad a los oprimidos". (Luc. 4:18)

La pastoral familiar contextual como parte del quehacer ministerial, es, por ende, profética, orto–práctica, casuística y ortodoxa. Dicho de forma más sencilla, debe ser compasiva considerando la realidad de cada situación desde donde el Espíritu de Dios, clama intervención sanadora. Nunca es palabra de juicio condenatorio, sino intervención previa de primeros auxilios y posterior acompañamiento.

O sea, lo teológicamente correcto estará siempre por encima de lo legalmente establecido por la pura letra. "el cual también nos hizo suficientes como ministros de un nuevo pacto, no de la letra, sino del Espíritu; porque la letra mata, pero el Espíritu da vida". (2 Corintios 3:6)

Este no es un libro de psicología matrimonial, somos teólogos que para entender la realidad hemos venido usando claro está, las ciencias sociales y auxiliares pero a la hora de realizar la sentencia exegética, recurrimos a las Escrituras sin chantajearlas, como lo hacen algunos a través de la llamada *Eisegesis*, es decir, aquellas interpretaciones que tienen como finalidad justificar una ideología aunque esta no se compadezca con la sana doctrina que sí nace de una *Exégesis*, que es todo lo contrario, porque suministra la interpretación desde las raíces propias del enunciado bíblico y desde las entrañas de la realidad a la cual respondió dicho texto en su propio *Sitz im Leben* como dicen los teólogos alemanes. Término usado para referirse a la necesidad de partir desde su situación propia y su contexto.

En otras palabras, esto es *ortopraxis* en su mejor sentido de la palabra.

El grave problema de muchas propuestas y soluciones pastorales es que no son contextuales, están fabricadas simplemente con sesgos aprendidos y cosificados en doctrinas que no admiten revisión alguna, lo cual las hace muchas veces inoperantes a la hora de una hermenéutica circular, capaz de rescatar el texto, mediante la consideración de los contextos para poder ser fieles al propósito más original, lo que requiere no ir al sentido primigenio de los manuscritos más viejos, lo cual es loable como aporte de las ciencias bíblicas, sino al de una reflexión cuyo núcleo sea la gloria de Dios, su compasión, misericordia y restauración. Esos son los ejes permanentes de una hermenéutica fiel a la Escritura y al Espíritu Santo que las ministra.

Muchos lectores llegan a cansarse al leer melodramáticos libros sobre la familia que hablan de situaciones propias de *Alicia en el país de las maravillas*, ajenas a este valle de lágrimas como decía un rezo muy popular.

Este mundo tiene mucho de eso, de *valle de lágrimas* pero también de enormes oasis de la gracia divina.

Por otro lado, el legalismo, el tradicionalismo, el dogmatismo y hasta cierto tipo de fundamentalismo, en lugar de acercar el texto al contexto, se usa simplemente como un talismán repetitivo para reafirmar aplicaciones dogmáticas que no han pasado por el fuego de la revelación bíblica sino por un interés de determinados grupos y fuerzas predominantes en ciertos momentos de la historia.

Si el mundo cambió eso no es nada nuevo, porque siempre ha cambiado, por eso el cambio es una constante a tomar en cuenta en toda la revelación progresiva.

El Creador de la materia también es el del tiempo y el de los ciclos, las leyes físicas, las potencias del átomo y la versatilidad del mundo subatómico y el cambio que es en todos esos mundos una permanente ley inexorable.

No nos asombremos entonces de que todo cambie.

La Palabra de Dios siendo la misma, siempre vendrá de forma novedosa, su esencia se tornará en dirección a responder a la existencia, para un mundo también novedoso.

El cielo y la tierra cambiarán, pero la Palabra no.

¿Cómo hacer que esa palabra pueda danzar junto al cambio produciendo la orientación a ese mismo cambio?

En otras palabras, los cambios no pueden ser ciegos, están regidos por una soberanía divina donde la Palabra debe insertarse y señalar una ruta redentora, de lo contrario el cambio nos llevaría a una catastrófica situación o a una entropía sin sentido escatológico alguno.

Esa Palabra vendrá para aplicar lo que nunca cambia, que es la compasión divina, desenterrando significados –códigos, como solemos decir en la posmodernidad tecnológica– para lo cual Dios levanta profetas, maestros, apóstoles, servidores de la Palabra que sepan descomponer y recomponer.

No una adaptación servil hacia una sociedad cada vez más corrupta, sino rescatar los propósitos *éticos* restauradores y salvadores de lo que pudieran ser lecturas no desmontadas y condicionadas a perpetuar los sistemas que deberíamos haber cambiado hace mucho tiempo defendidos por aquellos que *cuelan el mosquito y se tragan el camello* como decía el Señor Jesús.

Las instituciones deben cambiar, tanto las seculares como las religiosas, lo que no puede cambiar es la potencia del Evangelio porque es poder de Dios para realizar las transformaciones hacia la línea o *ethos* que de antemano el diseñador ha prefijado.

No se trata de adaptación sino de destrucción y construcción, de realizar verdaderas cirugías existenciales con ese instrumento poderoso que es la Palabra proclamada, contextualizada y hecha acción transformadora.

"Porque la Palabra de Dios es viva y eficaz, y más cortante que toda espada de dos filos; y penetra hasta partir el alma y el espíritu, las coyunturas y los tuétanos, y discierne los pensamientos y las intenciones del corazón". (Hebreos 4:12)

Este ejercicio de la teología contextual asumiendo compromisos definidos es una lucha de códigos donde Dios te dice "Mira, hoy te he dado autoridad sobre las naciones y sobre los reinos, para arrancar y para derribar, para destruir y para derrocar, para edificar y para plantar". (Jeremías 1:10)

Un tránsito revelador mediante un diagnóstico descriptivo

Por esos carriles irá la reflexión teológica de esta obra, siguiendo una ruta crítica desde la Biblia y su contexto hasta el futuro de la sociedad y la familia, pasando por las grietas de la posmodernidad y por las estructuras internas de la familia como sistema. Este viaje pasará por la teología de la familia desde el corazón mismo de la Biblia.

De allí partiremos en el capítulo primero, porque luego transitaremos hacia el contexto real de la familia actual, analizando las descripciones y clasificaciones realizadas desde la ciencia social, especialmente desde la teoría sistémica de la familia, para dar paso a dos metáforas, la de sociedad líquida y sociedad agrietada motores activos en la familia postmoderna.

De esa manera comenzaremos el tránsito revelador, mediante ese diagnóstico descriptivo–interpretativo.

Esta cruda realidad nos llevará a reflexionar y a tomar el desafío de la necesidad de una pastoral de la familia capaz de enfrentar el torrente líquido y las quebraduras de una familia que clama por una inmediata sanidad y restauración que traiga de verdad el cambio positivo a esta sociedad.

Nuestro objetivo primordial será la familia, por ende, el descomponer las partes del fenómeno ayudará a la comprensión de este y a entender la práctica pastoral a la que está llamada la iglesia en relación a esta institución cuyas bases están hundidas dentro de la comprensión teológica.

Como no existe familia sin una pre pareja con vocación conyugal el tema del noviazgo vendrá a ser como el ante proyecto de la sociedad, que requiere de atención y análisis.

Trataremos el noviazgo de una forma llana y directa, no bajo los fantasmas del misticismo ni de la ciencia ficción de algunos idealismos irreales con que algunas obras supra espiritualistas pretenden hacer pasar la idealización como si fuera la realidad. Eso no sería teología contextual.

El noviazgo es un fenómeno complejo que muchas veces se torna demasiado complicado, con agrietamientos propios de una sociedad que ha acumulado crisis generacionales.

La célula de la sociedad llamada la familia comienza por el germen llamado pareja. Y esta se forma en el noviazgo.

Si la obra va en dirección de la reflexión teológica sobre la familia, entonces dicho alcance debe ir hasta la primera ameba del constructo, es decir, el noviazgo, donde no faltarán divertidas metáforas para ayudar en su clasificación y estratégicas recomendaciones para salir adelante hacia lo que será el matrimonio. No siempre la llegada a este fin será exitosa, el peor error sería pasar a la siguiente etapa sin la conciencia de la cruda verdad que aparecerá en las que se deberán resolver agendas nada fáciles para el desarrollo futuro de la familia.

Esto nos permitirá ingresar con mayor facilidad al tema de la pareja, del capítulo posterior.

Nos referimos a la pareja matrimonial que está formada por un hombre y una mujer, con dos ingredientes inseparables, por una parte, el amor y por la otra los conflictos.

No hay pareja posible sin estos dos elementos proactivos de la dinámica de pareja. A esto se le suele llamar *dialéctica matrimonial*. Muchas parejas no se capacitaron en esta disciplina, es decir, en la dialéctica relacional y luego se tuvieron que enfrentar a conflictos que no sabían ni cómo plantearlos para poder resolverlos.

Mientras más capacitados estén los individuos para el enfrentamiento de las dialécticas existenciales, más aptos lo serán para la vida matrimonial. Pero muchas veces la formación pastoral distorsionada, es decir, la que presenta todo como un ideal sin ofrecer herramientas para entender los procesos, ha traído más frustración sobre todo a las parejas que brotan de contextos demasiado espiritualistas donde le han dado la espalda a los conflictos reales , evadiendo así las situaciones inevitables de la vida.

Subsecuentemente tendremos que abordar los asuntos de la relación entre padres e hijos, en un siguiente capítulo y así lo haremos, enfocando los principales núcleos de tensión en los diversos episodios que culminará con los hijos listos para dejar el nido.

Siempre, las palabras: conflicto, tensión, lucha, guerra, oposición, serán predilectas en nuestras reflexiones, porque la base de nuestra existencia está condicionada por el impulso de sobrevivencia inherente a la naturaleza humana.

El Evangelio es el mejor camino para realizar esta obra transformadora, pero será muy difícil si espiritualizamos la realidad, o sea, si la ocultamos detrás de un misticismo ajeno a lo que los individuos tendrán que enfrentar en sus propias familias.

Pastoral familiar y tanatología

En el capítulo sobre la Pastoral Familiar, los conocimientos teológicos, sociológicos, psicológicos y de toda índole, se ponen al servicio del trabajo a favor de las familias y será abordado con todo realismo y desde la perspectiva del trabajo misionero de la iglesia, o sea, a través del ministerio pastoral y del liderazgo encargado de ese tipo de apostolado eficiente dirigido a la familia.

Definir bien los conceptos y presentar un modelo de trabajo serán los dos objetivos que se deben perseguir, si se quiere hacer un trabajo con resultados. La Tanatología ministerial aparecerá en esta obra, en el capítulo ocho, como un aporte a la necesidad de un trato pastoral en los procesos de pérdida y duelo.

Este constituye un asunto transversal en la vida humana. Atraviesa cuerpos, corazones, mentes, familias sociedades, a la historia misma.

La historia de la humanidad es la historia de la lucha y danza entre la vida y la muerte. La vida humana está llena de pérdidas. También de ganancias. Pero, el trauma del desgarre es una variable que transversa toda la historia de los humanos.

A este oficio relacionado con la muerte, procesos de duelo y pérdidas se le ha dado el nombre de Tanatología, en nuestro aporte, hemos diseñado un abordaje desde la Tanatología ministerial aplicado a las familias en sus procesos de esta naturaleza.

Nuestro enfoque más que psicológico será de tipo pastoral y basado en la Biblia como fuente de revelación y orientación.

La muerte es inseparable de la vida, desde que se nace se comienza a morir y de ella resurgen otros elementos para la continuidad de esta. Hay muertes físicas, emocionales, de etapa, de época, de ideologías y de generaciones completas. Hay muerte espiritual, social y hasta económica.

La muerte es un tema que golpeará tarde o temprana en el seno de la familia. Nos interesará el enfoque teológico desde la *ideología de la muerte*, la verdadera enemiga detrás del enemigo. No es la muerte lo peor sino la forma en que se concibe. Tanto temor a la muerte se parece al miedo obsesivo al diablo. Creer que la muerte es soberana es sustituir al Eterno. Así como pensar que Satanás es omnipresente es desenfocarse de la verdad revelada, lo cual equivaldría a darle el señorío que solo puede tener el Señor Jesucristo.

Los cristianos siempre han cantado victoria frente a la muerte basados en la Resurrección de Jesucristo. La muerte, teológicamente, no es vista como un *ser* todopoderoso sino como un instrumento de la soberanía del Eterno.

La ideología de la muerte es la que presenta este evento de forma sesgada y como un absoluto separado de la vida, con características fatalistas y totalizantes, porque expone el señorío de Cristo a una igualdad de fuerza con la muerte y no sujeta a Él como quedó evidenciado en la Cruz y posterior resurrección.

Si Cristo no resucitó, para un cristiano sería la victoria de la muerte sobre la vida y de esta manera la sustitución de la teología de la vida, que incluye a la muerte como sierva, por la ideología de la muerte que la excluye como esclava y la convierte en el amo de la humanidad.

La muerte no es soberana. El soberano es Dios.

Si la humanidad está bajo la soberanía de la muerte y no bajo la de Cristo, estaremos todos perdidos irremediablemente, esperando únicamente que el sol llegue a quemar al planeta y desaparezcamos con todo y nuestras ilusiones y teologías.

El concepto de que la muerte es un enemigo todopoderoso no es una verdad exacta ni mucho menos absoluta desde el punto de vista bíblico. A eso llamamos la ***ideología de la muerte***.

La muerte como esclava de la vida es su servidora y no su señora. Esa es la verdadera teología acerca de la muerte. Por eso decimos lo mismo de Satanás, que está bajo la soberanía de Dios y no por su cuenta y plenipotencia.

El postrer enemigo es la muerte vista desde la ideología que la presenta como la que puede competir con la vida y ganarle la partida. Ni quisiera desde las ciencias naturales esto sería verdadero, ya que la materia no se destruye, se transforma, muta, se convierte en otra cosa para servir a la vida no a la muerte.

Lo que llamamos cosa muerta no es más que un potencial abono para la vida. Ese enemigo sí será destruido. No solo será, sino que ya fue vencido. "Si Cristo no resucitó, vuestra fe es vana; aún estáis en vuestros pecados". (1 Corintios 15:17)

No obstante, Cristo ha resucitado y, como vencedores con Él, los cristianos "han pasado de muerte a vida". (1 Juan 3:14)

Cristo "quitó la muerte y sacó a luz la vida y la inmortalidad por el evangelio". (2 Timoteo 1:10)

En otras palabras, la muerte es un medio para acceder a otros niveles de vida, y Dios la ha permitido para glorificarse y ayudarnos a escalar hacia otros niveles por medio de Cristo.

"Pero cuando esto corruptible se haya vestido de incorrupción, y esto mortal se haya vestido de inmortalidad, entonces se cumplirá la palabra que está escrita: Devorada ha sido la muerte en victoria". (I Corintios 15:54)

Por esos avatares irá nuestro capítulo sobre Tanatología Ministerial aplicada a la pastoral de la familia. Todo un acompañamiento en los tiempos de pérdida, duelo y dolor.

Resumiremos, estos eventos tristes –desde el punto de vista de la *Tanatología ministerial*– como una nueva reintegración a la vida, de forma positiva, compasiva y creativa, como un tránsito desde la fragmentación interna hacia una nueva organización donde lo sufrido se convierte en fuente de compasión hacia los demás.

Trauma y resiliencia

La resiliencia es la forma de asimilar y superar todo trauma, por lo tanto, un capítulo sobre Resiliencia no puede faltar en un tratado pastoral sobre familia. Se puede notar un vínculo entre el tema anterior de la tanatología y el presente, sobre la Resiliencia. Ambos pueden ser de gran ayuda para las familias actuales.

En este capítulo, no solo propondremos modelos de resiliencia recurriendo a la experiencia vivida por personajes de la vida real , sino a un protocolo a seguir para formar personalidades capaces de superar los procesos traumáticos que nadie elige, como las catástrofes, muerte de un niño, incendios, terremotos, ciclones, deterioros mentales y otros.

La mención de los personajes resilientes más que un criterio de clasificación, fue usado por nosotros en esta obra para dar reconocimiento a esas inmensas personas sufrientes y valientes, y al mismo tiempo entender que de una forma u otra, su formación familiar y las familias que se formaron a partir de las experiencias de esos héroes, constituyen un valor para la reconstrucción dentro una sociedad líquida y quebrada como la nuestra.

El punto es, que la resiliencia produce madurez y sentido, si se enfoca dentro de un marco que aprecie estos procesos y les dé un significado filosófico y teológico que los explique de la mejor manera posible.

Por eso, el tema de la resiliencia no escapará a una teología contextual que pretende ver las huellas de Cristo a través de todo ese doloroso proceso. Como lo enseñara el gran Viktor Frankl, cuyo discurso está lleno de afirmaciones como las siguiente: *"Cuando ya no podemos cambiar una situación, tenemos el desafío de cambiarnos a nosotros mismos. Las decisiones, no las condiciones, determinan quiénes somos. El significado de mi vida es ayudar a otros a encontrar significado en las suyas"*.

Este hombre no fue importante por lo que dijo, esas frases pudo haberlas escrito cualquiera, lo que les da gran contenido es haberlas pronunciado un hombre que fue capaz de sobrevivir a los campos de concentración nazi mediante la creación de una terapia basada en darle sentido a la vida. Con la terapia basada en el amor y no en el odio hacia los enemigos. ¿Habrá algo más teológico que esto?

Es el hombre que ayudó a entender lo que significa la felicidad. *"La felicidad es como una mariposa. Cuanto más la persigues, más huye. Pero si vuelves la atención hacia otras cosas, ella viene y suavemente se posa en tu hombro"*. Esta palabra es explosiva en un mundo cuya finalidad es el mercado de fetiches para obtener y retener una pretendida y fugaz felicidad.

De manera sorprendente, esta obra pasa a un siguiente capítulo en el tema , uno que produce cierto prurito en muchos,

La Guerra Espiritual Familiar. Los dos extremos en cuanto a la llamada Guerra Espiritual no cuentan con suficiente respaldo bíblico, el primer extremo es negarlo cuando la misma Escritura nos habla de que tenemos una batalla contra los espíritus malignos y que hay que vencerla con las armas de Cristo.

El otro extremo es el hecho de fanatizarse o radicalizarse llevándolo a ser el centro de la vida cristiana, declinando en una constante obsesión por los demonios de todo tipo y confundiendo la carnalidad con el mundo espiritual.

Pero, no podemos negar las maquinaciones del diablo contra la familia y la necesidad de combatirlo a través de una Guerra Espiritual ideológica, estratégica, defensiva y confrontativa, esta es una tarea que debemos hacer desde la apologética hasta los exorcismos si fuesen necesarios.

Ministerialmente no podemos evadir esa realidad.

Este capítulo explica de forma sencilla esta Guerra, cómo llevarla a cabo y por qué tenemos la seguridad de que dicha batalla solo hay que gestionarla porque ya está garantizada nuestra victoria ya que el comandante en jefe de todo el ejército de la oscuridad fue legalmente derrotado en la misma cruz donde fue ofrecido el Cordero constituido en vencedor.

Nuestro contexto social y familiar actual refleja en sus grietas y condición el ataque no solo de ideas y de hombres, sino de poderes que quieren gobernar el corazón de la familia a través de diversas formas y agendas.

Esta es nuestra creencia y más íntima convicción desde nuestro subjetivismo de fe religiosa por supuesto, dado que no solo somos profesionales en el campo de la ciencia sino sobre todo pastores de almas, y en ese caminar hemos visto y palpado la presencia de algo que no tiene para nosotros otra explicación que ser la obra nefasta del mismo satanás atacando y queriendo destruir la familia. La Biblia misma nos revela que existe ese poder de las tinieblas con sus huestes capaces de matar, robar y destruir.

La batalla hay que presentarla en todos los órdenes, incluyendo la Guerra Espiritual Familiar.

Posiblemente, muchos preferirían usar otro concepto en vez de Guerra Espiritual para no crear sospechas y no manchar la calidad teológica de la reflexión, pero pensamos que el movimiento de Guerra Espiritual, como muchos otros en la historia de la iglesia, deben ser rescatados y restaurados por cuanto tienen válidos elementos bíblicos junto a enormes desproporciones del imaginario de sus exponentes.

Hay que hacer Guerra Espiritual, eso es innegociable dentro de nuestros planteamientos y convencimiento pastoral.

Ese ejercicio nos permitirá rescatar bien el tema de la Guerra Espiritual en su esencia y construirle un formato teológico consecuente con la ortodoxia y la ortopraxis teológica. Además, que instruirá al creyente en cómo usar las armas espirituales para problemas que provienen del mundo espiritual y que afectan su mente, su economía y su familia.

Sobre familias alternativas

Este tema será ampliamente tratado en el capítulo dedicado al mismo.

Las sociedades crean sus propios ensayos frente a las crisis, por eso queremos señalar las iniciativas de lo que se ha titulado como *Familias Alternativas*, las cuales tocaremos en el capítulo once, y que trataremos como un fenómeno que puede enseñarnos un camino por donde muy posiblemente encontremos al Señor de Emaús sin saberlo.

No nos sorprende que, en una sociedad tan líquida y fracturada, surjan las alternativas, y las opciones. Algunas bíblicamente aceptables y válidas, otras no.

Cuando se produce una fractura, el organismo trata de repararla a veces creando una nueva complicación o distorsión incómoda. En el mejor de los casos, una reparación funcional.

El ser humano se ha caracterizado por la adaptación y la capacidad de inventar alternativas, algunas no son tan sólidas como se propone en los modelos ideales, pero son los recursos que están a la mano para una solución no siempre completa, pero al menos como mal menor. Nuestro enfoque excluye la validez de una familia alternativa en el seno de un matrimonio de personas del mismo sexo, con ello queremos señalar que toda alternativa debe ser interpretada desde una teología bíblica. Ese es nuestro punto de vista teológico, sabiendo que hay otros enfoques liberales con los cuales tenemos diferencias.

Desechamos las fórmulas de la agenda inclusiva y diversa, pero sí abrimos el abanico a otros ensayos que sean bíblica y éticamente viables, como en el de dos ancianas pensionas que formaron juntas un nido de amor para niños callejeros en una ciudad costarricense. Ellas formaron un hogar o familia alternativa con la validación teológica suficiente desde el punto de vista del cristianismo ortodoxo.

Las religiosas no pueden ser ignoradas en el aporte que han hecho a la formación de hogares alternativos.

La ortopraxis sobrepasa la ortodoxia. O sea que, por sus frutos los conoceréis. Los frutos de esas señoras que adoptan y crían niños abandonados no proviene del diablo, sino de la misericordia que las movió como aquel buen samaritano.

Pues por allí va ese capítulo, las alternativas de familia contienen algún ingrediente del amor de Dios a pesar de todo. Y escuchar el llamado a ser familia para otros, proviene del mismo Cristo: "¿Quién es mi madre, y quiénes son mis hermanos? –replicó Jesús. Señalando a sus discípulos, añadió: –Aquí tienen a mi madre y a mis hermanos. Pues mi hermano, mi hermana y mi madre son los que hacen la voluntad de mi Padre que está en el cielo". (Mateo 12:48–50)

Jesús y sus discípulos formaron una familia alternativa de hombres solteros y casados. De seguidoras solteras y casadas. Verdaderas financistas del ministerio algunas, que desde sus casas compartían el pan y la enseñanza en sus hogares, abriéndolos como nidos de amor paternal y maternal alternativos para muchos; su enseñanza incluye la construcción de familias diferentes.

Dos temas de interés

Hay dos temas que no podremos dejar de tratar. Uno es el de la familia política y otro el de las finanzas.

La llamada familia política no puede escaparse de nuestras reflexiones, es de una importancia que no se puede soslayar como algunos pretenden al negar su influencia como ente integrante presente y real.

Cuando nos casamos no lo hacemos con una persona aislada. No es una isla solitaria en medio del mar, sino un síntoma y expresión de un sistema llamado red familiar.

El matrimonio junta dos programaciones, la de la familia del hombre y la de la mujer. En ese sentido, las familias siempre estarán presentes de forma física o de manera programática a través de la formación que ha recibido cada individuo en su hogar, sus rasgos, su forma de pensar, sentir, en definitiva, la cosmovisión familiar estará allí, queramos o no.

En ese sentido, siempre tendremos a esa familia política metida dentro de nuestro sistema.

La forma en que se resuelva esa conflictividad entre familia nueva y familia de origen, hará que ese factor sea o no de bendición. No podemos eliminarlo, evadirlo o ignorarlo, hay que asumirlo y trabajarlo para que pueda enriquecer y no deteriorar al sistema familiar en general.

De eso se hablará en ese capítulo, de cómo entender y tratar con la familia política.

El capítulo dedicado a las finanzas es una colaboración de nuestra esposa y compañera de ministerio, la Dra. Zoila de Díaz. En estos 35 años de compartir el pan, el liderazgo, el amor y las ilusiones, nos hemos enfrentado a diversos episodios donde el factor financiero ha sido motivo de darle gloria a Dios y aprender cómo debe ser gestionado. Pues de esto nos hablará la Dra. Suero, de lo que son las finanzas, y cómo pueden operar a nuestro favor dentro de una planificación adecuada.

Su experiencia como esposa, ama de casa, médico, administradora profesional y adiestrada en intervención en crisis de pareja y matrimoniales, le permiten dar unos consejos de excelencia.

Reconocemos que sin su intervención esta *empresa familiar* hubiese colapsado. Un esposo poeta y profeta, sin duda que requiere de una esposa realista, aterrizada y virtuosa.

Un viaje al futuro

Finalmente, nos permitiremos mezclar imágenes reales con futurología. Nos preguntamos, ¿cómo será la sociedad del futuro y por ende la familia, de seguir por dónde va la historia? Y con eso cerraremos el grueso cuerpo de esta obra.

¿Cómo serán las familias del futuro? ¿Está la iglesia preparándose para una pastoral coherente con esos cambios?

Especular sobre la influencia de la inteligencia artificial, la sociedad del metaverso y las nuevas formas de los imaginarios sociales no es del todo inútil.

Siempre los futuristas han podido ver anticipadamente cosas que sucedieron luego.

Stephen Hawking siempre creyó que la única opción de la humanidad para sobrevivir sería buscar un nuevo hogar entre las estrellas. Según el físico, diversos factores podrían poner en riesgo nuestra supervivencia, entre ellos la rebelión de la inteligencia artificial. Y aunque todavía se ve muy lejana esa posibilidad, sí que la inteligencia artificial y los robots están evolucionando rápidamente. El último hito alcanzado implicó la primera cirugía llevada a cabo por un robot sin ayuda alguna humana. https://ecoosfera.com/destacados/ciencia–robot–primera–cirugía–sin–ayuda–humana/

Haremos ese ejercicio, apegados siempre al compromiso de una respuesta desde la teología pastoral contextual. No nos podemos olvidar de que la tarea de la pastoral familiar tiene que estar vigente en ese futuro incierto, inseguro, atemorizante y hasta emocionante.

También a manera de conclusión cerraremos con algunos pensamientos esperanzadores.

Recomendamos adentrarse en esta lectura con la firme convicción de que en nuestros planteamientos y reflexiones habrá mucho material para discutir.

Bienvenidos al viejo y nuevo tema de la conflictividad familiar, porque en todo tiempo la familia ha sido nicho de amor y de conflictos.

Apelamos al Espíritu Santo para que la comprensión de las verdades que deseamos transmitir puedan ser asumidas desde una mente crítica, santa y creativa.

Recomendamos nuestra obra para ser trabajada, discutida, analizada y aprovechada en círculos de estudio eclesial, en células, en las escuelas para padres, clubes y ministerios de parejas, en los institutos de formación ministerial y hasta en la universidad, especialmente en las de corte teológico.

Este libro será bueno para todo aquel que quiera construir un mundo mejor, una sociedad del cambio positivo, un pedazo del Reino en el corazón de la familia.

Capítulo I

Teología de la familia
desde el corazón de la Biblia

Una teología desde la realidad de la familia conlleva elementos esenciales que se apropian internamente unos de otros en la reflexión misma y que van a condicionar los análisis y soluciones. Uno de ellos, muy importante es lo que la Biblia enseña al respecto. No solo expresiones sueltas de la Escritura sino su significado en la totalidad docente de la misma.

¿Qué enseña la Biblia acerca de la familia?

¿Cómo era la familia de los tiempos bíblicos?

No presentaremos cuadros descriptivos de usos y costumbres de las tierras bíblicas. No es nuestro objetivo presentar esas configuraciones o lecturas culturales. Nos adentraremos hacia la teología de la familia desde el corazón de la Biblia. O sea, en esencia, ¿qué nos presenta la Biblia como familia real dentro de ese marco de los llamados tiempos bíblicos? y al mismo tiempo, ¿cuál es el ideal teológico del propósito de Dios al respecto que refleja y proclama dicha teología desde el corazón de la misma Escritura Sagrada?

Siempre habrá una tensión entre lo que se expone de forma ideal como modelo deseado por Dios y lo que sucede en la realidad.

Hoy también seguimos en esa dialéctica. Mientras exista el hombre terrenal, esta conflictividad se presentará dentro y fuera de la iglesia, en las ciudades y los campos.

¿Cuáles eran las pautas para esos tiempos? ¿Cómo es la familia actual en relación con ese paradigma? ¿Cómo podrían servir esas pautas para tiempos tan diferentes? Son preguntas que nos van apareciendo en este camino de reflexión, útiles para que el lector participe, externando sus opiniones con otras personas.

Analizar esos puntos no es nada fácil desde una teología que pretenda tener un mínimo de seriedad, pero sí es posible y trataremos de acercarnos a ese desafío paso a paso.

¿Y qué nos dice exactamente la Biblia tanto en su relato como en su teología acerca de la familia?

Por allí tendremos que comenzar.

Algunos dicen que la Biblia y sobre todo el Nuevo Testamento no dice mucho acerca de la familia. Pero afirmar esto no es exacto.

Si nos adentramos con cierto cuidado podemos descubrir mucho material al respecto y unos modelos definidos sobre cómo han entendido los escritores del pensamiento judeocristiano a esta instancia llamada familia.

Desde nuestro ángulo de fe, esta concepción corresponde a lo que Dios ha mostrado en su revelación acerca de esta institución formada por su divina voluntad desde el inicio de la creación.

Hay demasiados cuestionamientos desde diversas posturas ideológicas sobre si la familia es un constructo independiente de la providencia, pero en eso no nos entretendremos ya que nos hemos propuesto reflexionar a partir de lo que es el núcleo de la revelación contenida en la Biblia.

Más sencillo lo diremos y sin sonrojos intelectuales, *nuestra perspectiva, o punto de vista se define como bíblico, aunque no estrictamente fundamentalista o literal, pero sí, teológicamente nuclear de corte judeocristiano y teológicamente conservador de lo que ha enseñado la iglesia cristiana histórica a través del tiempo de su ministerio. Ese es nuestro lente y de allí no nos saldremos en todo este camino de reflexión.*

En ese sentido podemos decir que la Biblia nos enseña mucho sobre la familia, tanto en el Antiguo como en el Nuevo Testamento.

El hecho de que la narrativa bíblica comienza con una pareja constituye una evidencia a nuestro argumento afirmativo de que la familia es un tema cardinal en las Sagradas Escrituras.

Un tema medular es la pareja de donde las demás estructuras se van a formar, es decir, la relación padres e hijos, y de ellos con sus padres. Esto se ha confirmado en la Terapia Familiar moderna, que el eje de la familia lo constituye esencialmente la franja relacional formada por papá y mamá, que cuando esta falla como señalan los expertos, se producen fatales o indeseables triangulaciones. Esto ha quedado suficientemente documentado en la misma Biblia a través de ejemplos que mencionaremos más adelante.

La pareja que nos presenta el modelo bíblico es un hombre y una mujer, ambos adultos, con sus lóbulos prefrontales desarrollados, es decir capaces de decidir y de discernir. (Génesis 2:20–24). La pareja que nos presenta el modelo bíblico al final del Nuevo Testamento es sorprendentemente mística, es la de Cristo y la Iglesia en las bodas del Cordero. (Apoc. 19:7–9)

Así que el referente filosófico para entender el tema de la pareja desde la Biblia es eminentemente teológico, desde la realidad de la pareja y la cultura misma, hasta la perspectiva escatológica en donde la teología se afina considerablemente y transmuta hacia una aplicación mucho más metafísica en el sentido técnico filosófico del término.

Pero en ambos lugares, tanto en Génesis como en Apocalipsis, se parte de una realidad desde la cual se efectuaron esas lecturas sobre el sentido y finalidad de la pareja. O sea, que ambos contextos donde nacen dichos textos son el reflejo de determinadas luchas por la existencia, tanto de poder político como familiar.

Génesis y Apocalipsis son como el Alfa y la Omega para una representación teológica donde las cosas comienzan en una familia y terminan en una gran boda para inaugurar una gran familia escatológica.

No podemos olvidar que el Génesis conlleva un enfoque histórico del proceso del pueblo desde los cautiverios hasta la elaboración completa de su teología fundacional. Y que el apocalipsis por encima de ser un libro que habla del futuro primordialmente es una denuncia teológica y política a la idolatría del poder ejercido por Roma.

Con ello queremos decir que ambos textos no son creados de la nada, sino de palabras, significados, conceptos histórico políticos que traducen la palabra divina revelada desde el mismo corazón de Dios y en donde el tema de la familia es un marco referencial y cultural indiscutible en cuanto a su importancia social y espiritual.

Eso nos lleva a *un ejercicio de profundización, recurriendo al pensamiento complejo* y a los acercamientos contextuales para descifrar dichos códigos. Y el mejor marco que hemos encontrado se llama la teología de la historia de la Salvación. *El término técnico utilizado por la teología alemana que le dio consistencia a ese enfoque es Heilsgeschichte.*

La familia en el marco de la historia de la salvación

¿Qué se entiende por la historia de la salvación?

Con Abraham nace la historia de la salvación propiamente dicha: consiste en la elección de un pueblo por parte de Dios como instrumento de la realización del plan salvífico, una vez que la humanidad era incapaz de reencontrar por sí sola la comunión con Dios perdida por el pecado.

Dios no solo elige a Abraham como un ser anónimo, sino que lo saca de una cultura, lo lleva con una familia y lo integra a un nuevo contexto con la finalidad de crear un nuevo pueblo. El pueblo de la fe, que resultó ser uno de los más idólatras e infieles que pudo haber tenido.

Para que tengamos un panorama bien amplio, en lo teológico, podemos enmarcar todo lo dicho y descrito dentro de una línea de comprensión que recorre toda la Biblia y la reflexión de la iglesia misma a través del tiempo, dentro de ese paradigma llamado historia de la Salvación que incluye a la misma historia de la infidelidad e ingratitud del corazón humano.

La historia de la salvación no solo evidencia la fragilidad humana, sino que trata en forma específica el asunto de la Revelación divina, la cual ha sido realizada en la historia y a través de hombres y mujeres, escrituras y hechos donde no se ha ignorado la imperfección del hombre y la perfección y santidad divina.

La Escritura es un testimonio de los hechos. Dios habla a través de acontecimientos y estos a su vez junto con las palabras recogidas de la divinidad, forman todo un núcleo *sotereológico,* que se va a dar a conocer por diversos medios, tales como la voz de los profetas, la escritura inspirada y finalmente el hecho sin precedentes del Emmanuel o Dios con nosotros, Jesucristo.

En todo tiempo Dios ha venido relacionándose con la historia.

La pregunta que surge es ¿cuál papel tiene asignada la familia dentro de esa historia de la salvación, (Heilsgeschichte).

¿Qué papel juega dentro de esa revelación divina que le muestra a los hombres cómo salvarse, cómo hacer efectivo ese don y cómo desarrollarlo para el establecimiento del Reino?

Dicha revelación divina e histórica la podemos clasificar para comprenderla mejor dentro de un cuatro categorial compuesto de varios elementos a citar:

1. Revelación de los orígenes, donde la narrativa del Génesis es fundante. Dios se manifiesta desde el principio de la humanidad como el responsable de todo lo que existe y haya existido.

2. Revelación como promesa: Se explicita en la llamada a Israel (Preparar el camino a Cristo). El tema del Mesías esperado recorrerá todo el tránsito de esta historia de acontecimientos donde aún elementos ajenos a la étnica judía, como Ciro, se presentan como un Mesías Ungido predecesor del que vendrá. La etnia es superada por el propósito. Nuevamente la ortodoxia es superada por la ortopraxis. Esto será una constante. La unidad entre esa ortodoxia y esa ortopraxis coherente epistemológicamente, será la persona de Cristo, plenamente humana y perfectamente divina.

3. Revelación cristiana: Es en esta tercera categoría donde se desarrollará esa verdad, el Misterio de la Encarnación y el Misterio Pascual (Culmen de la revelación).
4. Revelación final: Manifestación escatológica de la gloria de Dios, Comunión entre los hombres y Dios, expresado en un enorme matrimonio entre Cristo y su Iglesia.

Desde sus orígenes Dios revela la aparición de una pareja con vocación familiar.

Y esa vocación será a la vez mesiánica, aunque tenga que pasar por personajes de dudosa profesión como Rahab, y extranjeras como Rut. Nuevamente la ortodoxia da el paso a la ortopraxis. Luego vemos la aparición salvífica al llamar a Israel.

Mucho más adelante veremos la revelación plena de la Encarnación y del culmen de lo revelado en el hecho pascual, es decir en el misterio de la resurrección.

Y todo apuntará hacia la revelación final, o sea la manifestación de la última y definitiva familia de Dios con su imagen y semejanza, el hombre en sentido genérico.

Este marco nos permite ubicar la familia aún dentro de los cielos y la tierra nuevos. La siempre renovada familia de Dios con los hombres. La estructura básica que va a soportar todos estos procesos de revelación y de peregrinaje es la familia.

Los personajes bíblicos son muy históricos no son entes aislados, Rut, por ejemplo, no es una moabita desvinculada, sino en proceso de formar una familia con promesa mesiánica.

Los dos relatos

En el Génesis encontramos una concepción teológica de la pareja recogida en dos relatos de la creación.

Recordemos que los relatos contienen historia y teología. O sea, hechos que se narran para expresar una determinada cosmovisión teológica.

Dos narraciones de la creación se dibujan en los primeros dos capítulos del Libro del Génesis.

En la primera narrativa de Génesis 1:1–2, Elohim, palabra hebrea genérica para Dios, crea los cielos y la tierra en seis días, luego descansa, bendice y santifica el séptimo, en el segundo relato, Génesis 2:4–2:24, Dios, al que ahora se hace referencia por YHWH, crea a Adán del polvo, el primer humano, y lo coloca en el Jardín del Edén, donde se le da el poder político. Eva, la primera mujer, es creada de Adán y es su compañera.

Las dos fuentes se pueden identificar en la narrativa de la creación: Génesis 1:1–2:3 pertenece, según muchos exégetas a la tradición sacerdotal y Génesis 2:4–2:24 corresponde a la tradición yahvista.

Comenzando por el contenido en la segunda narrativa 2:4b–24, que, según los expertos más connotados, es la más antigua y campesina, llena de metáforas y antropomorfismos.

Su origen en la noche de los tiempos es venerado como *mosaico,* es decir, perteneciente a Moisés, aunque su edición posterior muy posiblemente corresponde a una tradición llamada yahvista, muy antigua, según las hipótesis exegéticas, muy valoradas en el mundo de la ciencias bíblicas .

¿Si esto es así, qué es teológicamente hablando la tradición yahvista de este segundo relato que parece que es la tradición más antigua?

El yahvismo era la religión judía , centrada alrededor de la deidad israelita, Yahweh.

El asunto es que esta teología yahvista concebía a Dios como un ser muy familiar y cercano.

En este segundo relato tan antiguo y yavista, Dios crea a Eva como un complemento o ayuda idónea para el varón, Adán. *Así comienza la dinámica familiar.*

El otro relato, el primero, es mucho más moderno. Es de corte sacerdotal, dicen los analistas de las ciencias bíblicas, Génesis 1:1–2:4a, es literariamente fino, más abstracto, con sesgos sacerdotales, refleja la imagen de los tiempos del destierro de Babilonia, lo que significaría que se trata de una edición posterior dentro de esa revelación progresiva que terminará siendo la Biblia completa que tenemos hoy a nuestra disposición.

En dicho relato se destaca la igualdad y dignidad humana representada en la pareja, creados a su imagen y semejanza. [26] "Entonces dijo Dios: Hagamos al hombre a nuestra imagen, conforme a nuestra semejanza; y señoree en los peces del mar, en las aves de los cielos, en las bestias, en toda la tierra, y en todo animal que se arrastra sobre la tierra".

El primer relato analiza la naturaleza de la sociedad humana, y el segundo analiza la naturaleza del individuo, según el profesor Irving Gatell, teólogo judío mejicano.

El primer relato reza: "Creo Dios al hombre a su Imagen, a imagen de Dios lo creó; varón y hembra los creó". (Génesis 1:27)

Y el segundo relato: "Entonces Adonai el Señor formó al hombre del polvo de la tierra, y sopló en su nariz aliento de vida, y fue el hombre un ser viviente... y dijo Adonai el Señor: no es bueno que el hombre esté solo; le haré ayuda idónea...". (Génesis 2:7 y 18)

Señala Gatell que la diferencia es clara: *en el primer relato se habla de una creación colectiva, donde varón y hembra surgen al mismo tiempo.*

Incluso, la redacción del texto no nos obliga a asumir que solo fue creado un varón y una hembra señala este teólogo, lo que nos parece todo un desafío interpretativo para los exégetas.

La idea de una sociedad humana surgiendo al mismo tiempo en todo el mundo es una opinión no solo compartida con este judío, sino que viene siendo tendencia en el mundo de las hipótesis de las ciencias bíblicas y la teología. Solamente la exponemos como un punto de reflexión interesante no como una teología conclusiva ni mucho menos dogmática. La teología es un ejercicio racional para entender las cosas desde la fe y la revelación.

En el segundo relato es muy claro que se habla de la creación de un individuo. Por eso, la imagen del "soplo del aliento de vida" en su nariz es la de Dios mismo, con aspecto antropomorfo, inclinándose sobre su escultura de barro para soplar directamente sobre su nariz y, de ese modo, darle la vida.

La idea queda contundentemente demostrada cuando, más adelante, Dios mismo decide que ese ser no debe vivir solo. Luego entonces, se trata de un individuo.

No nos interesa –repetimos– representar alguna de las hipótesis sobre estos temas pero sí destacar lo que es innegable, la doble dimensión de la vida de una pareja, su aspecto como individuo y su correlato como ser social.

Ambas cosas son intrínsecas y complementarias, lo interesante es que en el relato más antiguo hay un soplo divino y en el segundo la impronta de una imagen divina.

El individuo tiene vida espiritual, alma, y la pareja vocación de identidad de conexión divina. En la teología paulina se reflejará plenamente estos dos elementos en la metáfora de la relación de Cristo y la iglesia, comparada con la del esposo y la esposa.

El elemento individual, el social y el espiritual forman esa trinidad de componentes en la vocación humana, donde familia, sociedad y religión van a ser factores acompañantes durante toda la historia de estos seres especiales llamados a ser administradores de las propiedades del dueño de la vida.

Lo que realmente nos importa es que en ambos relatos se nos presenta la teología sobre la pareja humana.

A Dios le interesó crear una pareja y por ende la familia. Y esta, en función de un pueblo, de una sociedad, de una historia de la salvación. Heilsgeschichte.

En medio de toda una realidad conflictiva, Dios revela un ideal; la pareja humana como realización para el individuo y como matriz para un mundo organizado.

Este es el núcleo que une a ambas narrativas.

El ideal expresado por Dios juntando lo individual, con lo social y con el gobierno o poder frente a las demás criaturas y elementos integrantes, sosteniéndolo todo, el aliento divino y la identidad de semejanza con el creador le dan un fino acabado a este magna teología de la familia.

El Espíritu y la creatividad.

Para nosotros, para consumo de esta obra, nos contentamos con afirmar que Génesis 1:1–2:3 da un resumen de la creación, mientras que Génesis 2:4–25 da detalles sobre la creación de Adán y Eva. Pero, sus teologías son en realidad dos en una sola: Dios ha creado un ser con dos géneros, lo ha hecho de la tierra, los ha unido en una sola carne y además ha sido creado teniendo algo diferente a todo lo demás, los rasgos de inteligencia, voluntad y capacidad para decidir administrar y producir el sentimiento llamado amor.

Espiritualidad y política

En consecuencia la Espiritualidad va a brotar del individuo y la Religión de la cultura que da unidad al pueblo.

La religión que adornará el Antiguo Testamento va a ser la centrada en un solo Dios creador y sustentador de la vida.

Le tocará a este ser creado por este único Dios, poner nombre a los demás y ser un mayordomo fiel, en pareja. Ejercer su vocación política desde una espiritualidad y bajo la estructura básica de la familia como garantía de estabilidad para todo el cosmos. Un código que debemos tener presente es que la vida aún en sus manifestaciones más espirituales está condicionada por la vida social, económica y política en que esté organizada la sociedad.

Administración y economía son dos elementos que aparecerán asociados a la pareja humana desde sus inicios.

Familia y economía son dos variables inseparables. Así como cultura y religión. Espiritualidad y necesidad individual.

Esta idea va a ser importante para entender a la familia dentro del contexto bíblico donde no encontraremos divisiones en la concepción de lo espiritual y material, lo trascendente y lo inmanente, donde la bendición se materializa en la posesión de la tierra, materia prima, y al mismo tiempo madre, que bendice.

Administrar la tierra es una tarea inmensamente espiritual en la concepción bíblica, por ende, el trabajo y la familia humana están estrechamente vinculados teológicamente y no solo desde el punto de vista antropológico o sociológico.

La teología laboral surge de allí, la que es al mismo tiempo espiritual en esta concepción porque va de la mano de la teología administrativa o la mayordomía, de esa casa común, como plataforma para el dominio de las polis.

Ese es el verdadero significado de la política como administración del poder en cualquiera de sus formas.

La familia es por ende, un ente político, espiritual, cultural y religioso. No hay fisura, dentro de esa teocracia que lo abarca todo. Esa es nuestra herencia espiritual judeocristiana.

La familia es tan política que los llamados partidos políticos saben que no irán a ninguna parte sin contar con el apoyo de las familias de donde surgen sus votantes.

Quizá por ello, la misma familia se ve atacada cuando se quiere gobernar o hacer política desde el caos.

Pero, la familia es una matriz tan consistente que si se lograra desconfigurar afectaría a todo el organismo social. Ese es el punto de gran peligrosidad en una sociedad que pretenda destruir esta institución de origen divino.

De allí el interés de ciertos sectores de eliminar esa consistencia para dar paso a todo tipo de cosas que generen ganancias inmediatas y por encima de todo valor absoluto.

Familia, economía, fe, espiritualidad, religión fuerza laboral, reproducción y política se juntan en un solo discurso teológico: "Sean fecundos y multiplíquense. Llenen la tierra y sométanla. Manden a los peces del mar, a las aves del cielo y a cuanto animal viva en la tierra". (Génesis 1:28)

El mandato cultural, así se le conoce a ese discurso divino, es eminentemente político y espiritual, por ello debe comprenderse entonces, dentro del marco de la historia de la salvación. Política es manejo y administración del poder. Dios da al hombre el manejo político de la creación.

La salvación no es solo un elemento individual, aunque sí lo es en cierto sentido, sino que tiene implicaciones corporativas.

El papel de la ética en referencia a las grietas familiares y sociales

La política como ciencia y la teología siempre han caminado juntas y su cemento aglutinador siempre es la ética.

Faltando la ética se produce la grieta.

Sin esos elementos lo que nos espera es la anarquía en todas sus formas. De hecho, la esterilidad, que pareciera ser tan personal, individual y subjetiva, vino a ser vista en el mundo veterotestamentario como un factor no favorable por sus repercusiones concretas, en el plano social y económico. Se hacía un juicio ético de falta de bendición en las familias que eran visitadas por la esterilidad.

Ese fue el gran problema de Ana, la madre de Samuel, en aquella dramática historia tan conocida por todos.

Desde una teología del Antiguo Testamento no hay una grieta por donde filtrar la existencia de una pareja ajena a la reproducción de la vida y al sostenimiento de esta, donde los hijos son figuras para ser exhibidas en la puerta de la ciudad, como baluartes espirituales, éticos y de poder, símbolos representados en dichos pórticos como la realidad de una familia poderosa y por ende bendecida por Dios.

Allí tenemos en la representación familiar ambos códigos de tipo militar , *defensa y ataque ético.*

La familia servirá para defenderse, pero también para atacar no sólo militarmente o en referencia al estatus político, sino también al ético social.

Esas funciones están vigentes al día de hoy, la familia es un cerco poderoso no solo para defenderse éticamente sino para lanzar desde allí campañas morales por la reivindicación de los valores violados por las agendas destructoras de la sociedad basada en la ganancia sin escrúpulo.

Una persona con familia es más capaz de defenderse y también más poderosa para atacar.

La persona sin familia ni hijos es terriblemente vulnerable frente a los demás.

En la guerra espiritual ofensiva y defensiva que algunos enseñan hoy en día, se tiene muy presente eso, el poder espiritual de una familia unida en propósito y en devoción.

Pero tal lucha no solo se lanza hacia los aires, sino que se convierte en agenda ideológica y hasta política frente a una agencia global que coquetea con el sueño por un anticristo y un superhombre del futuro, sin éticas religiosas y feliz en términos humanistas.

Luchar hoy en día a favor de la familia es también una tarea política.

Poesía, liturgia y política en la teología familiar

Esta teología del poder familiar queda expresada de forma bien clara en la liturgia de la poética del salterio. Una muestra representativa de la misma es sin duda alguna el famoso salmo 127 de la Biblia Hebrea.

SALMO 127

1 Si Jehová no edifica la casa, en vano trabajan los que la edifican; si Jehová no guarda la ciudad, en vano vela la guardia.

2 Por demás es que os levantéis de madrugada y vayáis tarde a reposar, que comáis pan de dolores, porque a su amado dará *Dios* el sueño.

3 He aquí, herencia de Jehová son los hijos; cosa de estima el fruto del vientre.

4 Como saetas en manos del valiente, así son los hijos *tenidos* en la juventud.

5 Bienaventurado el hombre que ha llenado su aljaba de ellos; no será avergonzado cuando hable con los enemigos en la puerta.

Y el salmo 128 remata diciendo:

1 Bienaventurado todo aquel que teme a Jehová,
Que anda en sus caminos.
2 Cuando comieres el trabajo de tus manos,
Bienaventurado serás, y te irá bien.
3 Tu mujer será como vid que lleva fruto a los lados de tu casa;
Tus hijos como plantas de olivo alrededor de tu mesa.
4 He aquí que así será bendecido el hombre
Que teme a Jehová.
5 Bendígate Jehová desde Sion,
Y veas el bien de Jerusalén todos los días de tu vida,
6 Y veas a los hijos de tus hijos.
Paz sea sobre Israel.

Pareja, familia, procreación, sociedad, economía, felicidad, prosperidad y poder político, la guerra y la paz están vinculados de una forma tal en la teología hebrea, que solo nos resta afirmar que esta teología o teologías involucradas son eminentemente contextuales.

La Biblia expresa solo teologías de contexto, nunca elabora fantasías desencarnadas, incluso dentro de los géneros apocalípticos que por cierto son los de mayor envergadura política.

¿De qué nos puede servir estos señalamientos desde la visión veterotestamentaria? De mucho.

No podemos hablar de familia sin tocar el contexto de la lucha por el poder y desde el poder. Es desde las agendas de poder desde donde se pretende destruir la familia, pues entonces, será desde allí desde donde se tiene que establecer la lucha, porque bíblicamente hablando, lo espiritual no excluye de manera alguna lo social y lo político.

"No pasará vergüenza cuando enfrente a sus acusadores en las puertas de la ciudad". Salmo 127:5. Ya había dicho el salmista que los hijos que le nacen a un hombre joven son como flechas en manos de un guerrero. En otras palabras, el tema de la familia implica una lucha, una guerra de dimensiones profundas.

Cuando hablamos de Antiguo Testamento nos referimos a un bloque de libros que va, en nuestras actuales biblias, desde Génesis hasta Malaquías y esto representa un largo periodo por donde el pueblo de la Biblia pasó por muchos filtros e influencias y así mismo la familia.

Pero, sin tocar este desarrollo histórico, que sería propio de otra obra, podemos señalar elementos rectores de la familia veterotestamentaria. A estos, les llamaremos códigos.

Los códigos de masculinidad y feminidad

La pareja que la Biblia propone, en sentido, general está regida por dos *códigos principales*. La masculinidad y la feminidad.

Código femenino

Tenemos el de la mujer: que lo podemos hallar en su máximo esplendor en el famoso tema de *la mujer virtuosa.*

El código mujer es sustancial a la estabilidad del modelo.

La mujer es insustituible como tal y su sujeción garantiza la estabilidad de toda la estructura familiar.

Obviamente habrá que analizar cuidadosamente el concepto de sujeción para no confundirlo con opresión odiosa y pecaminosa. Sujeción es participación en un equipo, ajustándose a un modelo lubricado por la ética y la moral que lo sustenta y la garantía de una jerarquía funcional. El alimento emocional para esa mujer sujeta en su rol, proviene del varón que, con sus propias características de cobertura amorosa, va formando una unidad que los convierte en una empresa poderosa.

La falta de sujeción, junto a la carencia de amor oblativo del varón y el desastre del divorcio son la forma más fácil de romper ese poder empresarial familiar y de golpear el modelo social pretendido en la Escritura.

Donde exista una pareja cuya mujer entiende la sujeción y un marido que profese el amor sacrificial por su mujer, como el de Cristo por la iglesia, estará presente un batallón imposible o muy difícil de derribar. Grandes ministerios se han sostenido, no por el error de uno del binomio, sino por la unidad que han abrazado por encima de todo.

Si existe esa unidad el diablo huye.

Nótese que este tipo de mujer virtuosa es un código espiritual que debe entenderse vinculado no solo a un marido como cobertura familiar sino parte de la fuente de la economía común de ese hogar, ella ejerce un poder moral, político y económico que va a ser administrado por la pareja.

El autor de proverbios 31 se detuvo a detallar 18 sub códigos por llamarlos así, de esta feminidad contextual llamada la mujer de la casa:

1. Versículo 10 - Le da valor
2. Versículo 11 - Es Confiable
3. Versículo 12 - Es Buena o bondadosa
4. Versículos 13 - 14 - Busca actividades para hacer con sus manos
5. Versículo 15 - Provee para su familia
6. Versículo 15 - Es organizada
7. Versículo 16 -Es Prudente al hacer inversiones
8. Versículo 17 - Es Esforzada

9. Versículo 18 - Es Vigilante
10. Versículo 19 - Es Diligente (No floja)
11. Versículo 20 - Es Compasiva
12. Versículo 21 - Es precavida
13. Versículo 22 - Es Digna
14. Versículo 23 - Es atenta a su marido (Una buena esposa)
15. Versículo 24 - Es Ingeniosa
16. Versículo 25 - Vive confiada.
17. Versículo 26 - Es amorosa y Sabia
18. Versículo 27 - Es una mujer querida

Hoy, esos subcódigos variarían y se convertirían en algo todavía más fuerte frente a las demandas de lo que debe ser una mujer dentro de nuestra actual sociedad tecnológica.

Quizá el sistema requiera que la prédica sobre la mujer virtuosa tenga una relectura que afiance la nueva sociedad moderna. que esperaría que mujer virtuosa sea aquella que posea rasgos actualizados de la siguiente manera:

1. Tiene doble y triple empleo.
2. Regresa a la casa a asumir un cuarto empleo.
3. Está disponible para su marido a pesar del estrés y el peso del trabajo y el tránsito.
4. Que sabe usar la tarjeta de crédito.
5. Que lleva a los niños a la escuela.
6. Que paga el préstamo de la hipoteca de la casa o por lo menos el 50 %.
7. Que comparte el pago del servicio de internet y cable para entretenimiento y educación de la familia.
8. Que va a la iglesia los domingos y diezma con la esperanza de prosperar.

9. Que va al salón y se ve obligada en pensar en alguna cirugía que le mantenga su vigencia en el medio.

10. Que tenga una maestría hecha y tres por realizar.

Tal vez en los contextos más rurales o de configuraciones culturales y religiosas diferentes se tendrán otros sub códigos.

Pero, como el texto bíblico es la Palabra de Dios, habrá que meditar en lo esencial de ese modelo de mujer virtuosa para encontrar los elementos sustanciales de sus actitudes.

El modelo no cambia en su esencia, solo que se contextualiza en su existencia. Lo grandioso de las Sagradas Escrituras es que nos permiten ver si los sub códigos actuales ayudan o denigran las dimensiones individuales, sociales, espirituales y vocacionales del propósito divino.

Podemos descifrar el código de la mujer virtuosa como una dama con poder, generadora de riqueza, de influencia y de unidad para la familia. Viene a ser como el tronco que sostiene al árbol familiar sin dejar de estar sujeta al marido que sabe amarla.

Código del varón

Otro código de suma importancia es el del varón, dentro de una cultura patriarcal veterotestamentaria.

¿Quién nos metió en la cabeza que el patriarcado es malo por sí mismo? Hay formas de patriarcado negativo, pero no por el tipo de estructura sino por la falta de elementos primordiales como el amor.

El *paterfamilias* ha funcionado como símbolo de autoridad, representa la garantía de continuidad, y ha sido desvirtuado por la conducta perversa, incestuosa o despótica de un ejercicio incorrecto, no por la esencia del patriarcado.

Dentro de esa contextualizad ¿qué papel juega ese hombre en el Antiguo Testamento con respecto a su pareja?

Como ya se dijo, hubo diversas etapas y condicionantes históricas, pero en términos generales el hombre como esposo era la cabeza del hogar y propietario hasta del pensamiento de la mujer y de los hijos. De hecho, en ese modelo hay mucho que aprender y mucho que desechar. El paradigma nuestro como creyentes cristianos será siempre la revelación progresiva que llega a su mayor expresión en el Nuevo Testamento, donde en Cristo, no es posible un patriarcado despótico sino una paternidad responsable y un sacerdocio del hogar ejercido por un varón santificado.

Esas distorsiones sucedieron en el pasado como fractura de la cultura que asimiló el valor de una forma radical y extremista. El Antiguo Testamento nunca oculta las fallas y horrores cometidos por los hombres de Dios. No idolatra a ningún mortal por ungido que este sea.

Ese sentido de propiedad que regía el movimiento político familiar, se usó hasta formar estructuras que van a requerir revisión profética.

La condición adámica del hombre tiene la tendencia a corromper el propósito y funcionamiento de las instituciones, de allí la importancia de la constante revisión y ajustes en el transcurso del tiempo. Y de eso está llena la Biblia, de llamadas al arrepentimiento, a ejercer la justicia y a practicar la misericordia, el perdón y la santidad.

Arremeter contra el patriarcalismo de forma sesgada no nos lleva a ningún lugar seguro desde el punto de vista de la investigación teológica, es mucho mejor verlo fenomenológicamente y observar la evolución sufrida en dos dimensiones: por una, para ver los cambios históricos y sus consecuencias en los roles de pareja, Y, por otra, saber identificar esa revelación progresiva mencionada y la iluminación a la hora de aplicar nuevas formas de hacer más viable el propósito divino, de formar una pareja y familia justa y amorosa.

Llevar ese rastreo hasta la revelación más plena expresada en el Nuevo Testamento, como ya lo hemos indicado, con la persona, misión y mensaje del Señor Jesús es enormemente importante dentro del propósito de una reflexión teológica compleja y completa.

Esa tarea será necesaria a la hora de proponer códigos restauradores para cada momento.

La poligamia

Veamos cómo el extremismo lleva situaciones limítrofes. Por ejemplo, el tema del poder es tan importante que fue el motor por el cual se construyó el modelo familiar poligámico. Su origen más remoto está en un código de índole político, no en la idea teológica inicial de la pareja monogámica.

La *poligamia* es una forma de propiedad y aumento del poder masculino. Es una desviación desde lo espiritual hacia lo político. Siempre lo espiritual y ético deben ser recursos para toda organización y cuando haya desviación vendrá la Palabra profética para corregir tal percance histórico o personal.

En el Antiguo Testamento no se presenta como el ideal inicial sino como un sistema asimilado por la cultura y permitido por Dios. Pero que tarde o temprano será puesto en cuestionamiento.

La teología contextual cuestiona los sistemas creados por el hombre y que quiere hacer pasar como legitimados por el mismo Dios. No siempre lo que Dios permite es exactamente lo que desea en términos ideales. Por supuesto que al ser soberano, pre ordena todas las cosas conforme a su propósito.

La poligamia está presente en esa historia patriarcal y va a sobrevivir por mucho tiempo, el punto es que el varón juega un papel preponderante.

El desarrollo del poder político no se contentó con la poligamia, sino que dio el paso a la esclavitud de personas de otras etnias, resultado de los botines de guerra especialmente.

El ingreso de la esclavitud será de alguna manera el desahogo del trabajo femenino y un poco más de felicidad para el varón. Pareciera que esa es la filosofía de fondo que justifica y legitima la esclavitud.

Perdida esa visión del propósito divino, nuevamente las sociedades caen en la idolatría, esta vez del poder, la subyugación, la división entre varón y hembra, la aparición del trabajo injustamente remunerado. La perspectiva contextual ayudará a clarificar esos puntos.

Perspectiva desde el contexto

Nos sorprende ver en las narrativas patriarcales de la Biblia que Abraham tuvo dos esposas, Jacob cuatro, Salomón, 700 esposas mujeres reinas y 300 concubinas, David tuvo 8 esposas oficiales más otras cuatro y 10 concubinas.

¡Qué pasó con la monogamia inicial! Tema que lo hemos venido mencionando, que ha tomado otras formas en la sociedad actual, representado en la figura masculina pervertida cuyos símbolos de poder son la apropiación de mujeres extrañas y de varias familias al mismo tiempo.

Israel practicó la poligamia desde muy temprano, pero descubre por la vía teológica que esto no fue así al principio, allá en el horizonte perdido y solo revelado por Dios, de cómo fue el Edén y quienes convivían felices en aquel lugar hasta que se produjo la infidelidad hacia el Creador. Esta hipótesis es muy importante desde el punto de vista de lo que sucederá en todo el trayecto histórico teológico del pueblo de Dios.

Tenemos que ubicarnos en el marco de la teología e historia contextual de esa época bíblica: Israel vivía en un estado de guerra, la gente moría en ella.

La poligamia era el remedio más pragmático para la reproducción de la población.

Era una sociedad basada en la agricultura siendo, además, que los machos requerían de descendencia masculina para trabajar el campo y defender sus propiedades. La guerra a su vez pedía más varones para sus molinos sangrientos.

La mujer sin marido no tenía razón de ser, su representación social estaba en su padre o en su esposo.

Varias mujeres garantizan de mejor manera la infraestructura económica y la superestructura cultural. Ellas producirían hombres y mujeres para la vida y para la muerte, para la guerra y para construir la paz.

La familia es lo esencial para la sociedad, así es como funciona la vida.

De set a la poligamia

La narración de un hijo, Caín, ganadero y nómada, matando a su hermano Abel, agricultor y bueno, es algo que requiere una solución rápida.

La aparición de Set, y los demás hijos e hijas, llevará como consecuencia, la urgencia de una sociedad que está transitando hacia la propiedad de la tierra, a la formación de una red o estructura más sólida basada en una esperanza, es decir un *Set* y una maquinaria de producción humana, que necesariamente va a conllevar la aparición de la poligamia como un medio de crecimiento.

La vuelta a la monogamia también tendrá sus razones políticas y económicas, porque como ya lo hemos repetido muchas veces, no se puede desvincular, la economía, la historia, la pareja, la familia, la sociedad, ni siquiera la guerra y la paz de la religión y la teología.

Se cuenta de Rabí Tarfón, que su harén era de 300 mujeres, vivió en un tiempo de hambruna. Era un *Cohen* y por lo tanto recibía comida de sobra; como acto de amor compasivo practicaba la poligamia para darles de comer a todas estas mujeres.

Siempre las instituciones tienen que ver con la economía, la historia y las formas de sobrevivencia. La teología vendrá a darle coherencia ética e ideológica a la realidad, donde, narrativa y revelación divina se juntan para darle unidad al discurso que justifique a la estructura misma. Solo que la revelación trae una luz que descubre lo que no es propio de la voluntad agradable y perfecta del Creador.

Poligamia y disfuncionalidad

Los profetas vendrán a ser muchas veces, la palabra contraria a una teología equivocaba. Pero no fue así con la poligamia por mucho tiempo. Todo lo contrario, era aceptada, valorada y legitimada teológicamente.

Todo esto se puede ir descubriendo en una lectura pausada de las Escrituras. Sencillamente abra su Biblia en el Antiguo Testamento y vaya leyendo, subrayando y consultando.

¿Cómo se pasó esto del ideal monogámico hacia la realidad de la poligamia?

En Génesis 2:21–22, Dios creó a Adán y luego de una de sus costillas formó una mujer, Eva, y la trajo al hombre.

Dios no le dio varias mujeres a Adán, esto hubiera sido bien práctico para cumplir el mandato de poblar la tierra. (Génesis 1:27–28)

Adán gritó "hueso de mis huesos y carne de mi carne" Génesis 2:23, y luego esta euforia adámica:

"Por tanto, dejará el hombre a su padre y a su madre, y se unirá a su mujer, y serán una sola carne" (versículo 24). Jesús repitió esta verdad cuando le preguntaron sobre el divorcio Mateo 19:5. Luego dijo: "Así que no son ya más dos, sino una sola carne; por tanto, lo que Dios juntó, no lo separe el hombre" Mateo 19:6. Desde el principio de la Biblia, la monogamia es el paradigma, según lo entendemos los cristianos evangélicos hoy día.

Desde el punto de vista de la terapia familiar, podríamos afirmar que los casos de poligamia que narra el Antiguo Testamento están llenos de disfuncionalidades.

Quizá no en el plano de la economía, la guerra, el poder, la política y la sociedad, pero sí en el interior de la familia y en las consecuencias que de ello surgen.

El síndrome de Caín y Abel aparece nuevamente, solo que, en otro contexto, en el de la poligamia.

La evidencia nos podría llevar a concluir que la poligamia produce síndromes disfuncionales. Por supuesto que desde la monogamia también se producen irregularidades, alteraciones y disfuncionalidad. Pero, sin las complejidades de ese tejido complicado de varias mujeres, variedad de hijos y de intereses.

Por ejemplo, notamos una correlación entre poligamia y disfuncionalidad en casos como Abraham, Sara y Agar (Génesis 16:1–5). En el caso de Raquel y Lea (Génesis 30), queda plasmada la interacción entre la disfuncionalidad y las estructuras poligámicas.

El caso vinculado al profeta Samuel que vino de un hogar en el que su madre, Ana, competía con Penina, la otra esposa de su marido (1 Samuel 1:4–6), nos confirma lo que estamos diciendo.

Y qué decir de David, con sus muchas esposas e hijos. Tamar, la hija que David tuvo de una de sus esposas, fue violada por su hermano Amnón, que era hijo de otra esposa (2 Samuel 13), se repite el drama de Caín y Abel con el caso de Amnón.

¿Si David hubiera elegido la monogamia hubiera tenido menos líos? Tal vez sí. Pero el asunto sigue siendo complejo por la misma condición humana y adámica que acompaña a la historia de la humanidad. (2 Samuel 15:14)

La historia de Salomón, rebasa la locura al tener tantas mujeres. La división del reinado no fue ajeno a estas distorsiones.

Lo que podríamos decir al respecto, es que la poligamia es una estructura más compleja que la monogamia.

Pero ¿cuál es la voluntad original de Dios al respecto?

Esa es la teología que el pueblo redactor y receptor de Moisés, de la revelación transmitida por el Génesis, logra rescatar y plasmar a través de sus experiencias y tradiciones existentes, *de que todo es mejor como al principio, varón y hembra en una relación monogámica.* Por eso no debe extrañarnos descubrir que los relatos más antiguos recibidos desde Moisés como autor primario, fueron sujetos de una relectura que vino con la finalidad de rescatar la teología más primaria y fundamental:

"Por tanto, dejará el hombre a su padre y a su madre, y se unirá a su mujer, y serán una sola carne". (Génesis 2:24)

A eso se le llama perspectiva desde la contextualizad.

Esto es lo que ocurrió y seguirá ocurriendo fuera del Edén y lo cierto es que a pesar de todo, la vida continúa.

Esta es la teología que marca las narraciones, mirándolas desde los hitos interpretativos como lo son la deportación babilónica, también las tendremos en el Nuevo Testamento con la destrucción del segundo templo, donde la invasión del año 70 d. C., marcará un antes y un después en la relectura de todo el acontecer salvífico en Cristo.

Queremos decir que los acontecimientos históricos traumáticos vienen a constituir un filtro hermenéutico para los editores de los registros del texto sagrado.

Los traumas aportarán una perspectiva teológica de resiliencia y de esperanza. En ambos, se derrumba la identidad de la nación de Israel. En ambas, se cosechará una nueva visión. El texto bíblico y especialmente toda la revisión y edición del pentateuco quedará teñida de este sabor de infidelidad, castigo, destrucción, regreso y restauración.

Así mismo los Evangelios y las Epístolas no solo narrarán la vida de un Jesús histórico y de las hazañas de los apóstoles sino la teología post-pascual frente al derrumbe del judaísmo y las persecuciones posteriores, de tal forma que las personas, incluyendo las narrativas sobre la familia y sus valores expresarán en sus dramas la situación sufrida por el pueblo de la promesa.

Volviendo al Antiguo Testamento vemos otro hito relacionado con la familia.

Se trata del diluvio. Un verdadero trauma universal.

Una catástrofe tan fuerte como lo fue el cautiverio, tan terrible como la destrucción del pueblo judío por los romanos.

Las narrativas teológicas vistas desde las ciencias bíblicas

Algunos han negado los aportes de las ciencias bíblicas que han sido muy valiosos enrostrándonos el origen de los textos. Pero al mismo tiempo la misma ciencia bíblica pierde el horizonte cuando se abstrae completamente del marco de la historia de la salvación.

No solo los textos fueron editados, sino que su edición engendra una dialéctica desde la que el Espíritu de Dios habla con firmeza indicando que toda distorsión se debe a una sola causa: la idolatría, la cual es infidelidad al Dios que ha revelado su voluntad santificadora y salvífica.

Las teologías que editaron los relatos -visto por las llamadas ciencias bíblicas- contenían mensajes proféticos que se atrevían a proclamar la importancia de volver a esa senda antigua de la moralidad, de la monogamia y del reconocimiento de la excelencia de un solo Dios sobre todos los dioses. *De volver a la anti-idolatría.*

Las escrituras inspiradas no solo tienen un escritor o varios, sino que también editores teólogos, que junto al Espíritu Santo van a plasmar una unidad nuclear. Esa unidad, que garantiza que *la anti-idolatría* quede blindada.

Lo vamos a decir de forma más fácil, la historia normal, ideal, la que se nos contó en la Escuela Bíblica, la que tiene vestimenta cronológica e historiográfica es hermosa y verdadera pero no está sola, junto a ella está otra historia, y esta es la teológica marcada por los acontecimientos duros, crudos y dulces del pueblo de Dios, al fragor de los grandes imperios, como los egipcios, babilonios, persas, griegos y posteriormente los romanos.

El mensaje de un profeta como Natán frente al ungido David no es solo una historia en forma de epopeya, sino un correctivo histórico. El poder que se arrastra tras el placer terminará en muerte y destrucción para la misma familia y el pueblo. Esto se vio en la misma familia del rey David y en las consecuencias de un imperio que fue heredando una grieta que terminó en una división que nunca pudo subsanarse.

Las narrativas del Antiguo Testamento, especialmente en el Pentateuco de origen mosaico, fueron vistas y editadas desde la perspectiva de las escuelas redaccionales del cautiverio babilónico y posteriores a él.

Por ende, son historias contadas en contextos desde donde esas escrituras estaban vivas, hablándoles a las familias y a la gran familia de la fe, textos que participarán de contenidos antagónicos, los culturales que fueron asimilándose y el ácido profético que pretendió desmontarlos.

La influencia de estos conceptos culturales en una posible edición posterior de las narrativas fundacionales es un tema que escapa a nuestro propósito y capacidad en la presente obra, pero *sí entendemos que dentro de la teología contextual es un punto* demasiado profundo a tomar en cuenta.

Por ejemplo, una hipótesis reciente llamada la "autorización imperial persa", nos ha llamado la atención porque propone que los persas, después de su conquista de Babilonia en 538 a. C., acordaron otorgar libertades a cambio de un código de ley único aceptado por toda la comunidad. Un código unificador, ya que en ese contexto había dos grupos políticos: 1) las familias sacerdotales que controlaban el Templo, y 2) las familias terratenientes que formaban los "ancianos".

Estos dos grupos estaban en conflicto, y cada uno tenía su propia teología de la "historia de los orígenes", pero la promesa persa de una autonomía local mucho mayor para todos proporcionó un poderoso incentivo para cooperar en la producción de un solo texto. Ska, Jean-Louis (2006) Este es un teólogo y biblista de origen belga, reconocido como uno de los exegetas especializados del Antiguo Testamento.

Creemos que tal hipótesis es interesante y hasta contiene una posible explicación, pero no necesariamente teológica, sino más bien desde la sociología del poder. Puede ser tan real que a la vez se tornara posibilitaría para una proclamación profética de poner orden y unidad al pueblo tan fragmentado.

Los excesos como las limpiezas étnicas en virtud de una unidad forzada no pueden ser justificados, pero son elementos inseparables de las secuelas o efectos secundarios, llamados colaterales, de procesos como los sufridos en tiempos del regreso del cauterio bajo el liderazgo de Esdras, por ejemplo. El punto de gran importancia teológica vuelve a ser el tema de la anti-idolatría.

Darle seguimiento a ese tipo de análisis y de hipótesis nos puede llevar por caminos de investigación muy complejos es verdad, pero propios de la academia y de la exégesis crítica que ha dado sus inmensos aportes a la historia de la teología.

El problema siempre estará en la perspectiva teológica que se tenga, en nuestro caso, nos sostenemos bajo la sombrilla de la teología de la Historia de la Salvación ya que tiene como eje presentar en todo momento el tema de la idolatría como distorsión al propósito histórico del Dios de la Biblia.

Estos asuntos nos ayudarán a desplazarnos desde la narrativa hasta la existencia misma de sus personajes y su significado, por ejemplo en toda la narrativa del pentateuco especialmente del génesis que es nuestro punto de partida *en una teología familiar desde el corazón de la Biblia.*

Personajes: esencia y significado de los nombres código de la pareja fundacional

Esa primera pareja fundacional que nos presente el Génesis, es básica para entender no solo la teología familiar elaborada por los hagiógrafos sino también la revelación ofertada por el mismo Dios acerca de lo que representa la familia en cuanto hecho teológico.

Hecha la extensa aclaración precedente, tomaremos por el camino de la narración bíblica y esta comienza por la existencia de esa pareja llamada Adán y Eva que no solamente son dos individuos sino un solo código.

Eso queda reflejado en los nombres fundacionales para la comprensión de la teología de la familia y para la teología de la salvación.

Adán y Eva ,son personajes esenciales en la religión judía y en la cristiana. Son un solo código compartido.

El término "Adán", en hebreo "*adam*", no es nombre de persona sino "ser humano". O sea, un individuo al que se le llama Ser Humano.

De modo que todos nosotros/as somos "adán", es decir, "seres humanos".

Un solo código, el adámico.

Esta palabra viene del vocablo hebreo "*adamah*", que significa "tierra fértil". Para los judíos, que vivían en tierras áridas y secas allá en Israel, esta palabra "*adamah*" era sinónimo de vida, de fertilidad y de abundancia.

"Eva" (en hebreo "*hawwah*"), tampoco es un nombre propio de persona. O sea, a esta mujer se le dio el nombre que no se usa para una persona. Se trata de un término hebreo, relacionado con un verbo hebreo ("*hayah*"), que significa "vivir". El mismo código, un solo código, la vida. Traducido en términos más funcionales y modernos, *Eva es la teología de la pro-vida. Adán participa de esta naturaleza de vida, por ende es un código único, el adámico llamado a ser pro-vida.*

Por eso, el Génesis asocia el nombre de Eva, al hecho de que ella es la madre de todos los vivientes. Génesis 3:20. Tanto de los *Adanes* como de las *Evas* futuras.

En otras palabras, Adán y Eva como pareja también representan el don de la vida contenido dentro de la materia, o sea, en la tierra. Un solo código palpitante. Todo lo que respire, palpita, existe, está vinculado a la vida. Y en Adán, desde la fecundación hasta la muerte. Y en Cristo desde el nuevo nacimiento hasta la vida eterna.

Y nos cuenta el Génesis, que Dios creó al ser humano de la "adamah", del polvo de la tierra, del barro, de allí su nombre "adam" (utilizando la imagen tan bella del alfarero, tan común en aquellos tiempos), para que sepamos que el ser humano fue creado especialmente por Dios, que Dios lo hizo de sus propias manos, y le dio vida de su misma vida Génesis 2:7. Y nos presentará a Eva como alguien inseparable del hombre, de la tierra, de la vida y de Dios mismo.

Al iniciar por allí, podemos sacar innumerables enseñanzas para la familia.

Anotemos que en el Antiguo Testamento no se concibe el tema de la pareja sin relación con el de familia.

Se formaliza una pareja, para formar la estructura familiar. Esto ocurrió desde el principio con Adán y Eva, y sus hijos.

En esta familia se concentran temas fundacionales.

El primero es el propósito divino de que un hombre y una mujer estén juntos. Primero crea al hombre, este es hecho de la materia prima de la tierra, del polvo y modelado con la imagen del mismo creador, representando desde ya una teología contextual y vinculante entre la materia y el Espíritu.

Esta Teología será completada desde la reflexión cristiana como la participación del logos, Cristo escondido y creador, ya desde los inicios mismos.

Es decir, en Adán y Eva se realizan la presencia de dos trinidades, la del Padre, la del logos y la del Espíritu representado en ese mover creativo. Y la trinidad formada por el hombre, la mujer y el Creador.

Esta pareja inicial que se encuentra en una situación ideal, rompe el ritmo del creador y con ello paga consecuencias que van a permitir, la teología de la redención, la necesidad de una restauración que no solo afecte a los individuos sino a la historia y a la creación misma. La historia de la salvación se verterá en historia redentora.

Desde la narrativa fundacional hasta la escatología neotestamentaria hay una línea transversal que incluye a la creación, a la materia, la pareja, la economía funcional de la casa común, el pecado o no de acertar en el blanco de la obediencia y la salida redentora.

Dos escenarios

No dejan de tener importancia los escenarios, y en el relato de la historia de esta pareja hay dos, uno es dentro del paraíso y otro que se encuentra fuera del jardín ideal, marcando claramente dos teologías, por una parte, el mundo feliz propuesto por el Creador, donde todo es paz y el mundo externo lleno de dolores y espinos. "Con el sudor de tu rostro comerás el pan hasta que vuelvas a la tierra, porque de ella fuiste tomado; pues polvo eres, y al polvo volverás" (Génesis 3:19). Y "parirás a tus hijos con dolor" Génesis 3:16. Estos hechos son conocidos en la teología como el pecado original.

El pecado rompe la puerta hacia el mundo exterior y al final de ese desierto, está esperando la muerte asociada nuevamente con la tierra, con el polvo, con volver a la materia, no sin la esperanza redentora, tema que irá evolucionando en la progresividad de la revelación bíblica.

En ese escenario tan crudo, tendrá efecto la reproducción de la especie humana, no en el paraíso, sino en esa otra realidad, en el contexto de la conflictividad histórico-social y natural. Acá donde todavía estamos luchando pero victoriosos en Cristo.

En otras palabras, es en la lucha con la naturaleza, con el mismo hombre y con la forma de reproducir la vida que tendrá ahora sentido o no el estar sobre esa tierra, que a futuro será presentada como un gran desierto o camino hacia otra, histórica también, pero redimida, que fluirá leche y miel.

Eso vendrá.

Por ahora solo tendrán la promesa de que, quién los engañó para que pecaran, será aplastada desde la generación que brotará de la mujer: "Y Jehová Dios dijo a la serpiente: Por cuanto esto hiciste, maldita serás entre todas las bestias y entre todos los animales del campo; sobre tu pecho andarás, y polvo comerás todos los días de tu vida. Y pondré enemistad entre ti y la mujer, y entre tu simiente y la simiente suya; esta te herirá en la cabeza, y tú le herirás en el calcañar. A la mujer dijo: Multiplicaré en gran manera los dolores en tus preñeces; con dolor darás a luz los hijos; y tu deseo será para tu marido, y él se enseñoreará de ti. (Génesis 3:14–16)

Todo un cuadro caótico por una parte y esperanzador por otra.

Dos teologías corren juntas, la del juicio que traerá la muerte, la enfermedad y el sufrimiento y la de la redención; la de la dura realidad y la de la esperanza.

Desde ese acontecimiento vivimos bajo esa tensión a pesar de haber recibido la redención que espera su culminación final. Mientras tanto, a pesar de esa liberación, la lucha entre el estar fuera del paraíso y el sueño por estar en él, se vive cotidianamente en el seno de las mismas familias y de la existencia particular.

Si se analiza a fondo cualquiera de los elementos constituidos en la narración, nos llevará siempre a una determinada teología que contiene dos elementos: por una parte, lo percibido como revelado por Dios mismo y por otro la explicación que dé coherencia a la gran incertidumbre de vivir en un terreno, en un escenario que dista mucho de lo que debería ser la felicidad como conquista imaginativa del hombre, capaz de visualizar nuevos mundos.

Hay que recordar que muchos de estos textos fueron revisados, reflexionados y editados bajo las enormes experiencias de dolor y cautiverio sufrido por el pueblo redactor que recibe de la tradición mosaica lo que será comprendido desde sus teologías contextuales.

En ese sentido, las grandes verdades reveladas acerca del tema en cuestión están salpicadas de concepciones culturales internas al pueblo redactor como también de los pueblos subyugantes o de las influencias del medio.

Así mismo, las creencias dan también tinte y significado a las narraciones depositarias de las grandes verdades representadas en imágenes como la del desierto y más específicamente las serpientes.

El código de la serpiente como elemento de la naturaleza

Por ejemplo, la imagen poderosa que jugó la serpiente, la cual no solo aparece como el animal tentador sino también como elemento sanador, recordando, aquella de bronce, que al mirarla sanaba a los que fuesen picados por las serpientes dañinas del desierto.

¿Qué papel juega el personaje de la serpiente en la dinámica de la pareja pre excluida y ahora excluida del feliz paraíso? Esa imagen portadora de creencia, ¿qué ha significado a lo largo del imaginario colectivo religioso?

Lo primero que vemos es que Dios está molesto con la serpiente. Pero tan solo es un animal irracional y Dios no es injusto, entonces **¿qué** se esconde detrás de este dato?

"Por causa de lo que has hecho" (Génesis 3:14ª) . Se observa que hay un señalamiento, una acusación, se le hace responsable de algo a un animal. Pero el asunto es que no se trata solamente de un animal, sino la representación de toda una concepción que dentro de la mentalidad hebrea que no tiene demasiado desarrollo filosófico abstracto, será de suma necesidad para expresar lo que ha pasado en las psiques y en su historia.

La serpiente es un ser de la misma tierra, de la misma naturaleza viviente, representa toda esa naturalidad, sin embargo en el relato será presentada como portadora del mal. Luego en la Biblia se le llegará a llamar a Satanás, la serpiente antigua.

Cristo también llegó a ser asociado con una serpiente portadora de sanidad.

Volviendo a los factores naturales, el asunto es que en la serpiente, estos, aparecen como habladores, capaces de insinuaciones y de ideas destructivas, engañosas, y pueden desviar al hombre hacia lo que no es la voluntad del Creador. Ese es el punto, no nos perdamos en andar matando culebras en lugar de evangelizar o en satanizar todo en lugar de llevar a Cristo a todo sitio.

La serpiente, es decir, la naturaleza no puede ser adorada, obedecida o personificada, no puede constituirse en un ídolo creado por el hombre. De nuevo aparece la **anti idolatría** como un eje de comprensión o hermenéutica aclaratoria.

Esta pareja le cree a la mentira satánica, compra la ilusión de la naturaleza poseída por el encantamiento del diablo –para darnos a entender mejor– y se ve metida en una trama de consecuencias ancestrales.

Como nota de reflexión por adelantado, surge la pregunta de si el naturalismo, tan predicado en el día de hoy por la sociedad de consumo y las diversas filosofías del humanismo, el esoterismo y el racionalismo asociado a dichas corrientes, no expresarán quizá, parte de ese drama primigenio de buscar en la creación lo que solo puede tener o dar el Creador. Nuestra respuesta inmediata es que sí. Tan solo es un asalto reflexivo para volver a la serpiente triangulizante.

Anteriormente, "la serpiente era más astuta que todos los animales del campo" (Génesis 3:1), pero después de participar en la caída: "maldita serás entre todos los animales".

Anteriormente, la naturaleza era lo mejor de lo mejor, pero después de la caída, dará brega ser bendecido por ella. Sus espinos se convirtieron en la corona para la cabeza del hijo del hombre.

Se puede ver en el texto bíblico la correlación de consecuencias en que están vinculados dos elementos, la serpiente, y la naturaleza. Ambas poseídas de satanás porque se han convertido en objeto de idolatría. La teología de anti-idolatría vuelve a hacerse presente.

Esta es la teología de fondo en la que, reflexiona el pueblo redactor, se debe a que no hemos adorado a Dios, obedeciéndolo, sino a las serpientes de otros pueblos, ahora estamos acá en cautiverio en una tierra que nos ha atrapado, nos aflige y nos exige ser hasta crueles para poder sobrevivir.

En este drama, sigue la pareja actual, atada por las exigencias de tener que sobrevivir, tener que escuchar y ceder a las demandas de una sociedad terriblemente *endiablada*.

La serpiente "era astuta" y eso no dice nada malo de ella, era su gran mérito. Quizá represente al papel que juega la razón en el hombre, ese ser astuto que está presente en los lóbulos prefrontales del cerebro humano. Esa capacidad de pensar, razonar, gestionar, administrar, manipular y hasta de crear dioses a su imagen y semejanza que cuando actúa sin tomar en cuenta a Dios y su Palabra, termina siendo un terrible demonio demoledor de todo lo que se le presente en el camino.

Hay una tradición rabínica que dice que la serpiente se contagió de lepra y por eso es que su piel es agrietada. Que su curación la traerá el mesías. ¿No será que la mente humana se contagió de la lepra del pecado y sus grietas éticas son una expresión de su condición, hasta ser redimida por el creador y restaurador?

El asunto es que la serpiente bíblica pasó por tres consecuencias según el relato que la vincula a esta amistad con esta pareja; de paso podemos decir que cuando la pareja le abre la puerta a cualquier serpiente, sin duda alguna pueden ser gravemente mordidos y pasar también por consecuencias como las ocurridas a la misma serpiente. Al fin y al cabo la serpiente y Adán tienen algo en común, son personajes que participan del gran escenario de la tierra y de la naturaleza que puede ser de bendición o de maldición según adore o no a su creador y sustentador.

Las tres consecuencias

Cambio de estatus

El primer escenario de sufrimiento para la serpiente es lo que ya hemos mencionado. Que ha sido maldita entre todos los animales tanto domésticos como salvajes (Génesis 3:14b). El cambio de estatus duele mucho, esa es la idea que se puede extraer, le duele al animal o le duele al hombre y lo traslada al animal. Habrá que contentarse con solo extraer el núcleo de la enseñanza de que, al perder la posición por prestarse a la usurpación, vienen las grandes consecuencias.

El perder los privilegios por la desobediencia traerá la caída de nivel. Esta enseñanza básica será propia de un pueblo que al editar esos pasajes reflejará su condición de haber sido deportado y llevado en cautiverio.

La familia actual está viviendo su cautiverio al haber **caído** de su estatus teológico del orden divino.

El precio por la oferta engañosa del sistema pecaminoso ha traído el pago de un altísimo precio reflejado en la condición en que se encuentra la familia moderna.

Ser rastrera

El segundo escenario de sufrimiento para la serpiente usada por el espíritu malo o por el diablo, es arrastrarse.

Según las creencias de la época, la serpiente podía caminar, era esbelta, bella, encantadora y perfumada. Ahora será una rastrera.

Este punto lleva a la mente hacia escenarios muy conocidos en que la belleza de una pareja pasa a ser la vergüenza de la sociedad que la admiraba, debido a un alejamiento del propósito divino y por ende una caída moral catastrófica.

Las familias rastreras, que se arrastran detrás del dinero y la fama para después desembocar en el alcoholismo y la degradación son un vivo ejemplo de este tipo de consecuencia que trae la mordedura de la serpiente satánica.

La verdadera belleza de una pareja está en su comunión con el creador y su amor noble y sencillo.

El glamur de la vida es completamente pasajero y las parejas que han entrado en ese mundo, experimentan a diario los fracasos más crudos que lamentablemente son compensados con más superficialidades.

Ese es el mundo actual de la farándula, ya sea de la alta, la media o la baja. Ya sea en un pobre barrio como en una encumbrada torre de marfil.

Dieta chatarra

El tercer escenario de sufrimiento para esta serpiente fue la dieta de polvo. ¿Qué debe alimentar a la vida de una persona y de una pareja en especial? No la basura física y simbólica que le ofrece el mundo.

Sin el alimento espiritual, no de las pocilgas del sistema, sin ese alimento poderoso de la Palabra de Dios, no hay ni habrá familia redimida ni pareja proactiva en Dios.

Lo que hay que desdoblar en el marco de una teología fina, es que todo lo que le acontece a la serpiente y su ser mismo, no solo debe entenderse de forma literal, sino que encierra en su misma narrativa la realidad humana, la realidad natural, la realidad social, histórica y existencial, quizá decir que somos la serpiente sea demasiado, pero hacer el ejercicio de analizarlo puede tener sus beneficios interpretativos, porque en cierto sentido, todo lo que sucede en el relato tiene su escenario interno en la mente de Adán y de Eva, son ellos los que pasarán por los procesos.

Las serpientes seguirán siendo lo que son, de hermosos colores muchas de ellas y de enorme peligro también algunas, otras son solo creaturas que para algunos son dulces y amables mascotas. El alcance teológico es de mayor envergadura si se entiende que todo lo creado debe sujetarse al creador y que todo el drama humano se debate dentro de esas dos tensiones, ser obediente a un plan de diseño santo e inteligente o aventurarse hacia el constructo de ser su propio dios.

Por otro lado, también existe la tendencia idolátrica no solo a constituirse en su propio dios, sino a dejar la responsabilidad de administrar adecuadamente a la naturaleza y constituirla en ídolo, o sea en un ser abierto a las influencias de las fuerzas diabólicas que comendaron a la serpiente antigua.

La familia es parte de esa naturaleza institucionalizada que debe ser gobernada por un orden divino y una jerarquía interna capaz de garantizar el amor y la autoridad, de lo contrario también será como esa serpiente que se entroniza con sus propias exigencias y agendas. El centro de la familia debe ser la anti-serpiente antigua , es decir la que profetizó la serpiente de bronce, o sea Cristo el Señor de la vida, de la historia y de la institución familiar.

El código, los hijos de Adán y Eva

Volviendo a Adán y Eva en el marco del escenario foráneo al paraíso podemos entender por qué es allí donde ellos van a tener a sus hijos y sus restantes conflictos.

El relato narra la vida de Adán y Eva fuera del jardín del Edén.

Cuenta que ellos tuvieron hijos (Caín, Abel y Set son mencionados). Adán murió a la edad de 930 años.

Caín y Abel, uno malo y otro bueno. ¿El mal triunfa y el bien muere? Esta es la idea, esta teología entre el bien y el mal presente en este relato se narrará en términos violentos de un hermano destruyendo a otro.

Es el germen de la guerra como medio de sobrevivencia.

De la familia para la paz dentro del paraíso se pasa a la familia para alimentar la guerra, fuera del paraíso.

Las guerras se alimentan de soldados sacados del seno de la familia.

Sin embargo, siempre aparecerá un corte transversal de esperanza representado en Set, quien según la escritura tenía reproducida la imagen de Adán.

Este tema de la imagen está referido no a parecerse física o emocionalmente sino a modelo, es el intento de un modelaje que refleje mucho más a la pieza original.

Así como Dios creo al hombre a su imagen, ahora Adán tendrá un hijo que heredará esta posibilidad de algo mejor.

Siempre la pareja y la familia tendrán el anhelo por algo mejor. Esa es la teología que recorre toda la Biblia: El texto bíblico dice en Génesis 4:25: "Y conoció de nuevo Adán a Eva, su mujer, la cual dio a luz un hijo y llamó su nombre Set, porque Dios me ha sustituido otro hijo en lugar de Abel, a quien mató Caín". "Cuando Adán había vivido 130 años, engendró un hijo a su semejanza, conforme a su imagen, y le puso por nombre Set. (Génesis 5:3)

Por ahora podemos decir que la pareja que representa Adán y Eva junto a sus hijos es el reflejo del drama humano de la familia que ha tenido que transitar desde su inicios utópicos hacia la realidad más fuerte, conflictiva, opresiva y desafiante, movidos por la esperanza en una redención definitiva , por una promesa revelada que en términos de la cosmovisión judía, debe concretarse en la posesión, administración y disfrute de una tierra bajo las metáforas de ser fuentes de leche y de miel.

Esta pareja que en el ideal teológico más refinado era vista como monogámica, en su realidad histórica ha terminado convirtiéndose en poligámica, sin que esto mermara en nada la dimensión teológica vista como historia de la salvación.

Al pasar por las diversas etapas de esa historia, la pareja y la familia van manteniendo algunas esencias y van siendo influenciadas por los mismos procesos.

La familia compuesta por mamá y papá, más dos hijos varones al principio, son la de Adán y Eva la cual nos presenta un retrato muy crudo, donde está presente la rivalidad social. El agricultor da el paso al ganadero, no sin derramamiento de sangre inocente.

La validación de la ofrenda favorita de Jehová se inclinaba hacia Abel. La ofrenda de Caín no era recibida con agrado. La solución inmediata surge como violencia fratricida y el asesinato se presenta como una opción de sobrevivencia y desafío a la divinidad. Pareciera que el partido de Dios fue el que perdió. Pero allí no acabará la historia.

Esta fractura representa el trauma que golpea a la pareja que viene del destierro, donde ha perdido su felicidad inicial y ahora en medio de esa deportación llora la desgracia de los hijos, uno el criminal y el otro la víctima. Esto sucedió al principio, pero recordemos que fue editado desde la experiencia de la deportación a Babilonia, sin ese conocimiento exegético no quedaría claro por qué el texto siguió teniendo vigencia y la tiene hasta el día de hoy. La razón es que puede ser releído y comprendido dentro de una teología contextual.

No están lejos de acertar algunos autores críticos que ven en esto un reflejo de la situación de Israel en esa época de tantos procesos y que comenzará a cambiar a partir del Ungido Ciro.

Esa visión es posible desde una perspectiva histórico teológico donde el contexto juega un papel hermenéutico esclarecedor.

Traumas

La historia de la salvación está llena de estos y a partir de ellos, de intervenciones divinas y reacciones humanas para seguir adelante. La teología de la familia desde el corazón de estas narraciones y revelaciones divinas son testigos de esta dinámica de superación traumática.

Estamos analizando teológicamente.

No estamos escribiendo un libro de historia sino de teología de la familia en diversos contextos.

En ese sentido ¿qué podemos decir de la familia de Noé y sus hijos Sem, Cam y Jafet?

El tema de Noé no se quedó en las páginas del Antiguo Testamento, sino que trasciende hasta una teología muy posterior representada en el libro de los Hebreos del Nuevo Testamento donde nos dice que: "Por la fe Noé, cuando fue advertido por Dios acerca de cosas que aún no se veían, con temor preparó el arca en que su casa se salvase; y por esa fe condenó al mundo, y fue hecho heredero de la justicia que viene por la fe". (Hebreos 11:7)

Esta es una persona visionaria, supo leer los signos de los tiempos, tuvo la visión teológica para su tiempo. "Halló gracia ante los ojos del Señor" Génesis 6:1, tardó ciento veinte años haciendo el arca. Génesis 6:3, de los mejores materiales "hazte un arca de madera de ciprés..." Génesis 6:14. Trabajó duro para la salvación de la familia personal y de la familia colectiva en sentido general.

Logra introducir en la visión a toda su familia, la obra era construir ese medio llamado el arca. *Génesis 7:7 "Entonces entró Noé en el arca, y con él sus hijos, su mujer y las mujeres de sus hijos..."*

Noé es un personaje considerado por la tradición como real e histórico. No vamos a discutir ese punto de partida, lo asumimos tal y como lo cuentan las Sagradas Escrituras.

La característica de todos los personajes bíblicos es su historicidad, aún aquellos que su sentido va más allá de lo historiográfico, como en el caso de Melquisedec, su sabor narrativo es muy concreto y real. Es decir, son personajes con asidero en el contexto, amparados incluso en paralelismos y similitudes internas al texto y externos a las mismas culturas concomitantes.

Por ejemplo, nos sorprende el paralelismo de la vida de Noé, con la de otros en el mismo contexto histórico que los une, dentro de la cultura mesopotámica, en las que dichos personajes se enfrentan a lo mismo o algo demasiado parecido, a funciones muy compatibles: Ziusudra (sumerio), Atrahasis (acadio) y Utnapištim (babilonio).

Este dato no puede pasar desapercibido dentro de una teología contextual. Algo poderoso Dios produjo a nivel global cuyas narrativas lo expresan a través de diversos episodios y hasta de mitos. Recordemos que el mito, antropológicamente hablando no es una mentira sino una forma cultural de expresar verdades fundacionales y significativas.

Pero, lo distintivo e interesante de este Noé bíblico son dos figuras, la salvación familiar y el arca inclusiva y extensiva al reino animal en especial a las especies que no podrían sobrevivir sin ese acto salvador.

Los peces saldrían adelante y las aves podrían cumplir su función.

Noé es un personaje que tiene una familia y que se ven involucrados todos en una tarea salvadora y esperanzadora no solo para sus personas sino para la misma ecología.

La familia está llamada a ser salvadora del entorno natural y social. Ese es el mensaje teológico que se infiere de forma categórica.

Quizá el episodio más duro de esta familia patriarcal sea el momento en que Noé se embriaga con el fruto de la tierra, con el vino sacado de las uvas y en su arrebato pierde el control y es violado por uno de sus hijos.

El eufemismo que se usa para no narrar tan drásticamente el hecho, fue que *vio la desnudez de su padre*, una forma, según los exégetas y conocedores del judaísmo, de un vulgar abuso sexual. Aunque también hay quienes destacan que en las culturas antiguas estos actos estaban asociados a la usurpación del poder no al disfrute físico en sí mismo.

Algunos también han abusado de la exégesis para aplicar esto al origen y marca a la raza negra, pero utilizando una forma injusta de tratar el texto bíblico con finalidades xenofóbicas como lo hicieron algunos clérigos y comentaristas bíblicos que vamos a omitir sus nombres para no crear polémicas fuera de nuestro propósito.

Quizá la dominación de los hebreos hacia la gente cananea esté muy vinculada a esa teología del texto bíblico en el que tal cosa refuerce justificativamente el hecho político.

En todo caso, lo que nos señala de acuerdo con nuestro interés de ver la familia de Noé, es que los hechos vergonzosos son parte de las familias, aún de la más cristiana en términos modernos podemos encontrar historias críticas.

Nada nuevo comparado con nuestros pueblos donde abunda el descontrol y los dramas de secretos familiares vinculados a muchas otras variables socio económicas, inclusive en familias de arraigo religioso.

El caso real es que no hay familia completamente funcional, y esto ocurrió en una en la que todos estaban llenos de la visión del padre Noé.

Hasta en las mejores familias hay desgracias, como esas esto es así.

El punto para comparar es que los grandes diluvios, de los cuales hay que salvarse, no impiden los otros diluvios en el seno del hogar.

No sabemos cómo era la relación de Noé con su esposa, como en el caso de la historia de Job donde sí se trataba de una mujer capaz de decirle que maldijera a Dios, pero en este caso vemos a alguien asimilada en bajo perfil dentro de la gran visión de su esposo.

Una mujer que guarda silencio en la narrativa también nos dice mucho de la cultura compositiva del relato mismo.

La mujer de Noé, viene a ser la nueva madre de la humanidad. ¿no es extraño que ni siquiera se pronuncie su nombre en todo el Génesis? nacida después de la alianza, pero ningún capítulo o versículo de la Biblia menciona cuál era su nombre.

Ese silencio de la heroína detrás del héroe no es nuevo en el tema de la familia patriarcal y en la familia actual, donde hay actores silenciosos que han llevado el peso y la carga de toda una empresa familiar calificada como exitosa por la sociedad, achacada al patriarca pero con una alta factura de dolor y trabajo para su compañera.

Inevitablemente, una familia no podría sostenerse sin ese sentido sacrificial de una mujer.

Esa es una realidad no muy acariciada por todos, pero la historia ha demostrado que donde hay una mujer no como la de Job, sino como la de Noé, que son la inmensa mayoría, la familia ha podido salir de esos ciclones inesperados y de las diversas crisis que azotan a esta célula social.

No podemos hacer una apología de la injusticia relacional, sino señalar que, donde cada uno asume su rol existirá posibilidades de salir adelante.

El rol de la mujer queda claro en la Escritura desde el inicio, es una ayuda idónea, debido a que generalmente es más fuerte que el varón, no en cuanto a simple fuerza muscular, sino en capacidad para el parto y para el sufrimiento y con más tipos de inteligencia, no solo racional, sino intuitiva y perceptiva, que el hombre.

En fin, esta problemática familiar no es nada nuevo comparado con nuestros pueblos donde abunda el descontrol y los dramas de secretos familiares y el soporte femenino garantizando con su estabilidad y la espiritualidad que soporte la continuidad de la estructura.

Quienes rompen la armonía familiar en esta familia del relato bíblico del diluvio, son dos hechos, por una parte, el desbordamiento de Noé al disfrutar de las mieles de la tierra. No se puede tomar el camino del entusiasmo de forma maníaca sin tener consecuencias desastrosas.

La prosperidad y el éxito son unas frutas deliciosas y peligrosas, como la uva que produce el buen vino.

La vida es muy buena, pero a la vez engañosa como la sidra.

La naturaleza es capaz de brindarnos hasta drogas benefi-
ciosas para la salud, pero que al mismo tiempo son peligrosas,
al punto de desatar demonios desconocidos que traerán caos
y destrucción.

El mundo del placer tiene que ser controlado por la ética
y por la ciencia, dos instrumentos necesarios para que no se
convierta en un cuchillo para nuestra garganta y destructor de
familias. La ciencia puede controlar el buen uso de la química
farmacéutica, pero no el buen cause de la conciencia. Necesitamos la medicina para el cuerpo y la ética para la conciencia.

La ética cristiana es capaz de moderar los impulsos naturales
y dirigirlos hacia metas dignas que glorifiquen a Dios, y el bien de
la pareja y la familia, en parte a eso se refería el texto sapiencial de
beber el agua de la propia cisterna, en el sentido de darle carácter
y orden a las necesidades de sobrevivencia y de estimulación para
la vida dentro de un marco que limite y de sentido al flujo de la
emoción y al placer mismo ordenado por Dios.

Esta borrachera de Noé, no solamente representa las influencias del alcohol en su sistema nervioso, sino el símbolo
del peligro del éxito y del triunfalismo como ya lo hemos mencionado. Este placer manejado de forma tan naturalista podría
ser absorbido por los remolinos de la fatalidad. Como decía el
gran Calvino: "Sin duda, los hombres corren más peligro por
la prosperidad que por la adversidad. porque cuando las cosas
van bien, se halagan a sí mismos y se embriagan con su éxito".
Juan Calvino, libro: Institutos de la Religión Cristiana.

Pero estas cosas suelen suceder fuera del paraíso, es decir en
esta tierra de hombres portadores de una naturaleza adámica
y ese dato constituye un trasfondo teológico que recorrerá
toda la teología de la familia en el corazón de la Biblia. Caída
y llamado a la redención son dos ejes siempre presentes, antes

y ahora. Toda familia caminará por esos rieles, esa adámica y ese llamado a buscar el camino de salvación. La serpiente tentadora antigua y la serpiente de bronce invitando a la sanidad. Esa dialéctica es permanente en toda la *Heilsgeschichte*.

El otro elemento que rompe esta paz ideal y triunfadora son los demonios internos operando en uno de sus hijos, la perversidad. Pudo haber sido cualquiera de ellos, para ser malo solo se necesita poseer naturaleza adámica, nada que ver con razas ni formas de peinarse, se trata de la expresión de esa cualidad pecaminosa, cuando desciende hasta los instintos más descontrolados, depredadores y maliciosos, permitiendo que la carne gobierne al espíritu.

Las dos cosas se juntaron, el santo patriarca pero borracho, bajo los efectos de la euforia del vino y el hijo endemoniado bajo el influjo de las pasiones del infierno.

Estas dos corrientes siguen fluyendo en la vida actual.

El fondo siempre será la idolatría: "Cada uno de nosotros es, incluso desde el vientre de nuestra madre, un maestro artesano de ídolos". Juan Calvino (Idem).

Los ídolos que seducen a la familia actual son un ejemplo vivo, con todo y sus borracheras que el sistema propone en sus fórmula hedónicas e irresponsables.

Así como la tentación primitiva de "seréis como dioses" que aparece desde el Génesis, también está la seducción posmoderna de "disfruta hoy y pare de sufrir". Ambas son las dos caras de una misma moneda. Idolatría del placer y la negación de la cruz como proceso de santificación.

Las familias dedicadas al placer y a la búsqueda del "pare de sufrir" terminan confundidas y sin una ruta de crecimiento en donde el dolor, las crisis, los problemas, encuentren un sentido en la obra de Cristo.

La familia hoy día está borracha e incestuosa, esa es la situación desde la narrativa, no de una manera física, vulgar y grosera, sino de formas sutiles, expresadas en las grandes ambiciones que llevan a los padres a querer que sus hijas sean objeto de venta, o sea, mercancía en el gran mercado de la farándula, por ejemplo.

Hay más padres entusiasmados con ver a sus hijas en una tarima llena de glamour que siendo misioneras evangélica en el Amazonas, o una sacrificada enfermera en el **África** profunda. La prefiere borracha de éxito que sacrificada por amor a Cristo y por libre elección frente al llamado tal y como lo recibió Noé de advertir sobre la destrucción que viene si no hay arrepentimiento y búsqueda de Dios.

Pero volvamos al diluvio para ver esa vocación familiar dentro de la narrativa misma. Dios llama a familias para salvar a la humanidad, al barrio, al país y a otras familias.

Previo a esto hubo toda una advertencia profética.

Allí Dios usó a la familia de Noé, él, su pareja y toda la red.

Después del pre diluvio vino el diluvio en sí mismo.

Pasó y surgió la adoración a Dios y la esperanza, estremecida por el pecado de todos, del más santo y del más perverso.

Y una vuelta de nuevo a tener que recobrar el aliento.

Inesperadamente también se hicieron presentes los diluvios en el interior de la familia.

Siempre habrá resiliencia para la familia que establece un altar de adoración, un vínculo espiritual, una búsqueda del Dios verdadero, un volverse a la visión inicial de Dios. ¿Pero, en qué sentido? Podemos decir que esta familia nos enseña a seguir adelante a pesar de todo fracaso moral y recobrar la visión que está garantizada por el llamado de Dios para el ministerio. Los dones del Señor son irrevocables y restaurados en el Altar de la Gracia.

Ninguna familia puede convertirse en ídolo y tampoco debemos idolatrarla por perfecta o pastoral que parezca. Si algo podemos imitar de una familia llamada ejemplar es a valorar la gracia que les ha permitido llegar hasta allí y de esa manera, no como ninguna fuerza natural digna de ser valorada en sí misma, sino como un medio en que ha fluido el amor y la misericordia de Dios. En ese sentido debe entenderse toda resiliencia familiar.

Nuestra familia, por ejemplo, no es admirable por tener tantos años de casados ni hijos tan talentosos, sino porque entendimos gracias a la revelación divina, que Cristo es el único responsable de todo lo bueno que podamos tener y que a Dios sea dada la gloria, nunca a nosotros que somos no solo *adámicos* sino *noéticos*, en el sentido de ser parte de esa familia humana, adámica, que pasa por Noé y hasta por Abraham y por todos los héroes pecadores de la Biblia y de la larga historia de nuestra iglesia cristiana pecadora y redimida. Esa es la familia victoriosa, la que reconoce que aun siendo redimidos, seguimos siendo pecadores necesitados de santificación.

Transitando hacia otras familias

Quizá la familia de Abraham y Sara nos lleve a lugares más esperanzadores aún, en este desarrollo de la revelación progresiva, pero nos encontraremos con situaciones análogas comprendidas desde nuestra situación de seres caídos y necesitados de una restauración y redención completa.

"Entonces Dios dijo a Abraham: A Sarai, tu mujer, no la llamarás Sarai, sino que Sara será su nombre. Y la bendeciré, y de cierto te daré un hijo por medio de ella. La bendeciré y será madre de naciones; reyes de pueblos vendrán de ella.

Está bien claro que el propósito de esta pareja fundacional es la de convertirse en una nación. Esa es su vocación, donde pareja, familia y sociedad se juntan.

Hasta en la mejor familia puede haber un episodio Agar

El episodio de Agar señala a una cierta irregularidad permitida que apunta a la existencia de realidades que no están en el plan ideal pero que son parte de lo que sucede y sucederá siempre, aquello en lo que solo Dios sabe por qué sucedió. Las agendas alternativas llenas de misterio que nos obliga al silencio y a la espera.

No juzguéis nada antes de tiempo nos advierte nuestro apóstol Pablo.

La generación de Ismael no será una sorpresa para Dios, a él nada le sorprende, su soberanía implica ser un pre-ordenador de todo conforme a sus propósitos.

El punto **más** importante es que de unos ancianos improductivos van a surgir por medio de la gracia y del milagro hacia la visión de una gran nación.

Obvio de que se trata de una teología que exalta la fe por encima de todo.

Y siempre será el tema más apasionante, el de la fe, el de las cosas que suceden y de las cuales no hay más explicación que desde la misma fe, donde no queda más que hacer silencio y decir *Dios sabe muy bien qué es lo que está haciendo.*

Esta es la enseñanza de esta pareja. Son dos personas que se visualizan a sí mismas como instrumentos de un Dios que no conocían pero que ahora están conociendo.

Según algunos exégetas muy profundos, ubican la edición de la narrativa acerca de Abraham en un período muy posterior al de su existencia como fundador del pueblo elegido; fue probablemente compuesta a finales del siglo VI a. C. (Ska, 2006, pp. 227–228, 260). Esto lo que hace es enriquecer la perspectiva de comprensión del texto mismo.

En resumen, se trata de un hombre, con una mujer principal, con la que le hace frente a un gran desafío de la historia, cual es, levantar con la sola fe a una gran nación que transita en dos sentidos, como nación por nacer y como pueblo llamado a renacer.

El texto original apuntará hacia lo primero, la edición revelada, iluminada, inerrante y poderosa apunta hacia el segundo elemento, que es propio del jalón escatológico de la gran redención de una nación santa, única, el pueblo de Dios en Cristo. Siempre la revelación anotará una relectura que ayude a mirar ese futuro apocalíptico, soteriológico y escatológico del destino de la gran familia de Dios.

Todo lo demás es historiografía, la historia teológica en su núcleo principal nos enseña que Dios los respaldará desde la familia coyuntural elegida, para que se realice una obra que va más allá de su propia historia familiar y personal, testificada en las relecturas y ediciones de la Biblia y en la futura familia del Reino.

Esa es la teología del legado, la que nos muestran estos textos. Obviamente faltan acá todos los argumentos y posibles evidencias exegéticas, que quizás en alguna obra futura nos gustaría compartir con nuestros lectores aficionados a esos ejercicios.

Hoy queremos dirigirnos hacia las familias y a los pastores de almas familiares en el contexto de esta sociedad del cambio donde los llamados de Dios, como los que hizo a Abraham siguen teniendo vigencia. Dios sigue llamando a parejas y a familias a las grandes misiones de ir caminando hacia la familia escatológica.

La razón de ser teológicamente hablando de una pareja y de una familia es dejar un legado significativo, en esa *Heilsgeschichte*, no simples riquezas materiales para que los hijos se enfrenten uno a otro como Caín y Abel, sino la herencia de un sentido y propósito de la existencia cuya razón más profunda sea la gloria de Dios.

No es la tierra sino el Señor de esa tierra lo que debe importar. Y esa fe será transmitida de generación en generación.

Así como en el caso de Noé sin un Cam, así con Abraham, podríamos decir que no hay historia familiar sin un Lot.

Se ha predicado mucho en contra de Lot el sobrino de Abraham y de que Abraham no debió cargarlo, ayudarlo, apoyarlo y pelear por él. Quizá en términos puros esto es una gran verdad. *Pero en términos reales toda familia casi siempre o cuenta o contará con un Lot.*

Eso siempre sucede en la tierra fuera del Edén.

Abraham asumió esa actitud, que quizá no fue la mejor, pero a veces tendremos que tomar una carga como un mal hasta necesario, como una cruz que no estaba en el menú oficial.

Esa es la vida real fuera del Edén que muchos han tenido que asumir desde su propio hogar. Lo importante es la pregunta ¿qué puede hacer Dios con eso?. El puede convertir toda historia lamentable de Lot en un gozo al final de cuentas a través de su gracia y misericordia sin límite. Esas son las cosas que suceden todos los días en nuestras familias.

No nos queda más que asumirlas de la mejor forma posible.

No son, ni deben ser el núcleo de sentido de esa familia. El sentido está en el propósito y llamado de Dios a tomar su lugar dentro de esa historia de salvación, a ser partícipes de una misión que cada pareja y familia tendrá que descubrir y tomar sus decisiones iluminados por el mismo Espíritu de Dios.

Es la visita de lo sobrenatural en el mover natural de la familia lo que va a darle dirección transcendente.

La vida de esta familia va a ser bendecida a partir del encuentro con lo sobrenatural.

La epifanía de Melquisedec es como el sello de lo numinoso sobre la vida de este ordinario habitante de la tierra.

Todo padre de familia necesita ese encuentro con el Señor para ser sal y luz para los suyos y para el mundo.

Al darle Abraham sus diezmos, le está ofreciendo y consagrando su amor a este sacerdote que no es aarónico sino único. Por una parte, humano porque él es un rey, y divino por otra, porque no tiene principio ni fin. Esos encuentros marcan toda la vida y significado de la pareja y de la familia.

La familia que asume este sentido profundo de dar su diezmo al Señor como testimonio de ese encuentro de fe, tendrá la presencia de esa bendición representada en la que Melquisedec —Cristo en nuestro caso— nos ofrece, simbolizado en el pan, alimento y el vino, el gozo del Espíritu. Bendiciones que sobreabundarán como lo dice Malaquías. Enseñe a sus hijos a dar el diezmo para el Señor y su sentido profundo dentro de la familia.

El sacrificio

La vida de esta familia va a ser pasada por la situación límite de ofrecer al cordero más difícil de degollar en el altar de Dios. El sacrificio de Isaac es tan solo una prueba, pero que decide el orden interno de las prioridades del sujeto.

Sacrificar a este hijo es matar la familia y su legado. El mensaje queda claro, ni siquiera Isaac ni el legado, ni la familia misma son tan importantes como la obediencia al Eterno y Soberano. Dios tiene toda la majestad, el poder, la adoración y la alabanza.

La otra columna parenética que podemos sacar es que a la familia no se debe renunciar por nada, nunca, ya que es a través de ella que se va a servir al Señor y se va a recibir la bendición.

Idolatrar la familia ofende a Dios. Destruir la familia a través del divorcio es realizar lo que Dios aborrece. La familia es un instrumento para adorar y alabar a Dios, ese es el punto.

Pero Dios está primero que la familia y Abraham está dispuesto a todo. Una vez que Dios salva a su hijo de la pena de muerte, entonces Abraham entenderá que su familia es lo principal ya que Dios la ha conservado para formar un gran pueblo santo llamado a proclamar el mensaje del Padre.

Dios detiene a Abraham. Ya no es necesario. Ya quedó claro el mensaje y lo que había en su corazón.

Primero Dios, después la familia. Luego, su ministerio que será ejercido por medio de esa familia que debe priorizar.

A partir de ahora Abraham podía seguir adelante hacia la visión de ser padre de generaciones.

Solo se sigue adelante cuando el fundamento de esa existencia, de esa familia y de esa sociedad está en Dios, ni siquiera en un hijo por amado y prometedor que sea. Solo se entiende un ministerio dentro del marco teológico de la familia.

La iglesia está llamada a ser una familia. Difícilmente es una familia sino se localiza. De allí que la iglesia local es la mejor expresión de una familia, donde no debe haber ningún necesitado de pan ni de vino, pero donde todos deben traer sus diezmos al Alfolit. Una iglesia difícilmente es familia si no está formada como una real familia en Cristo. Ese es el llamado que tendrá Abraham, ser nuestro padre en la fe.

Abraham comprendió que ahora podía ofrecer al animal provisto por el mismo Dios y no al hijo de sus lomos. Entendió que Jehová no le pide prestado un cordero a nadie. Todo es de él y él lo provee.

Tendrá para el culmen de la historia al cordero santo que quitará el pecado del mundo.

Historia no oficial

Ismael es el hijo de Abraham y Agar, es la historia no oficial de la familia del patriarca pero no ajena a la *Heilsgeschichte*.

Existen familias con historias no oficiales. En nuestros días muchas de estas familias forman parte de nuestras sociedades como ya veremos en los capítulos siguientes.

Esta mujer termina en las condiciones de una madre soltera, en medio de un desierto, solamente protegida por la providencia que también tiene para ellos una promesa.

La aparición de un ángel de Dios, es teológicamente significativo, le brinda las indicaciones a Agar, hacia la fuente. No hay opción para abortar el plan divino. La idea de aborto siempre será repugnante frente a la *Heilsgeschichte*.

Allí está la creatura y ahora lo que Dios le dice a esta madre es "levanta al muchacho" y le muestra la fuente. No importa lo que suceda, lo que sí interesa es responder a la pregunta, ¿qué va a hacer Dios con eso que ya ocurrió?

La respuesta es clara en ese caso, los envía a la fuente de vida.

En esa fuente que para nosotros es Cristo, ha estado y está la salida para toda familia no oficial, es en ella, en la iglesia como familia de fe, que muchas madres solteras, viudas, abandonadas de sus maridos han encontrado el hogar espiritual para salvar a sus hijos.

Génesis 21:13–21, es muy claro en cuanto a la administración soberana que Dios tiene, incluso de aquello que no estaba en los planes evidenciados desde el inicio, acá en relación con Isaac, mediante el dicho: "también del hijo de la sierva haré una nación".

Lo que podemos inferir de la vida familiar de Ismael es muy general y cultural. La tradición nos ofrece el dato de que Ismael murió a la edad de 137 años y que sus descendientes, los ismaelitas, se establecieron entre la frontera de Egipto y el golfo Pérsico.

También se registran tradiciones que afirman que quien realmente fue sacrificado no fue Isaac sino Ismael a consecuencia de su destierro. Nos quedaremos con la versión que nos cuenta la Biblia de que Isaac fue el cordero elegido y luego sustituido por un animal.

Pero, eso no descarta la comprensión de que el destierro de Ismael también es una forma de sacrificarlo dejándolo a expensas del desierto como hay muchos hijos nacidos fuera del matrimonio y abandonados por sus padres.

La teología latinoamericana, por ejemplo, ha reflexionado sobre esta segunda familia excluida. En su libro Agar, una mujer de la Biblia, Rita Ceballos nos señala: "Agar ha sido discriminada y silenciada en su propia historia".

También nos ha motivado a este acercamiento a Agar el constatar la sintonía espontánea de mujeres empobrecidas y/o en situaciones de desgracia con la historia de Agar (¡cuando es contada!) y el encuentro con Dios que se va generando a partir del reconocimiento de la acción de Dios en sus propias historias de esclavitud.

Mujeres desterradas, humilladas, excluidas, identidades perdidas, sueños frustrados; una única esperanza: Dios está con nosotros/as, es su iniciativa salir a nuestro encuentro, y nos "ve" y nos "vela" (nos cuida y protege), sin importar procedencia social, económica, cultural, étnica, geográfica.

Agar, como personaje bíblico y mujer africana, representa las realidades de dolor, de lucha y esperanzas de todos/as nosotros/as, especialmente los pueblos latinoamericanos y caribeños hijos/as de la Madre África".

Lo cierto es que las rivalidades familiares son parte de esa vida real, el contexto las usará para crear marcos de explicación etiológica, para ir creando incluso paradigmas en la comprensión de lo desconocido, como por ejemplo, el origen historiográfico de un pueblo o para relecturas desde diversas teologías de la liberación o de la redención.

Quizá el hecho nos sirva hoy en día como una enseñanza de que toda familia carga con algún golpe, probablemente con varios, sean de origen latinoamericano o del mundo rico estas familias. Siempre hay uno de esos traumas que constituye el eje de múltiples manifestaciones y de tendencia a continuar sus efectos en las futuras generaciones creando, como dice la Guerra Espiritual, *estructuras de maldiciones generacionales.*

Valoramos ese intento de contextualizar una situación que requiere de más de una lectura.

Resumiendo, la vida de Ismael representa la realidad de una familia que iremos encontrando a lo largo de la historia.

De hecho, el mismo Ismael ha encontrado en la cultura árabe un prisma desde donde interpretar su historia, la del personaje y la de esta cultura. La tradición presenta a Ismael como el que iba convirtiéndose, en el más hábil en el uso del arco, y llegó a ser jefe de todos los arqueros.

Dios no está ausente de toda esa dinámica y ha hablado de diversas formas, especialmente a través de las Escrituras inspiradas y finalmente en Cristo donde ya no hay judío ni árabe, hombre y mujer, sino todo en todos.

En Cristo toda familia toma un solo nombre. Este es el fin de toda teología de la familia desde el corazón de la Biblia. A los *Ismaeles* los entenderá Dios y sabremos al final de toda la historia de la Salvación qué papel tuvieron que jugar y a lo mejor Dios nos explicará los *por qué* más profundos que todavía ignoramos de su soberana voluntad.

Lo que sí tenemos claro es que se trata de todo un proceso de la historia de la salvación donde la familia es un lugar de encuentro entre Dios y el hombre, sin dejar de lado la conflictividad, las espinas, los cardos, los problemas y las esperanzas.

Por lo tanto, habrá que considerar la restauración de la familia como un tema pendiente y permanente. A Dios le interese que trabajemos con la familia.

Los diversos libros que ofrecen la panacea de la felicidad familiar mediante fórmulas mágicas, talismanes y aun versículos de la misma Biblia descontextualizados, no son más que pasajeros placebos sin fundamento en la realidad.

El Dios de la Biblia no es un mago, es un Dios real, experimentado en batallas. La familia es un lugar donde se libran grandes batallas y donde Dios nos puede dar grandes victorias.

La Biblia como testimonio escrito, sí puede darnos pistas y mostrarnos el camino hacia una victoria familiar. Y ese camino se resume en Cristo, nunca de forma mágica sino dentro del esfuerzo en la gracia.

Ya hablaremos de ello sin violentar la realidad y sin manipular con fábulas lo que solo se consigue con el esfuerzo y esa gracia juntos

Aún en Cristo, no dejaremos de estar en esta tierra con sus penas y glorias. Todavía no estamos en el cielo.

Solo en la familia del cielo habrá felicidad total.

Acá estamos en la tierra a donde fuimos arrojados después de haber vivido en el Edén. Gracias a Dios que nos ha dado un camino certero para lograr salir adelante mediante los méritos de nuestro Señor Jesucristo.

Hay mucho más familias y parejas en el Antiguo Testamento tales como la Familia de Isaac y Rebeca y sus hijos Jacob y Esaú, las familias de Jacob, Raquel y Lea, las familias de los doce hijos de Jacob, las de Moisés, la de Ruth la mohabita y la Familia de David, las de Salomón. La familia de Ana y Elcana, La familia alternativa de Mardoqueo y su hija adoptiva Esther. Necesitaríamos escribir otro libro para reflexionar sobre cada familia, pero para muestra un botón.

La familia atípica

Vamos a escoger una familia atípica para continuar con nuestras reflexiones desde la teología contextual. El caso de Rut.

Entremos a ese mundo, más allá del género literario con que se presenta el relato, mucho más allá de los datos historiográficos y su exactitud, nos interesa su teología contextual.

¿Cuál era el contexto de esta familia? ¿Cuál es la teología de fondo y cuál la que se fue construyendo a lo largo de la revelación progresiva?

Tres son los pilares o ejes teológicos que se mueven en esta narración.

1. El viejo tema de la inclusión. Una moabita es introducida en la historia de la redención. Frente a la teología

exclusivista, surge este relato histórico literario para decir *que Dios elige al que él quiera.*

2. Los valores familiares. La filiación de Noemí con Rut está basada en fundamentos de lealtad y de amor.
3. La teología de la recuperación. Los seres humanos pueden restaurarse y resurgir después de sus grandes pérdidas. La actualización de la ley del levirato muestra una teología de no quedar en la vida sin respaldo, o sea, la mujer que ha perdido su marido cuenta con el hermano o familiar más cercano. La descendencia de bendición brota del mismo marco de la desgracia y de la muerte.

El contexto social es de decadencia, es la época desorganizada llamada de los jueces, no obstante, desde una situación trágica, desde una familia desbaratada y desde un hombre avanzado en años, Bozz, brota la esperanza mesiánica que va a ser percibida por los autores del Nuevo Testamento a través de la genealogía teológica donde Rut viene a ser antecesora del mismo mesías Jesús, el Cristo.

Tenemos en escena la historia de tres parejas, la de Noemí, la de Orfa y la de Rut, que desaparecen como tales y de allí surgen nuevas relaciones.

Orfa regresa a su etnia, ese es su lugar de donde desarrollará su vida, en medio de sus raíces. Muchas personas no deberían salir de sus lugares si no tienen otro llamado de Dios.

Rut es arrancada de esas raíces y sembrada en una nueva relación de fuertes convicciones, con su ex suegra quien la redimirá a través del levirato. Pero, la espera una nueva relación, con un hombre desconocido pero predestinado.

Ser arrancado de su cultura es tremendamente difícil. Los que hemos pasado por esa experiencia la podemos comparar con una muerte parcial del mismo yo que nos identifica. Noemí entrará al seno de una nueva situación, la familia ampliada, los nietos.

La lealtad

Las enseñanzas para las familias son obvias, están basadas en las tres teologías que aparecen de forma dramática.

1. La familia no es la sangre sino la inclusividad de propósito, eso nos enseña tal teología de los designios divinos. Nos casamos generalmente con alguien que no es de nuestra propia sangre o familia de origen.
2. La razón de una relación se construye en el amor y la lealtad, eso es fundamental.
3. Y, por último, no importa en qué nivel de deterioro se encuentra alguien, una persona o una familia, si descubre su papel y lo asume va a seguir adelante, lo esperan las serendipias de Dios, como la gracia que obtuvo Rut en los ojos de Booz. Un hombre muy rico y poseedor de tierras, que permitió que Rut recogiera las gavillas de trigo que dejaban caer a propósito sus labradores; posteriormente aceptó tomarla como esposa para llegar a ser bisabuelos del Rey David. Siempre en Dios, habrá una reparación, recuperación y restauración hacia el orden del propósito inicial de su plan perfecto.

La felicidad real

Parece una historia con un final feliz, pero eso no existe ni en la Biblia ni en la realidad.

La felicidad bíblica no es estar drogado permanentemente. La felicidad es un constructo donde el esfuerzo juega un papel sumamente importante, pero queda estéril sino está regido por un propósito trascendente y una planificación realista, es decir, con los pies bien puestos en la tierra y el corazón en la voluntad divina. Esa dimensión es lo que podría llamarse la felicidad concreta, aquella que tiene inspiración para abordar los desafíos. Esa es la felicidad real.

La inclusión, la lealtad y la recuperación son parte de ese camino de felicidad real propuesto por el relato que contiene un impulso histórico teológico que encontrará su pleno sentido en ser parte de la generación y genealogía del Mesías.

Estos personajes no son absurdos ni anónimos sino reales y teológicos, es decir, con propósito y consistencia. No es la formación de una pareja en base a emociones momentáneas e ilusiones fortuitas.

La Biblia nos presenta la relación de pareja, la formación de la familia como una construcción difícil y con propósito divino. Sin el descubrimiento de la vocación familiar, las familias solo serán una ficha en las manos de los mercaderes de turno.

Podemos decir que esta familia pasó de la ingenuidad a la desgracia y de esta a la restauración basada en principios, fe y valentía, generosidad y lealtad, gracias al descubrimiento del propósito de Dios en sus vidas.

La historia de Rut no es la de la muchacha que se sacó una lotería para llegar a ser feliz y rica, si no la de la mujer formada en principios, que descubre la voluntad de Dios, agradable y perfecta, que además traía debajo del brazo el pan y el vino, además de riquezas y poder. Las añadiduras del Reino.

Desde la perspectiva de Bozz, podemos decir que es una historia que va desde la soledad acompañada de riquezas que no llenan el vacío –nos referimos a él– al encuentro de una mujer llena de belleza y bondad que lo lanza hacia la experiencia de familia y legado existencial, elementos de suma importancia en la realización humana.

Vamos para el nuevo testamento

No es fácil abordar esta temática, afirmando que Jesús fue un hombre soltero, que vivió célibe y con una familia de origen que desconfiaba hasta de su salud mental.

No obstante, Jesús es un personaje con raíces familiares y culturales, con genealogías teológicas posibles de reconstruir para los autores de los evangelios. Proviene de una familia que hasta la apócrifa aporta nombres de sus abuelos.

Sus afirmaciones demuestran, una concepción familiar que trasciende a la propia y circunstancial. Jesús es un profeta, que entiende su misión bajo vínculos que van más allá de la familia inmediata.

Podemos decir que el modelo que más atrajo a Jesús fue el de familia alternativa, formada con los seguidores de su mensaje y que su familia de sangre, fue acercándose a él, en la medida que él se fue alejando de ellos, hasta que al final todos fueron ganados a la causa del Reino.

"Mientras él aún hablaba a la gente, he aquí su madre y sus hermanos estaban afuera, y le querían hablar. Y le dijo uno: He aquí tu madre y tus hermanos están afuera, y te quieren hablar. Respondiendo él al que le decía esto, dijo: ¿Quién es mi madre, y quiénes son mis hermanos? Y extendiendo su mano hacia sus discípulos, dijo: He aquí mi madre y mis hermanos. Porque todo aquel que hace la voluntad de mi Padre que está en los cielos, ese es mi hermano, y hermana, y madre". (Mateo 12:46–50)

Toda la teología de la familia que pudiera descubrirse en el Nuevo Testamento, está permeada por la vida del Señor Jesucristo y de la cristología que los escritores desarrollaron a partir de él.

En otras palabras, la familia cristiana está basada en principios obtenidos del Jesús histórico y del Cristo de la Fe y precedida por la revelación obtenida a través de la Tanaj.

La metodología que Jesús aplica a su familia sigue siendo una señal de por dónde hay que trabajar a la familia. Él no se asimiló a sus valores ni temores, ni a sus criterios, ni valoraciones sobre su vocación, ya que lo consideraban que estaba demente. Por el contrario, se constituyó en una imagen que iba a traerlos hacia la causa del Reino y lo logró.

El exégeta Crossan, dice que "Jesús estaba en contra de la familia patriarcal", que era la familia de su época.

Theissen dice que "la primera generación cristiana poseía un ethos –una ética– claramente antifamiliar".

Obviamente estas afirmaciones de estos teólogos son muy temerarias, nos sacuden, nos hacen reaccionar. Pero debemos analizar su enfoque.

¿Cómo eso puede ser posible, si hemos escuchado siempre que el dulce Jesús es el centro de la familia y que los primeros discípulos amaban y cuidaban a su familia?

Nos sorprende no solo Crossan sino el mismo Jesús: "Y todo el que haya dejado casas, o hermanos, o hermanas, o padre, o madre, o hijos o tierras, por mi nombre recibirá cien veces más y heredará la vida eterna". (Mateo 19:29)

Entonces, ¿será que Jesús estaba en contra de la familia o que tenía otro concepto acerca del papel de esta? ¿Qué tipo de familia es la que él rechazaba y cuál la que él propondría?

Si así fuera que Jesús, fue crítico de la estructura tradicional de la familia entonces, ¿cómo se entendería lo que dijo en Mateo 19:1–12?

"Aconteció que cuando Jesús terminó estas palabras, se alejó de Galilea, y fue a las regiones de Judea al otro lado del Jordán. Y le siguieron grandes multitudes, y los sanó allí. Entonces vinieron a él los fariseos, tentándole y diciéndole: ¿Es lícito al hombre repudiar a su mujer por cualquier causa? Él, respondiendo, les dijo: ¿No habéis leído que el que los hizo al principio, varón y hembra los hizo? y dijo: Por esto el hombre dejará padre y madre, y se unirá a su mujer, y los dos serán una sola carne. Así que no son ya más dos, sino una sola carne; por tanto, lo que Dios juntó, no lo separe el hombre. Le dijeron: ¿Por qué, pues, mandó Moisés dar carta de divorcio, y repudiarla? Él les dijo: Por la dureza de vuestro corazón Moisés os permitió repudiar a vuestras mujeres; más al principio no fue así. Y yo os digo que cualquiera que repudia a su mujer, salvo por causa de fornicación, y se casa con otra, adultera; y el que se casa con la repudiada, adultera. Le dijeron sus discípulos: Si así es la condición del hombre con su mujer, no conviene casarse. Entonces él les dijo: No todos son capaces de recibir esto, sino aquellos a quienes es dado. Pues hay eunucos que nacieron así del vientre de su madre, y hay eunucos que son hechos eunucos por los hombres, y hay eunucos que a sí mismos se hicieron eunucos por causa del reino de los cielos. El que sea capaz de recibir esto, que lo reciba".

Lo cierto es que Jesús se ubica dentro de una postura de que el divorcio no es lo mejor, ni lo que corresponde al espíritu de la ley, ni lo que conviene al reino, no obstante, deja alguna posibilidad abierta a causa de la inmoralidad. Sin negar las enormes posibilidades que abre al perdón, la misericordia, la restauración y la gracia de Dios.

Jesús no es un anti-familia, todo lo contrario, defiende el matrimonio frente al divorcio. Lo que muchos no han entendido es que todo el argumento de Jesús se sostiene dentro de la *Teología del Reino*.

Volviendo a retomar la pregunta de qué tipo de familia representaría la que Jesús ve como buena.

No estamos buscando un discurso donde Jesús desarrollaría este tema, porque realmente la forma de enseñanza del maestro fue diferente a la de otros, Jesús hablaba por parábolas y por sentencias cortas, a las cuales la crítica textual llegó a llamar los dichos o *logoi*.

Entonces ,dentro de esas afirmaciones de Jesús, ¿qué se puede entender por familia?. ¿Qué tipo de familia era la que él defendía?

Por más vueltas que le demos para suavizar frases tan duras como "dejad que los muertos entierren a sus muertos" lo que expresa es algo muy fuerte desde el punto de vista contextual. Lo que se nos pide, en definitiva, es preocuparnos por el Reino, anunciar el Reino, actuar por el Reino.

Creemos que esa es la respuesta. La familia no está por encima del Reino porque este lo incluye todo y al mismo tiempo tiene prioridades. Jesús estaría indicando que seguirlo a él es darle sentido de Reino a todo hasta el ir a darle cristiana sepultura a un ser querido. Sin el Reino, que significa seguirlo a él, nada tiene sentido, ni la familia misma. Ese es su radical visión acerca de la familia y hasta de todas las acciones buenas como ir a enterrar a una persona amada. Jesús lloró cuando Lázaro murió, quedando así descartada toda indiferencia frente a los procesos tanatológicos.

Si el tema del Reino es lo central en Jesús, lo será también para la familia cristiana.

Qué haremos con afirmaciones todavía más fuertes como "¿Creéis que estoy aquí para traer paz a la tierra? No, os lo aseguro, sino división, porque desde ahora habrá cinco en una casa y estarán divididos tres contra dos y dos contra tres; estarán divididos el padre contra el hijo y el hijo contra el padre". (Mat 10,34–36)

Las afirmaciones de Jesús no resisten una exégesis dulcificante. Sus palabras siempre fueron fuertes pero interpretables a la luz del tema central, el Reino será siempre el eje para entender el todo.

En Mateo 10:36 afirma que "los enemigos del hombre son los de su propia casa". Podemos seguir hurgando sobre sus dichos sorprendentes, "Solo en su tierra, entre sus parientes y en su casa, desprecian a un profeta". Él mismo es un profeta despreciado por su familia y por su gente. Su familia creía que estaba loco y los religiosos lo calificaban de endemoniado.

Su mensaje no es contra la familia. Jesús la relativiza. Afirma que la familia no es un absoluto, no es un fin en sí mismo. Incluye también, la posibilidad de una ruptura con ella cuando sea necesario a causa del Reino.

Eso es clarísimo en su discurso al que ya hemos hecho mención "Si alguno viene donde mí y no odia a su padre, a su madre, a su mujer y a sus hijos, hermanos, hermanas y hasta su propia vida, no puede ser discípulo mío. El que no lleve su cruz y venga en pos de mí, no puede ser discípulo mío".

Ese "rechazo" hacia la familia solo se puede entender por rivalidad frente a un valor opuesto. Si tu familia es ocasión para dejar el Reino, prefiere a este último y no a tu familia. Porque es preciso obedecer a Dios antes que a los hombres. Porque en las cosas de mi padre debo ocuparme, les replicó el adolescente Jesús a sus preocupados padres José y María.

Dichosos son los que escuchan la Palabra de Dios y la cumplen y no los pechos que me alimentaron, les replicó a algunas mujeres.

No se puede decir que Jesús provino de una familia sin problemas. Poco a poco la familia va a ir acercándose al Reino gracias a la búsqueda de respuestas en el mensaje de quien para ellos era tan solo un "esquizofrénico". Es decir, la familia debe caminar hacia el Reino y no los del Reino hacia un reinado naturalista de la familia.

Este punto de vista es muy fuerte y explicaría a profundidad los señalamientos de Crossan.

Esto se ve claramente leyendo Hechos de los apóstoles.

Durante la vida de Jesús sus hermanos no creían en él (Juan 7:5); pero después de su resurrección, Jacobo se convirtió en uno de sus más importantes seguidores del Camino.

En Hechos de los Apóstoles 1:14 vemos que Jacobo, tanto como sus otros hermanos y María, estaban entre los primeros miembros del Camino, el mismo grupo que recibió el Espíritu Santo el día de Pentecostés. (Hechos de los Apóstoles 2:1–4)

Jacobo llegará a ser obispo en Jerusalén. Desempeñó un papel muy importante en el concilio que se menciona en Hechos 15 (vv. 13–21).

Pablo visitó a Jacobo en Jerusalén (Hechos de los Apóstoles 21:18). En Gálatas 2:9 Pablo se refiere a Jacobo como una de las "columnas" de la iglesia.

Jacobo llamado también Santiago escribió la carta que lleva su nombre (Santiago 1:1).

Judas, otro de los hermanos de Jesús (Mateo 13:55), escribió la corta obra que lleva su nombre (Judas 1)

Vemos toda una evolución desde la familia que Jesús cuestionaba, hacia la familia que termina aceptándolo. Mientras las familias no se acerquen al Evangelio de Jesucristo, caminarán sin rumbo claro. Acercarse a Jesús implica abrazar su enseñanza, no la fabricación de un ídolo nuevo. El proceso es al contrario, de la familia a Jesús. No de Jesús adaptándose a la familia.

La teología contextual analiza la familia, brinda un diagnóstico y presenta al Evangelio como la fórmula real para el éxito familiar, sin sacrificar la esencia del Evangelio que está contenida en la persona de Jesucristo. Vemos un tránsito de la familia que giraba sobre ella misma, hacia la familia que va a funcionar en base a los valores del Reino.

De eso se trata la fórmula por llamarla así, que los cristianos podemos presentarle a la familia en todo momento histórico.

Dentro de esta teología contextual estamos aprendiendo pautas para tener una familia dentro del Reino. Esa es la clave interpretativa que permite el texto y que nos beneficia frente a la pregunta, ¿fue la familia importante para Jesús? La respuesta es sí, siempre y cuando abrazaran el Reino.

El código María

El drama que finaliza en la cruz, es un cántico a la familia, llevada del plano sanguíneo al del Reino. "Madre he ahí a tu hijo. Hijo he ahí a tu madre". No hay evangelio de Jesucristo sin el reconocimiento de la madre en su evolución como creyente, a María se le reconocerá como bienaventurada en todas las generaciones no solo por haber concebido a Jesús, sino también por ser su seguidora hasta la cruz y convertirse en madre para cubrir la orfandad de aquel discípulo a quien Jesús amaba.

El catolicismo romano llevó a extremos la mariología y el mundo evangélico también en ciertos momentos de la historia. María no admite mariolatría pero sí ser un tema de predicación evangélica. Hay que restaurar su ministerio como fuente femenina de inspiración y de fe.

Ambos perdemos, al idolatrar a María o al desalojarla de su importancia homilética. El valor de María dentro de la familia del Reino es el papel de muchas mujeres realmente convertidas a Cristo que se transforman en verdaderas madres ministradoras del amor de Dios. Reivindicamos en esta obra el papel jugado por María en el proceso de la historia de la Salvación, sobre todo, como esclava del Señor.

Tal y como dice el Evangelio, fue una mujer que guardaba todo en su corazón. Muy posiblemente dentro de sí, tendría sus dudas sobre el accionar de su hijo, pero a final de cuentas, todo eso que guardó en silencio, floreció en una fe viva hasta aquel aposento alto del Espíritu.

El silencio de María es el de muchas madres y aún creyentes en general que van observando el obrar de Dios en sus hijos y la esperanza de que lo prometido por las palabras proféticas se cumplan a cabalidad. Parte de la profecía recibida incluía la espada, o sea la cruz que atravesaría a la madre.

El drama de María es el de muchas adolescentes que muy pronto pasaron a ser madres y de allí a descubrir que en Dios todo tiene un propósito, que han tenido que madurar hasta convertirse en verdaderas apóstoles de Cristo.

El drama de María también conllevó una espada rompiendo su corazón. De cruces y dagas están llenas las historias de madres piadosas pidiendo en los altares misericordia a favor de sus hijos, o desconsoladas por las pérdidas irreparables.

Jesús y las familias amigas

Jesús predicó no solo con sentencias, dichos, *"logoi"* y parábolas sino con los hechos, con sus actitudes y acompañamiento;

en ese sentido, lo vemos relacionado no solo con personas sino con familias.

Podemos titular esos episodios de Jesús ministrando a las familias como las narraciones del gesto amable del Jesús histórico. Tenemos el episodio del muchacho epiléptico, el de la mujer cananea, el de la hija de Jairo, el del funcionario solicitante de salud para su criado, el de los padres que llevan a sus hijos muertos, como la viuda de Naín.

Con la familia de Marta y María, las hermanas que lloran la muerte de Lázaro; con los padres del hijo ciego de nacimiento, con la suegra de Pedro, observamos dicho gesto.

Si queremos ver con más claridad todos los relatos referidos a la familia y a Jesús, en el contexto de su amable acompañamiento, tenemos que distinguir dos tipos de textos: Los textos en que habla de la familia para referirse al Reino, donde Jesús se expresa de una forma muy radical, no contra la familia sino a favor del Reino. Y, los textos en que, de una forma serena y amable, habla o hace algo a favor de las familias. Uno, representa su discurso teológico basado en el Reino, lo otro su acción pastoral donde prima la misericordia.

Esto nos brinda una gran pauta pastoral, ya que esta no consiste en enjuiciar dogmáticamente sino en ministrar el amor y la compasión divina. Hay tiempo para predicar doctrina y tiempo para practicar la misericordia. Se necesita la sabiduría de Jesús para no confundir ambas.

Ambas cosas son de suma importancia en una teología contextual acerca de la familia.

Texto y contexto

Por ende, ver esos contextos de esos textos nos conviene, como también nos ayudará a tener presente nuestro actual siglo

XXI, en donde están ubicados nuestros lectores. La familia es parte de todo ese engranaje cultural. La familia evangelizada no solo es parte del Reino sino de una cultura concreta.

Suponemos que quizá alguien en el siglo XXII o siguientes, leerá esta obra y se preguntará si todavía tendrá vigencia y la respuesta es que sí, porque textos de hace 2000 años y más, tratándose del Antiguo Testamento incluido, son ahora el objeto de nuestro análisis y de tratamiento para poderlos usar en nuestro contexto. Eso es teología contextual.

¿Cuál es el contexto cultural de dichos textos?

Los textos bíblicos en su mensaje divino son para todos los tiempos. Esas épocas que formadas por dichos tiempos, representan culturas. Por eso aún la familia cristiana es una entidad cultural, que representa a la época pero a la vez es portadora de un mensaje para todo tiempo y lugar. Veamos algunos elementos culturales presentes en esos textos bíblicos que requieren ser contextualizados en este nuestro siglo XXI.

1. La figura del Padre como centro de autoridad

Este elemento es propio de la familia patriarcal, una cultura basada en el varón con todo lo simbólico y real que esto conlleva.

Los tres valores fundamentales de este tipo de familia lo son, la sangre, el patrimonio y el honor. Elementos por los cuales se definía la identidad de una determinada familia. Una tal, sin un ancestro, unos bienes y sin honor, se consideraba una familia en desgracia. Parte del patrimonio también lo eran los hijos.

Una de las funciones del hijo mayor era enterrarle y guardar su memoria. Esta práctica era considerada como sagrada. Es el culto al *Pater* Familia.

Volviendo a la anécdota de cuando Jesús le ordena, a uno que debe ir a enterrar a su padre, que lo deje sin enterrar, obviamente se trata de una narrativa parenética, como ya la hemos explicado y no de dejar de enterrar a los muertos.

Los asuntos para una teología bíblica contextual no pueden girar en torno a discutir sobre si una sociedad es patriarcal, matriarcal, inclusiva, diversa, de derecha o de izquierda, sino si puede o no servir al Reino y subordinarse a él.

Por ahora digamos que el patriarcado o cualquier sistema cultural debe estar al servicio de los valores del Evangelio y adecuarse al mismo, nunca, al contrario.

No podemos legitimar la esclavitud sacrificando al Evangelio, pero sí predicar y vivir el Evangelio aún dentro de un sistema que acepte la esclavitud como lo tuvo que hacer el Apóstol Pablo. Un error grave es creer que para predicar el Evangelio se tenga que cambiar primero el sistema socioeconómico del contexto sea de izquierda o de derecha. Eso no importa. El Reino es el Reino y cualquier sistema necesita la palabra profética de Cristo.

La autoridad del padre no es solo un tema cultural sino una enseñanza permanente de la Biblia.

2. La inestabilidad socio económica

Si bien es cierto se habla de la famosa *pax* romana, la verdad es que para los pueblos subyugados y para Israel específicamente, tales beneficios y mieles de estabilidad no se sintieron.

Su vida era un pasar de una a otra fórmula política y religiosa, económica y social sin ver la luz del día. En sus últimas décadas habían pasado por muchas manos, en un siglo habían pasado los asmoneos, romanos y herodianos, donde habían experimentado grandes humillaciones como pueblo religioso y político.

Sus economías se veían saqueadas y las esperanzas de liberación transitaban por caminos que no prometían grandes victorias. Reinaba la decepción, la desilusión, las fórmulas violentas, los pacifismos sin fruto. Todo eso para resumirlo en dos palabras, inestabilidad generalizada.

Las familias se ven afectadas por la pérdida de sus tres valores mencionados, incertidumbre y hambre de todo tipo. Toda una bomba de tiempo que llegaría a estallar varias veces hasta ser destruida casi por completa la sociedad judía en el año 70 con la destrucción de todo, templo y ciudad, excepto la fe.

Quizá la crisis de valores actual, la desintegración, las amenazas económicas, el neoliberalismo que trastoca los conceptos y actitudes, el fraude del comunismo, las incertidumbres de una sociedad del metaverso, son más de lo mismo, es decir, el escenario de la vida fuera del Edén y es allí donde debemos predicar, responder, actuar y esperar sin claudicar, manteniendo los principios y valores no negociables de las Sagradas Escrituras, bien interpretadas por supuesto y no como instrumentos serviles a los sistemas pecaminosos del momento.

Jesús aparece con un mensaje muy poderoso, el del Reino, pero *vino a lo suyo y los suyos no le creyeron.*

No obstante, hubo quien lo recibiera, y a estos les dio la potestad de ser llamados hijos del Reino, hijos de Dios.

Esa es la pauta que él ofrece en este momento para la familia y la sociedad de su época. Así sucedió en su tiempo con las familias extensas, con un los *pater* familias, los hijos, los nietos, con sirvientes.

Pero sobre todo para la familia común, que era la mayoría de la población, aproximadamente el 75 % que vivía en casas sencillas de adobe, con dos plantas, abajo los animales y arriba las personas, también estaba con la familia en miseria representada en un 15 % de esclavos, enfermos, mendigos, ladrones, bandidos, viudas empobrecidas, huérfanos, desheredados, leprosos desahuciados.

Trata también marginados que andan por ahí y es con estos con los que se encuentra especialmente Jesús a cada rato, con los que no tienen, como él, donde recostar su cabeza. Equivalentes hoy en día a los ancianos, los minusválidos, los deficientes mentales, pobres, inmigrantes, borrachos, drogadictos, prostitutas y delincuentes. Por supuesto que son conocidas las relaciones de Jesús con gente rica o solvente. Juana, por ejemplo, era una mujer de clase alta, que ayudaba económicamente a Jesús, casada con un hombre que era inteligente y suficientemente capaz para encargarse del complicado hogar de Herodes.

También María Magdalena, era una proveedora financiera de Jesús. María provenía de la próspera ciudad de Magdala, en el Mar de Galilea, posiblemente del hogar de una próspera industria pesquera, donde se practicaba realizar esta actividad, así como trabajos con tintes y textiles. Debido a su región seguramente nació en una familia acomodada, parece que fue una exitosa mujer de negocios.

Todo eso fue así, pero la gran mayoría de gente que encuentra para ser ministrada no son estos, no son José de Arimatea ni Nicodemo, sino los otros, es decir los que ni siquiera cuentan con una familia y hasta endemoniados. Jesús mismo se identificaba con esta situación: "Los zorros tienen agujeros y los pájaros del aire, tienen nidos, pero el Hijo del Hombre no tiene dónde recostar su cabeza". Lucas 9:58.

José y María presentaron a Jesús, en el templo con dos tórtolas (Lucas 2:24). Debido a que no podían costear un cordero, las palomas eran aceptables según lo explica Levítico 12:8. Jesús no era ningún millonario como algunos desajustados predicadores de la prosperidad insinúan. El provenía de una familia campesina de pocos recursos hasta para ofrendar, como muchas de las familias de los campos y barrios de nuestra América Latina y aún del mundo rico donde cunde la marginalidad a pesar de la opulencia.

Jesús disfrutaba también con sus amigos. Fue criticado por comer y beber vino con los pecadores (Lucas 15: 2). A diferencia de Juan el Bautista, que vivió como un asceta del desierto comiendo miel y grillos.

En fin, ¿a dónde queremos llegar con todo esto? A afirmar que Jesús compartió con los más pobres, provenientes de familias destruidas o inexistentes.

Que Jesús no asumió una lucha de clases basada en el odio social, él fue capaz de recibir dinero de mujeres adineradas, compartir con líderes religiosos y políticos, tener amigos distinguidos hasta en el Sanedrín.

Afirmamos que Jesús no califica para ser un modelo de excluyente social. No olvidemos que su tema central es el Reino y este debe llegar a todos los niveles.

Poco importa saber si tenía casa propia o dormía en la casa de la suegra de Pedro en Capernaúm como algunos sospechan. (Marcos 1:29 y 35)

En Juan 1:39, dos personajes vinieron y vieron dónde se estaba quedando.

Jesús usó y disfrutó el dinero, pero nunca lo vio como un ídolo al cual adorar. Jesús compartió su don y dio de comer a muchos.

Jesús acompañó no solo espiritualmente sino en todo sentido a todo tipo de familia, pero las circunstancias tan terribles de su sociedad lo hicieron encontrarse con multitud de pobres que él no despreció por su condición.

Jesús no tuvo el estilo de Juan el Bautista el hombre más admirado por él. Tampoco se casó, no porque el matrimonio fuera malo sino que su prioridad fue el Reino y su misión en el corto tiempo de su vida terrenal. ¿Lo que se nos pide, en definitiva, es preocuparnos por el Reino, anunciar el Reino, actuar por el Reino? Así mismo. Ni más, ni menos.

Nuestro punto de llegada en este apartado es que Jesús formó familias alternativas con mucho tipo de personas, tanto pobres como ricos. Su concepto de familia fue extensivo y basado como ya hemos insistido, en el Reino.

Esa familia grande la formó dentro de esos contextos socioeconómicos, no en un vacío histórico social.

La familia grande, extendida, en forma de comunidades de fe, siguen siendo hoy en día testimonios vivos y una invitación para las familias apostólicas, a lanzarse al mundo a formar familias sobre todo con los más necesitados de la vida y que al recibir a Cristo se empoderan para una sociedad del cambio verdadero.

3. El contexto apocalíptico

Este nos ayudará a entender el porqué de estos dos tipos de textos que presentan a Jesús expresando sus enseñanzas sobre la familia. Repetimos, estamos describiendo contextos para entender los dos tipos de textos con los que nos encontramos en la vida de Jesús.

Jesús vivió en una época donde el mundo de los judíos llegó a tal crisis dentro de la opresión de los diversos imperios, y sobre todo en el contexto del primer siglo con el yugo romano, que muchos tenían su esperanza en que del cielo viniera pronto un ser espiritual, que lo habían mezclado con la idea tradicional de un mesías, un ser angelical que bajara y los liberara políticamente.

Cada movimiento tenía su perfil de esperanza apocalíptica, algunos eran muy místicos, otros muy violentos, otros más pacientes, pero todos esos grupos esperaban que sucediera algo milagroso y pronto en ese plano socio político como ya lo hemos indicado.

Los esenios, los zelotes, el movimiento del Bautista... esperaban y se desesperaban muchas veces.

Jesús vino a ser la gran decepción. Terminó en una cruz. El Reino trabaja con el fracaso y la decepción. La liberación más profunda no es un cambio de gobierno ni de sistema.

Esos movimientos apocalípticos judíos no entendían la cruz, no estaba en el programa por una sencilla razón, la cruz era para los delincuentes vulgares y ¿qué podría venir bueno de una cruz? El Reino viene a enseñar que la cruz se ha convertido en señal de victoria no de vergüenza, que en la cruz mi gloria tengo como decía un viejo himno protestante, por tu cruz redimiste al mundo cantaba otra plegaria.

La cruz vino a ser locura para unos y salvación para otros según la teología paulina.

Así que el camino del Reino no es el de evadir la historia, ni las circunstancias, no es el de salir corriendo en busca de una llegada inminente ni siquiera del mismo Jesús. **Él** dice que nadie sabe ni el día ni la hora. Lo que **sí** nos manda el Reino es a trabajar y a sembrar. A acompañar, asumir la cruz de cada día y también disfrutar de las bendiciones y bondades de esta tierra que Dios nos ha dado.

Esperar la venida de Cristo, por supuesto, pero disfrutar su presencia en este caminar hacia la creación nueva, donde también habrá árboles y personas, ríos y animales para convivir en la nueva dimensión de ese reino. Esa nueva dimensión es la verdadera familia apocalíptica. Eso debe vivirse ya en el seno de dos familias, en la familia del hogar y en la familia de la iglesia.

El alma es para el cielo, pero completada la obra, la nueva tierra del reino será para nosotros y la Jerusalén celeste que descenderá será Dios siempre con nosotros, allí se unirá el cielo con la nueva tierra. Esa es la gran familia con la Trinidad divina.

La familia del reino es la familia de Dios en Cristo. Si nuestra familia terrenal quiere avanzar en esa línea de Dios, deberá asumir su papel en esta tierra como instrumento del Reino de Dios, predicando el evangelio sin hablar tanto, porque *tan solo una palabra y mi siervo sanará*, dijo el Centurión romano a Jesús.

La familia entonces viene a ser el taller del Reino, donde se forjan ciudadanos capaces de transformar su entorno, de tener un carácter basado en valores trascendentes y una práctica moral y profesional digna de ser imitada. Por ahí va la cosa de la relación familia y reino.

No obstante Jesús asumió un discurso apocalíptico. Basta con leer el capítulo 24 de Mateo para ver el vínculo de lo apocalíptico con el hecho político de la destrucción de Jerusalén y la venida del hijo del hombre. La vinculación con la agenda de evangelización y la realidad de que todo tendrá un fin Mateo 24:9–14. Jesús habla sobre lo que sus discípulos deben esperar durante el tiempo entre su ascensión y su segunda venida.

Entonces os entregarán a tribulación, y os matarán, y seréis aborrecidos de todas las gentes por causa de mi nombre. Muchos tropezarán entonces, y se entregarán unos a otros, y unos a otros se aborrecerán. Y muchos falsos profetas se levantarán, y engañarán a muchos; y por haberse multiplicado la maldad, el amor de muchos se enfriará. Mas el que persevere hasta el fin, este será salvo. Y será predicado este evangelio del reino en todo el mundo, para testimonio a todas las naciones; y entonces vendrá el fin Mateo 24:29–31. Viniendo después de la gran tribulación: el regreso de Jesucristo.

En ese contexto de la predicación apocalíptica subyace la importancia de permanecer unidos y en la fe, eso aplica tanto a la familia del hogar interno como a la familia en la fe, la iglesia, que sufrirá y esperará la culminación de la victoria completa de Dios en Cristo. Los cielos nuevos y la nueva tierra.

La herencia paulina

Las enseñanzas de Jesús van a dar paso a las de Pablo para así formarse el concepto completo del Nuevo Testamento. No obstante, hay que observar que la teología paulina va a arropar a la de los evangelios. Es decir, que la narrativa de los evangelios será editada por los seguidores de Pablo, pasando así la enseñanza del Jesús histórico a formar parte de un marco teológico post–paulino.

Una vez analizada la teología básica de Jesús con respecto a la familia podríamos avanzar transitando hacia un movimiento que transformó la predica de Jesús, de algo local a un producto universal. Nos referimos no solo a Pablo de Tarso sino a todo el paulinismo que ha llegado hasta nuestros días con la etiqueta mayor de cristianismo oficial.

Somos cristianos paulinos, indiscutiblemente.

No somos cristianos gnósticos.

Y como paulinistas debemos entonces analizar las esencias de esta teología contextual en el marco de la familia.

¿Cuál es la teología de Pablo acerca de la familia, la pareja, la sexualidad, el hogar, los hijos, en fin, a este mundo formado por papá, mamá y los hijos?

Hay cuatro cosas en la vida de Pablo que debemos tener presentes para entender su teología y la de sus seguidores, incluyendo los editores de todo el Nuevo Testamento en general.

Repetimos, si bien el personaje central de todo el Nuevo Testamento es Jesús, histórico y glorioso, el teólogo que brinda el marco conceptual para entenderlo, desde su cristología kenótica y de exaltación, es Pablo.

No se puede comprender el Nuevo Testamento, no importa cuál sea cada autor, sino se comprende al padre teológico del mismo. ¿Quién es este personaje tan importante sin el cual el cristianismo se hubiese resignado a ser una más de las sectas judías?

1. Es un judío, completo en todo lo que es ser judío.
2. Es un hombre que se desarrolló conociendo las influencias helenísticas.
3. Es un ciudadano romano, que puede ir de aquí para allá y de allá para acá con una visa de ciudadano cosmopolita.
4. Es un personaje que pasa de ser un individuo para convertirse en Escuela. Muchos de sus libros tienen la edición en su nombre, de sus discípulos, los cuales se llegaron a considerar *pablos*, o sea, escritores bajo la cobertura de la autoridad paulina. Ejemplo de ello son las famosas cartas pastorales donde se nota una comunidad paulina posterior participante que venera la autoría primordial de su gran apóstol.

Se trata de un hombre importante, trabaja para el Sanedrín Judío, persigue a todo lo que huela a secta antijudía y en esas andanzas estuvo contra los del Camino, hasta que se encuentra con Jesús Resucitado y todo cambia en su vida.

Entiende que debe cumplir la misión de atraer al judaísmo a los gentiles que deben ser salvos, e injertarlos en las promesas de Israel. Y que el medio, se llama JESUCRISTO.

Comprende que para los judíos es la ley pero que los gentiles pueden ingresar al Israel de la salvación, a través del Mesías Jesús.

Es así como se proclama Apóstol para los gentiles.

Ese es su panorama y cosmovisión.

Posteriormente, su teología va a ser mejor comprendida y ampliada en sus formas y fondo. Y la predicación a los gentiles, es decir, a todas las naciones, se vuelve una tarea primordial, al punto que se quiere ganar a todos para Cristo y aún los judíos tendrán que venir a Cristo para entrar en el Reino.

En las primeras cartas, consideradas directamente de su mano, se expresa el primer sentido teológico. En las otras, suyas, pero no solo suyas sino con el reflejo de sus seguidores posteriores, encontramos una teología más amplia y con elementos enriquecidos por una eclesiología más desarrollada.

Dichas afirmaciones son tesis que podemos desarrollar más a fondo, pero esto dista de las posibilidades de esta obra que debe desembocar en la teología dela familia para la sociedad del cambio. Simplemente coincidimos con ellas y nos servirán para nuestras reflexiones en torno a la familia según la cosmovisión cristiana de corte paulino y post paulino.

Anotemos una por una:

La proclama paulina más importante

Pablo dirá a toda voz "para quienes están en Cristo ya no hay ni judío ni griego, ni esclavo ni libre, ni hombre ni mujer".

Esa es la gran proclama lapidaria del capítulo 3 de Gálatas, versículos 27-28.

Esa definición decide todo.

Si Jesús predicó el Reino como centro de su mensaje, Pablo predicará al Cristo de la Fe, como ese centro concreto.

El paradigma del Reino, predicado por el Jesús histórico es dimensionado por un paradigma aún más focalizado, CRISTO Y ESTE CRUCIFICADO. Ese es el Reino para Pablo, Cristo, todo lo demás comparado con él, es basura, así lo dice sin rubor alguno.

El Cristo resucitado que Pablo encuentra en su camino a Damasco, le abrirá los ojos para que encuentre el tema central de su predicación, Jesucristo y este crucificado. Acá tendrá fundamento todo su ser de Apóstol, uno como un abortivo pero igual a los demás. Así se autodefinió.

El orden es interesante, primero el encuentro con el resucitado y luego la revelación sobre el crucificado, justamente porque en este asunto reside la explicación teológica del aparente fracaso de la Cruz.

No se entenderá nunca la cruz a menos que sea explicada desde la voz del Resucitado.

Sin un encuentro con el Resucitado nunca se entenderá esta muerte despiadada, a destiempo, desafortunada y absurda. ¿Cómo adorar a un dios que termine como un criminal?

Pablo no tenía por qué inventarse nada, lo tenía aparentemente todo. Pensar en un judío crucificado le produciría grima. ¿Qué sentido tendría para un judío que espera a un mesías libertario, un delincuente frustrado en una cruz? No guarda sentido alguno.

Pablo, no des coces contra el aguijón, le dice el Resucitado. Ahí todos los argumentos se caen y por fin él va a entender qué significado tiene el Cristo crucificado. A tal punto que se convierte en su único tema de importancia:" Y, estando entre ustedes, no quise saber de otra cosa sino de Jesucristo y, más estrictamente, de Jesucristo crucificado". (I Corintios 2:2)

Encontramos en ello una teología contextualizada. Hablar de ese Cristo es sobre todo presentar la única salvación, para la persona, la sociedad y la familia.

Ahora Pablo afirma que en Cristo Jesús no importa ni la circuncisión ni la incircuncisión, sino solo la fe que actúa por medio de la gracia.

Toda una revolución teológica, tan grande, que impactó a todo el mundo y lo sigue haciendo de que solo la obra de Cristo es el camino para la redención.

Así como la familia sin el Reino no tiene sentido según Jesús, ahora con Pablo completamos todo el argumento al afirmar que sin Cristo el hombre y por lo tanto la familia y toda institución está perdida.

Pablo entra en relación con la oficialidad apostólica, pero poco a poco, sabiamente, va perfilando su propio ministerio, con muchos dolores, persecuciones y malquerencias, de dentro y de afuera, pero logra su propio proyecto y camino para llevar a Cristo especialmente a los gentiles que deben ser alcanzados para el Israel de Dios.

Llega a ser un miembro prominente en la iglesia de Antioquía junto a Bernabé. Pero, luego se aparta también y sigue su rumbo con ese ministerio propio que hemos mencionado.

Diversidad cultural y modelo eclesial doméstico la familia de la fe

La diversidad cultural y la modalidad doméstica y la teología del Cuerpo de Cristo son tres variables en el ministerio paulino.

Dos van a ser sus centros de operación **más** poderosos, Corinto –en Grecia– y Éfeso –en la actual Turquía.

Pablo ingresa en el mundo, donde va a encontrar culturas muy diversas, comerciantes, propagadores de las religiones mistéricas, costumbres muy alejadas de la religión judía, orgías consideradas sagradas y todo tipo de expresiones paganas.

Nos imaginamos al apóstol Pablo, preguntándose, ¿y qué puedo hacer acá?

Las familias paganas que van llegando a la iglesia traen como arrastre todo tipo de costumbres gentiles y alejadas del modelo escritural.

Esa es su realidad y es desde esa misma que tendrá que realizar su pastoral familiar.

Pablo descubre la importancia de un eje social de esas comunidades que era el Oikos. La casa. El hogar regido por el Pater Familia.

El usará esta estructura familiar para edificar otra, la familia de la fe.

Así las llamará, las iglesias domésticas, las iglesias de la casa. "Las iglesias de Asia –escribe desde Éfeso– os saludan; os envían muchos saludos en el Señor Aquila y Priscila, junto con la iglesia de su casa". "Pablo, prisionero de Cristo Jesús y Timoteo, el hermano, a nuestro querido amigo y colaborador Filemón, a la hermana Apia y a la iglesia que se reúne en tu casa".

Queda claro que las iglesias que Pablo fundó, eran domésticas, es decir, familiares, que se juntaban en un determinado hogar e invitaban a otros para compartirles su mensaje de que hay salvación en Cristo Jesús.

Así se va formando la Iglesia de Dios, es decir, la que reúne a todas las casas. El vínculo de estas personas es en Cristo, ahora serán llamados hermanas y hermanos.

Se va a ir estableciendo ese tejido teológico entre casa e iglesia al punto de llegar a llamarse el Cuerpo de Cristo.

La gran familia de la fe es un cuerpo, este es el de Cristo.

Simplemente todos somos hermanos, formamos un cuerpo y Cristo es la cabeza.

¿Dónde queda el hombre? ¿dónde la mujer? ¿dónde el esclavo? ¿dónde el libre? ¿dónde quedarán ubicados? ¿desaparecerán? Por supuesto que no. No es necesario, siga el esclavo siendo esclavo, el hombre siendo hombre, la mujer siga en su rol de mujer, el circunciso no se circuncide, el circuncidado quédese así, pero todos en Cristo.

Esa es la idea teológica central.

La teología de la familia desde el corazón de la Biblia, encuentra un nombre que le da identidad, Cristo, junto con una dimensión que le da sentido, el Reino. Hay que conservar las diferencias pero al llegar a Cristo, hay que dejarlas afuera. En la iglesia en cuanto a hermandad en Cristo, no hay maestrías ni doctorados, pero en la realidad sí los hay.

La idea es que la diversidad encuentra su unidad en Cristo y también su orientación, sentido, servicio y vocación. No todos somos pastores pero todos somos hermanos. Un pastor no vale más que un hermano, pero requiere la honra de ser un anciano.

Todo sigue, pero ahora en Cristo. Eso establece una gran y preciosa diferencia que nos hermana y nos iguala. De eso se trató en el caso de Filemón y su esclavo Onésimo al cual Pablo lo libera. Primero está Cristo.

Jesús diría, primero está el Reino. Pablo lo contextualizaría diciendo, primero estás tu, Cristo, la cabeza de la iglesia familiar y el corazón del Reino.

Por ende, este concepto griego *kepale*, cabeza del cuerpo, también servirá en la arquitectura teológica familiar para establecer que el hombre es la cabeza de la mujer, es decir, su fuente de inspiración, su guía y su poeta.

Eso es visto como algo normal y natural en una sociedad patriarcal, pero ahora Pablo lo enfoca de otra manera, que lo sea como Cristo es la cabeza del hombre. Por ende, debe amar a todo el cuerpo como Cristo ama a todo su pueblo, la iglesia de Dios y da la vida por ella. No podrás ser buen esposo si no das tu vida por tu esposa en el momento que se requiera.

Esto traerá cambios muy grandes en la comprensión teológica de muchos temas. La esclavitud por ejemplo tuvo un cambio dentro de la iglesia, por el trato, si es tu esclavo está bien, pero trátalo como un hermano.

Miremos el siguiente ejemplo de la historia de la iglesia, el caso del primer obispo de Roma, que recibió el nombre de Calixto, quien fue un esclavo y que desempeñó sus funciones episcopales del 217 al 222. Por ahí también pudimos leer un artículo titulado *Patricio: El esclavo que se convirtió en obispo.*

La esclavitud es odiosa, eso está claro, la discriminación también, el maltrato familiar es inmoral, de eso estamos convencidos. También la pobreza extrema es una desgracia que hay que combatir. Lo que estamos diciendo es que Jesús puso al Reino por encima de toda temática y que Pablo puso al Cristo de la Fe, como lo más prioritario. Y que al estar en Cristo debe desaparecer toda injusticia relacional, ya que somos hermanos.

Y eso es tremendamente revolucionario, porque si se está en Cristo, y se es nueva creatura, entonces no se verá con simpatía las desigualdades e injusticias. Pero, como estamos en esta tierra que no es el Edén, tendremos que convivir con esos contextos, sabiendo que nuestro principal mensaje es el Reino y Jesús, que no dejarán espacio sin ser tocados con la palabra profética en su dimensión de denuncia de lo que se oponga al amor y a la compasión cristiana.

Hemos hablado de cómo se fue formando esa teología basada en el Cuerpo de Cristo.

Las teologías van surgiendo de las necesidades, de las preguntas, de los interrogantes y de las dudas.

A su vez, las necesidades pastorales van a ir construyendo los edificios doctrinales y las pautas que van a ir tomando cuerpo en la iglesia hasta el día de hoy.

Así también en el campo de la pastoral familiar y de la consejería en general.

Toda teología que pretenda ayudar a las personas y familias debe pasar de lo puramente dogmático a la contextualización y a la aplicación ministerial. De eso Pablo nos dará catedra, dado que toda su teología va a surgir como oferta para las demandas de su gran público, especialmente gentil. Nos interesan las preguntas relacionadas con el tema familiar.

Pablo respondiendo llamadas urgentes de consejería familiar

Pablo recibe de los hermanos de Corinto y de Éfeso, muchas preguntas en relación con nuestro tema. Y él comienza a desarrollarles respuestas pastorales que luego se irán convirtiendo en el cuerpo teológico del paulinismo.

1. Pablo ¿qué es mejor estar soltero o casado?

En nuestros días su respuesta sería muy decepcionante para muchas personas que anhelan casarse y que si no lo hacen se sentirían totalmente fracasadas. Pues él simplemente les dice que es mejor no casarse.

No podemos falsear las escrituras ni suavizarlas con un caramelo. Esa fue su respuesta:

"En cuanto a las cosas de que me escribisteis, bueno le sería al hombre no tocar mujer; pero a causa de las fornicaciones, cada uno tenga su propia mujer, y cada una tenga su propio marido". (I Corintios 7:1–2)

La enseñanza completa diría así "Bien está al hombre abstenerse de mujer, pero, tanto el matrimonio como el ser célibe son dones de Dios. Cada cual tiene de Dios su gracia particular, unos de una manera y otros de otra" Eso sonó mejor. Por ahí va la fundamentación.

El matrimonio es una opción libre. En esta época el celibato contravenía una ley de Augusto según la cual toda mujer tenía obligación de contraer matrimonio y de crear hijos, porque en Roma había un problema demográfico muy importante, se necesitaban hombres para la guerra y mujeres para reproducir guerreros. Pablo responde desde su perspectiva teológica no desde los intereses del Imperio.

2. Pablo, ¿nos podemos divorciar?

Pues no.

¿Y por qué?

A los casados les ordeno, no yo, sino el Señor, que la mujer no se separe del marido; pero si se separa, que no se case con otro, o se reconcilie con el marido y que el marido no se divorcie de su mujer. Punto. Porque así lo dice el Señor y no yo. Nada más que hablar diría Pablo.

Ni Jesús ni Pablo están tratando una casuística particular sino estableciendo un ideal y un principio rector. Lo que debe ser. A la hora de contextualizar estas declaraciones tanto de Jesús como de Pablo, hay que mantener su esencia que podríamos resumir en que lo que Dios une que no lo separe el hombre. Y en que es mejor no casarse, si se tiene el don de estar soltero, porque contraer matrimonio es tan serio, que implica toda la vida, si se quiere adoptar el modelo que Dios ha establecido en su Palabra.

La desgracia de cada vida, de cada pareja y de cada familia es una realidad fuera del Edén. Por ello, no podemos aplicar de forma literal la Escritura, sino salvando los principios y sobre todo ministrando la misericordia de Dios.

En principio ese es el ideal. Pero ¿qué haremos con alguien que está en unas segundas nupcias y están buscando de Dios con sinceridad y devoción?

Esas son tareas que tendremos que ir resolviendo con la inteligencia de la sana contextualización y guiados por el Espíritu Santo.

Nos servirá pensar en aspectos tan importantes como saber que Jesús denuncia a través de su sentencia, el divorcio tal como se realizaba en el judaísmo, que permitía al varón abandonar a su mujer porque era una propiedad suya. Jesús rompe con una ley injusta; reivindica la mujer estableciendo que la entrega personal y permanente es el fundamento de una relación sólida.

3. Y ¿qué pasará con aquellos que, no teniendo ese don de estar casados, y siendo llamados para ser eunucos del Reino se empeñen en casarse y terminan en un desastre? Son temas para inquietarse y discutirlos.

4. Y ¿qué pasará con la gente trastornada mental que se casa y no tiene la consistencia emocional para soportar una estructura tan férrea como estar casado?

Siguen las preguntas para el gran debate.

No pretendemos dar respuestas. Solo queremos tirar estos asuntos en una mesa de trabajo o de discusión teológico y pastoral de la familia. Ya el lector cuenta con suficiente material para intentar una respuesta consistente con la sana doctrina.

5. Pablo, soy evangélico y me quiero casar con una católica. ¿Me das permiso?

La respuesta de Pablo sería, no sé qué es eso de evangélico y de católico, hábleme de Cristo y este crucificado. Si ambos no están en él, no van para ningún lado bueno.

La pregunta que sí tiene que abordar Pablo es la de ¿qué hacer si estoy casado con uno/una que no es creyente? Pablo siempre va a tener como centro, su tema, Cristo. ¿Qué sucede si uno de los miembros del matrimonio es convertido a Cristo y el otro no? ¿Tienen que separarse?

La respuesta de Pablo es que la familia no debe romperse.

Pablo, pero tenemos otra situación: ¿Si la parte no creyente quiere irse? Pues que se vaya y así quedarás libre. En ese caso, ni el hermano ni la hermana están vinculados. Para vivir en paz nos llamó el Señor.

Es decir, dirá Pablo, esa es mi opinión para este caso. En cuanto a lo fundamental, remito a todo el mundo a lo que dice el Señor y no yo. En este caso –les dijo el Apóstol– este es el consejo más sensato, quédate libre.

6. Pablo, ¿y qué hacemos con las viudas? hay algunas tranquilas, pero otras son demasiado inquietas.

Que se queden quietas, les responde. La mujer está vinculada a su marido mientras él viva, pero, muerto el marido, la viuda queda libre para casarse con quien quiera, pero solo en el Señor. Sin embargo, será más feliz si permanece así, según mi consejo. Y yo también creo tener el Espíritu. (I Corintios 7:39–40)

Es mejor viuda feliz que casada oprimida. Esa es la respuesta ofrecida por el apóstol.

El reglamento para las viudas

Posteriormente la enseñanza primaria de Pablo se irán contextualizando en un reglamento para organizar situaciones específicas alrededor de este tema de las viudas por lo problemático que fue el tema.

Es un texto muy largo (1 Tim. 5:3-16) Se puede resumir en tres asuntos.

1. Viudas con familia, que esta y no la iglesia sea quien las mantenga.
2. La iglesia se tiene que hacer cargo de las viudas honorables que por lo menos tengan 60 años;
3. En cuanto a las viudas jóvenes, que se vuelvan a casar porque, si no, se vuelven chismosas y entrometidas. *Quiero pues que las viudas jóvenes se casen, que tengan hijos, que gobiernen la propia casa y no den al* adversario ningún motivo de hablar mal pues ya algunas se han extraviado yendo en detrás de Satanás. Atentamente, Pablo.

La sexualidad

Uno de los asuntos más importantes del ser humano es su sexualidad, y en el Antiguo Testamento, la misma estaba subyugada a la institucionalidad regida por la procreación y la política.

Excepciones como algunas citas de textos sapienciales, como Eclesiastés, el Cantar y otros, se escapan un poco de ese patrón hacia el reconocimiento del disfrute placentero, textos que representan todo un respiro poético de una teología más sutil y revolucionaria.

El Nuevo Testamento entenderá la sexualidad como la forma reproductiva de la pareja sin entrar demasiado en el mundo de lo placentero, más bien destacando la santidad matrimonial frente a la inmoralidad de la cultura idolátrica de los paganos y de las religiones mistéricas.

Comenzaremos planteando dos preguntas fundamentales. La primera, ¿qué dicen los textos del Nuevo Testamento, acerca de la sexualidad? La otra, ¿cómo entender esa doctrina de ayer, para ser explicada y aplicada hoy día?

Nuestro interés no es abarcar muchos de los tópicos que grandes cantidades de libros ya han tratado. No podríamos hacerlo, por la razón de que tal aventura constituiría la escritura de una nueva obra, pero sí podemos señalar el tema de la sexualidad en el contexto posterior a Jesús, o sea, como resultado de la confrontación del mensaje del Evangelio con el mundo, con el judaísmo helenizado y con el helenismo que busca ser cristianizado. on el paganismo en crisis y la sociedad del Imperio en decadencia.

Recordemos, que los evangelios son escritos sobre Jesús y su mensaje, editados muchos años después y por lo tanto reflejan un contexto que está cargado de religiones paganas con prácticas sexuales de origen griego y de raíces hasta babilónicas.

Esos evangelios son el resultado de una reflexión que recoge de los textos originales y las edita en forma de una pastoral para el momento actual.

En ese sentido podemos decir que todo lo que Jesús enseñó sobre familia, sexualidad, hogar, pareja, viudas y célibes, lo hizo centrado en lo que ya hemos dicho hasta la saciedad, en el tema del Reino de Dios.

Todo lo que el apóstol Pablo enseñó al respecto, se centra en su gran tema, el único del que Pablo quieren que le hablen, de Jesucristo y el misterio de su muerte salvadora.

Entonces, nos queda la pregunta de ¿cómo se codificaron tales enseñanzas para el mundo del siglo I y para los posteriores, incluyendo al nuestro? No es un tema fácil de tratar, por lo simplificaremos para los que desean ir al grano.

Nos ayudará para este ejercicio, el hacerlo de forma dialéctica, presentando la característica cultural o pecaminosas que había que confrontar desde el Evangelio.

Nos aprovecharemos de esa oportunidad para compararla con alguna situación de actualidad, de eso se trata, de ir aprendiendo en el camino las grandes lecciones del pasado.

La decadencia

El Imperio Romano había caído en decadencia. Todo imperio tiene su inicio, desarrollo y caída. Dicha situación no solo estaba en la sociedad sino también reflejada en el seno de algunas iglesias paulinas. Algunos creen que los resultados del Concilio de Jerusalén degeneraron en una laxitud moral por ser permisivo para los cristianos de origen gentil. Pero, la fiebre no estaba en esa sábana sino en toda la cultura y en el corazón humano, idólatra y perverso, inclinado a la concupiscencia y a la porneía.

"Hemos decidido el Espíritu Santo y nosotros no imponeros más cargas que estas indispensables: Abstenerse de lo sacrificado a los ídolos, de la sangre, de los animales estrangulados y de la *porneía*". (Hech. 15, 20 Y 28s)

La porneía

Y ¿qué significa "porneía"? palabra que se parece a pornografía en el día de hoy. Pues para entender esta palabra traducida por fornicación hay que ir a las Escrituras hebreas, aunque el texto sea griego, porque el origen conceptual es tomado del Antiguo Testamento ya que el trasfondo teológico de los escritores del Nuevo Testamento es el judaísmo a pesar de toda la influencia helénica de la época. Por lo menos nos conviene relacionar el concepto griego con sus posibles equivalencia en la mentalidad de la Biblia hebrea.

Son cuatro las prohibiciones tomadas de los códigos de santidad del libro de Levíticos (Lev. 17 y 18). El extranjero residente en Israel no podrá comer carne sacrificada a los ídolos (Lev. 17:8s), sangre, Lev. 17:10–12), o animales ahogados (Lev. 17:15; d. Ex. 22:31) Ni podrá tener relaciones sexuales con consanguíneas: "6 Ningún varón se llegue a parienta próxima alguna, para descubrir su desnudez. 7 La desnudez de tu padre, o la desnudez de tu madre, no descubrirás; tu madre es, no descubrirás su desnudez. 8 La desnudez de la mujer de tu padre no descubrirás; es la desnudez de tu padre. 9 La desnudez de tu hermana, hija de tu padre o hija de tu madre, nacida en casa o nacida fuera, su desnudez no descubrirás. 10 La desnudez de la hija de tu hijo, o de la hija de tu hija, su desnudez no descubrirás, porque es la desnudez tuya. 11 La desnudez de la hija de la mujer de tu padre, engendrada de tu padre, tu hermana es; su desnudez no descubrirás. 12 La desnudez de la hermana de tu padre no descubrirás; es parienta de tu padre. 13 La desnudez de la hermana de tu madre no descubrirás, porque parienta de tu madre es. 14 La desnudez del hermano de tu padre no descubrirás; no llegarás a su mujer; es mujer del hermano de tu padre. 15 La desnudez de tu nuera no descubrirás; mujer es de tu hijo, no descubrirás su desnudez. 16 La desnudez de la mujer de tu hermano no descubrirás; es la desnudez de tu hermano. 17 La desnudez de la mujer y de su hija no descubrirás; no tomarás la hija de su hijo, ni la hija de su hija, para descubrir su desnudez; son parientas, es maldad. 18 No tomarás mujer juntamente con su hermana, para hacerla su rival, descubriendo su desnudez delante de ella en su vida".

Si es acertada esa hipótesis de identificación entre Antiguo Testamento y la porneía del Nuevo, podría decirse que se está refiriéndose especialmente, aunque no exclusivamente a relaciones incestuosas.

Porneía es enyuntarse sexualmente con personas de su propia familia, entiéndase, tías, abuelas, madres, primas, hermanos, padres, entre otros.

Aunque las relaciones prematrimoniales no sean recomendables desde el punto de vista de una ética cristiana, lo cierto es que no se refiere a ellas directamente con la palabra porneía.

Después de un estudio muy detallado sobre esta famosa palabra, –que tampoco puede traducirse simplemente como inmoralidad, ya que en algunos lugares inmoralidad puede ser no llevar el pelo largo o corto– un estudio de calidad, nos dice que *porneía significa: –relaciones sexuales ilegales –relaciones sexuales con una prostituta comercial o cultica– conducta ilegal en general, porque está prohibida por la Torah, tanto oral como escrita.*

Encontramos en 1 Cor 5:1–5 un caso calificado como porneía.

Se trata de un varón que convive sexualmente con su madrastra. Ni entre los gentiles se ve eso, exagera Pablo, para darle fuerza a esta situación tan desagradable.

La exégesis más aguda, como la que encontramos en la Biblia de Jerusalén, comenta que se trata de un matrimonio, violando las leyes del levítico y las del Imperio Romano.

Un escándalo en toda su dimensión. Pablo, procede a aplicar una severa y radical disciplina por este caso de *porneir.*

Los versículos 9 y 10 de 1 Corintios 6; Gálatas 5:19–21 y Colosenses 3:5-8, nos dan una fotografía a todo color de los que están excluidos del Reino. Entre este grupo de excluidos aparecen los *que practican la porneía, junto* a otros practicantes de inmoralidad sexual como los *moijol* traducidos como los *adúlteros* y los *malakol,* que en una traducción exacta significa los *flojos*, algunos lo han identificado con afeminados y hasta con los homosexuales. Nuevamente, toda esta pecaminosidad está vinculada a la idolatría. Y la incorporación a Cristo va a implicar no solo el perdón de pecados sino la garantía de una santificación sin la cual nadie verá al Señor.

Lo que podemos sacar de todo ello es que el contexto de los primeros predicadores y pastores en el Imperio Romano del siglo I, fue un ambiente de decadencia en todo sentido y la porneía era como el sello de dicha cultura.

Ambiente de libertinaje versus Pablo

Desde las primeras páginas del texto más antiguo del Nuevo Testamento, el apóstol Pablo instruye con una claridad tanto teológica como ética en torno a la vida en general desde una teología ética y práctica: "Esta es la voluntad de Dios: vuestra santificación. Que os alejéis de la (porneía), que cada uno de vosotros sepa poseer su propia esposa, o su propio cuerpo, con santidad y honor, y no dominado por la (epithymía), como hacen los gentiles que no conocen a Dios.

Que nadie falte a su hermano ni se aproveche de él en este punto, pues el Señor se vengará de todo esto, como os lo dijimos ya y lo atestiguamos, pues no nos llamó Dios a (akatharsía), sino a la santidad. Así pues, el que esto desprecia, no desprecia a un hombre sino a Dios, que os hace don de su Espíritu Santo".

(1 Tes. 4:3–8) (18) En Romanos Pablo va a desarrollar mucho más profundamente el tema moral y de la sexualidad con el de la idolatría, creando así un fundamento teológico poderoso.

Toda inmoralidad, toda *porneía* es en el fondo un acto de idolatría o adoración a un objeto o creatura y no al creador.

Honrar al creador es lo que Pablo defiende frente a un mundo pagano capaz de adorar cualquier cosa.

Vamos a adentrarnos un poco en las palabras: porneía, epithymía y akatharsía.

Ya la primera, la tenemos más o menos comprendida.

Nos quedan otras dos: epithymía y akatharsía.

Son conceptos griegos, que en boca de Pablo hay que entenderlos bíblicamente, es decir con su trasfondo de un judío, pero tan erudito como un griego culto.

1. La "epithymía" es un sinónimo de "pasión loca", como en Rom. 1:24–26; Gal. 5:24 y Col. 3:5-12; es un "deseo intenso" *5 Haced morir, pues, lo terrenal en vosotros: fornicación, impureza, pasiones desordenadas, malos deseos y avaricia, que es idolatría; 6 cosas por las cuales la ira de Dios viene sobre los hijos de desobediencia, 7 en las cuales vosotros también anduvisteis en otro tiempo cuando vivíais en ellas. 8 Pero ahora dejad también vosotros todas estas cosas: ira, enojo, malicia, blasfemia, palabras deshonestas de vuestra boca. 9 No mintáis los unos a los otros, habiéndoos despojado del viejo hombre con sus hechos, 10 y revestido del nuevo, el cual conforme a la imagen del que lo creó se va renovando hasta el conocimiento pleno, 11 donde no hay griego ni judío, circuncisión ni incircuncisión, bárbaro ni escita, siervo ni libre, sino que Cristo es el todo, y en todos.*

12 Vestíos, pues, como escogidos de Dios, santos y amados, de entrañable misericordia, de benignidad, de humildad, de mansedumbre, de paciencia;

Todo ese texto es un resumen de la palabra clave que lo sostiene, es decir *epithymía,* la cual significa muchas cosas, quizá un término englobante puede ser la palabra *desorden.*

2. Con respecto a *Akatharsía* puede decirse que se refiere no al sentido de prácticas inmorales en los cultos paganos, sino a las prácticas de índole ético y religioso. Está dirigido a algo muy profundo, a las intenciones perversas que operan dentro del corazón. 1 Tes. 2:3 *"Porque nuestra exhortación no procedió de error ni de impureza, ni fue por engaño".*

Se trata de la impureza en todas sus dimensiones. La sexualidad debe estar exenta de toda impureza, ese es el centro del mensaje.

La teología del cuerpo

En 1 Corintios 15:42–44 queda plasmada la teología del cuerpo mediante el vínculo, cuerpo del creyente y cuerpo de Cristo. El creyente es parte del Cuerpo de Cristo, y por ende su cuerpo pasa a la dimensión de tener una vocación de llegar a ser como el de Cristo mismo.

"42 Así también es la resurrección de los muertos. Se siembra en corrupción, resucitará en incorrupción. 43 Se siembra en deshonra, resucitará en gloria; se siembra en debilidad, resucitará en poder. 44 Se siembra cuerpo animal, resucitará cuerpo espiritual. Hay cuerpo animal, y hay cuerpo espiritual.) «¿O no sabéis que vuestro cuerpo es santuario del Espíritu Santo,

que está en vosotros?... Glorificad, por tanto, a Dios en vuestro cuerpo".

Esa sería la motivación más profunda para mantener el cuerpo limpio de toda inmundicia.

El unirse a una prostituta, cosa común en esa sociedad será calificado por el Apóstol como hacerse uno con ella: "¿O no sabéis que el que se une con una ramera, es un cuerpo con ella? Porque dice: Los dos serán una sola carne. Pero el que se une al Señor, un espíritu es con él.

Huid de la fornicación. Cualquier otro pecado que el hombre cometa, está fuera del cuerpo; más el que fornica, contra su propio cuerpo peca". (1 Corintios 6:16–18)

Obvio es la relación entre las falsas doctrinas que emergieron del seno de las iglesias y el tema de la sexualidad. Por lo menos siempre ha habido dos tendencias, una de carácter estoico extremo mezclado con un ascetismo riguroso que ve en el sexo algo malo de lo cual es mejor apartarse y ni pensar.

El otro extremo lo representa una teología completamente liberal, influenciada por el hedonismo que pregona que el creyente tiene la libertad de disfrutarlo y a todas sus anchas.

Muchos son los textos que podrían poner en su lugar a cada una de estas desviaciones, pero una muestra servirá para ver cómo el paulinismo tanto del mismo Pablo como los posteriores escritores del Nuevo Testamento, que todos conservan su doctrina esencial lo denuncian y señalan a quien enseñan estos errores:

Se trata de la carta de Judas que señala la ignorancia y en la inmoralidad de estos falsos ministros del error: "Han convertido en libertinaje la gracia de nuestro Dios. Sus desvaríos los llevan a contaminar la carne, blasfeman de lo que no conocen y con sus instintos, comunes con los animales, se corrompen. Son hombres de instintos y sin espíritu". (vv. 4, 8, 10, 19)

En resumen, queda claro que toda la teología acerca de la sexualidad, está condicionada a la de la santidad y está justificada en la vinculación con Cristo, que nos debe llevar a una mayor consagración con Dios y a la práctica del amor verdadero. La meta siempre será Cristo que ofrece perdón y restauración.

Pablo da el ejemplo, escribiéndoles a los hermanos que ya es tiempo de perdonar al que había cometido la porneía de estar casado con su madrastra. Ya se había arrepentido, ya estaba restaurado, por qué seguir castigándolo, eso sería darle cabida a Satanás. (2 Corintios 2:8–11)

Llegó la hora de volverlo a introducir en el cuerpo de Cristo. Su cuerpo personal ha sido santificado y por ende no hay razón para no restaurarlo al Cuerpo de la Iglesia.

"Por lo cual os ruego que confirméis el amor para con él. Porque también para este fin os escribí, para tener la prueba de si vosotros sois obedientes en todo. Y al que vosotros perdonáis, yo también; porque también yo lo he perdonado, si algo he perdonado, por vosotros lo he hecho en presencia de Cristo, para que Satanás no gane ventaja alguna sobre nosotros; pues no ignoramos sus maquinaciones".

Por lo cual os ruego que confirméis el amor para con él: Ya que el hombre respondió a la reprensión y se arrepintió, era tiempo para darle amor y sanidad. Ellos necesitaban confirmar su amor para con él.

Queda claro que el fin es la restauración no la destrucción.

También hay que notar que la idea central de la ética sexual paulina está relacionada con huir de esa porneía de la cual venimos hablando, que contamina al cuerpo y a la iglesia misma, por razones especialmente de no caer en la idolatría. Miremos estas cuatro consideraciones al respecto:

1. Porneía e idolatría son inseparables. "Porneía" significa fornicación e idolatría (1 Cor. 6:13; Apoc. 18:3)
2. Incluso donde porneía significa tan solo fornicación, no deja de estar separada al tema de la idolatría. Apoc. 21, 8.
3. Porneía no solo está vinculada con el concepto matriz de idolatría sino también la codicia. Col. 3:5.
4. No nos sorprende que la política también esté en esta danza, puesto que se trata de la adoración al poder, no las ciencias políticas en cuanto sociales, sino la práctica política que busca el poder por el poder. (Apoc. 13)

Rieles teológicos de la sexualidad y la familia

Sobre algunos fundamentos esenciales se podrá establecer una teología neotestamentaria de la sexualidad y la familia, siguiendo nuestra particular forma de ir tratando los temas, haciendo inferencias.

1. La familia está en los planes de Dios

Dios está interesado en bendecir a las familias. A Abraham le promete en Génesis 12:3 bendecir a toda familia que provenga de los lomos del Abraham de la fe. Eso hay que entenderlo bien, esto incluye todas las familias de la fe. Pedro retoma esta promesa y la actualiza en Hechos 3:25–26, lo declara, diciendo que el pacto se cumpliría en la fe.

En otras palabras, está diciendo que estamos incluidos, no solo Israel, sino todas las familias de la tierra.

Esta promesa va desde Israel y pasa por la simiente. Esta es Cristo. Es decir, en Jesucristo se recibe esta bendición de la antigüedad. Ese cumplimiento en Cristo nos cubre.

No solo Abraham y el pueblo escogido alcanza la bendición sino a todos los que son de Cristo. Esto es sumamente poderoso.

Contamos con una marca de bendición, que no podemos dejarla perder. Para vosotros es la promesa y para vuestros hijos, ese es el plan divino.

Dios nunca tiene propósitos malos para sus hijos. Si entendemos esto pasarán cosas importantes en el cumplimiento de Hechos 2:39. Apropiarse de esta verdad por medio de la fe, va a producir enorme cantidad de testimonios.

2. El Nuevo Testamento hereda y fortalece lo que se puede llamar un paradigma

El gran problema del matrimonio y la familia actual tan inestable y en crisis es que no tiene fundamento firme. No hay otra razón de mayor peso. Lo que se edifica sobre roca resiste lo que no lo aguantan los castillos de arena, de esos que hacemos en la playa y viene una ola y desaparece.

Los fundamentos están por debajo, son como las raíces de un árbol. Lo decisivo al adoptar los fundamentos es ponerlos por obra. Si no se hace el esfuerzo, la gracia se abarata y no serviría para mucho. Si se quiere un matrimonio y familia fuerte, hay que practicar los fundamentos.

Estamos hablando de las verdades bíblicas, de fundamentos estables, de principios y valores absolutos.

Si se consideran relativos, no funcionará, porque lo relativo tiene vocación abierta a los experimentos y a la posibilidad de fracaso. El relativismo es propio de la ciencia, pero estamos en la fe. Y eso es lo que nos va a presentar el conjunto teológico del pensamiento judeocristiano alrededor del tema de la familia y el matrimonio, basado en fundamentos tales como:

a. La familia es una idea de Dios, no un constructo o invento humano. Tiene sus elementos constructivos, culturales, tiene sus explicaciones antropológicas, pero la razón revelada, expuesta en la Biblia, es que Dios la instituyó, aún antes del Estado. Por eso al estar en crisis la familia, se pone en juego todo.

   Todo comenzó en Génesis y ya lo hemos mencionado al señalar los dos relatos de la creación. Ya hemos mencionado lo que pasó en Edén. Génesis 2:18 nos muestra la firme decisión divina de crear una pareja. Esto es un fundamento. Si se discuten y relativizan los fundamentos, abrimos puertas a pensamientos externos y extraños que traerán inestabilidad, división, fracturas y dolor, como las que está viviendo esta sociedad posmoderna. La soledad improductiva no cabe en este marco del propósito de Dios. La pareja es el antídoto a las tinieblas de la soledad y del caos. Del varón se toma, de una costilla, el material para su compañera.

b. El eje invariable de la compositiva Varón y Hembra. El capítulo 27 de Génesis nos señala dos intenciones, la monogamia y la heterosexualidad. Esas son las bases de la pareja y la familia. En Éxodo 20 se prohíbe el adulterio, mostrando la fidelidad, que es propia de un hombre con una mujer. Las triangulaciones perturban el hogar, por eso la poligamia, aunque permitida por Dios en un momento, en su esencia rompe con ese vínculo de un solo hombre con una sola mujer.

c. En la mente de un Dios santo y sabio, se expresa el deseo de que un hombre y una mujer sean su imagen. En ese sentido, somos iguales, en cuanto a dignidad. En cuanto a inteligencia es relativo. Hay mujeres más inteligentes que los hombres. La mujer es coheredera de la gracia de la vida. Es un sello de toda la creación, con la vocación de ser protectora de la vida.

No varios hombres ni varias mujeres, porque dónde quedaría la imagen de Dios que es una reflejada dos seres complementarios.

Y esto ¿qué quiere decir? Bíblicamente, la diversidad y la complementariedad son propios de ese binomio varón y hembra y que el hombre es diferente a la mujer por diseño divino.

Concluyendo así que al hombre solo lo puede complementar una mujer.

Lo demás son desviaciones, ni siquiera enfermedades, sino distorsiones y por lo tanto pecado.

Como cuando hablamos de miseria social señalando que esta no es el plan original de Dios. No es porque esa sociedad esté enferma, sino en pecado social.

La injusticia es un pecado social.

La homosexualidad no es catalogada científicamente como una enfermedad, pero sí bíblicamente, como una condición pecaminosa y los que son actos homosexuales igualmente pecaminosos. El modelo de Dios es posible cuando las personas se ajustan a él, lo cual no siempre es fácil para algunos cuya configuración se haya establecido muy fuertemente, pero lograble, porque para Dios no hay nada imposible.

d. Con vocación a ser independientes (Génesis 2:24)

Dejar al padre y la madre es una indicación de independencia. La familia debe reproducirse en otras familias. Por ello, la familia es un centro de entrenamiento para salir de ella y crear una nueva.

La educación de los hijos no debe ser un programa de dependencia y condicionamiento al no desarrollo.

La familia debe capacitar a los hijos para la prosperidad, para la producción, para reproducir la imagen de Dios y ser de bendición.

Procrear, crear y formar hijos deben ir juntos. Formar para la libertad y la santidad.

e. Sobre la estabilidad y no separación

Malaquías 2:15, afirma que el matrimonio, la pareja, es solo uno. [15] ¿No hizo él uno, habiendo en él abundancia de espíritu? ¿Y por qué uno? Porque buscaba una descendencia para Dios. Guardaos, pues, en vuestro espíritu, y no seáis desleales para con la mujer de vuestra juventud.

Hizo una sola pareja porque buscaba una descendencia para el Reino. Esto no es posible si no hay estabilidad e indisolubilidad.

Génesis 2:24 nos habla de una sola carne. Sin mucha profundización esto significa que para Dios son solo uno. Dios nos mira no separadamente sino como dos en uno. Una sola entidad de dos elementos distintos.

Mateo 19:6 es bastante claro, *no son dos, sino uno, por lo tanto, no puede haber separación de lo que Dios unió.*

La muerte es el momento de separación. Nadie continúa casado con un muerto, eso no es de Dios. La relación sirve en el tránsito por esta vida.

El tema del divorcio no está contemplado en el modelo de Dios. Esta situación es dura y traumática pero el origen está en el egoísmo profundo que no entiende que el valor de la relación está en amar al otro y no el exigir la propia satisfacción.

f. Basados en el principio de la honra

Honroso sea en todo el matrimonio, y el lecho sin mancilla. Hebreos 13:4

El tema de la honra es muy profundo y contundente en las Escrituras. La palabra honra deriva del latín *honorare u honoris* que indica la glorificación pública a través del ejercicio de cargos públicos.

En la Biblia, la honra es el respeto, el reconocimiento, el valor que se le dé a alguien.

El significado bíblico de la palabra honra deriva del hebreo *kabôd* que significa gloria. Honrar a Dios y a los padres, por ejemplo, quiere decir alabarlos y estimarlos a través de la obediencia, el respeto, la admiración y la retribución.

David honró a su amigo muerto, recogiendo a un hijo limitado que este había dejado y lo puso a comer en su mesa y le devolvió todo lo que había pertenecido a su familia. Esto es honra.

Pues el matrimonio es declarado honroso, es decir, que da honra. La honra trae muchas bendiciones.

La honra es considerar algo sagrado. Se honra un templo porque está asociado a lo sagrado. Se honra al cuerpo porque allí habita el Espíritu, se honra a un pastor o a un profeta por la unción que representa. Y se honra al matrimonio porque es la imagen de Dios y la representación del misterio de Cristo y la iglesia.

Hay muchas maneras de deshonrar el matrimonio, casi todos sabemos cuáles son las más señaladas, como son el adulterio y la infidelidad.

Pero, también hay otras que son más sutiles. Criticar al esposo cuando se reúnen las mujeres a hablar de todo. Eso deshonra al marido, a la cabeza y sacerdote del hogar. Eso es tan malo como murmurar en contra de su pastor. Es una deshonra terrible.

Cuando la mujer destruye el liderazgo de su marido, lo deshonra y expone a los hijos a imitar tal irrespeto.

Cuando la mujer no se acerca físicamente, no lo acaricia, lo comprende y lo escucha, es una forma de desatención y de deshonra.

Dejemos quietas a las mujeres y preguntémonos cómo deshonra un hombre a una mujer. Lo más evidente es la infidelidad. Pero es tan clara que no admite mucha discusión. La infidelidad es un pecado del cual hay que arrepentirse, es el único remedio, aceptar el perdón obtenido en la Cruz.

Pero, queremos puntualizar las deshonras solapadas, igualmente pecaminosas pero que las cometen hasta los santos varones de Dios, dándose cuenta o no, pero después de leer esta obra, ya no tendrán excusa. Ahí les va la lista y sin anestesia:

1. Cuando no honras su maternidad.
2. Cuando no honras a su familia de origen.
3. Cuando no respetas su descanso.
4. Cuando no te acercas físicamente.
5. Cuando no le suples.
6. Cuando atiendes más a tu celular.
7. Cuando no buscan de Dios juntos.

8. Cuando le das más atención a un hijo.
9. Cuando mantienes la relación solo por los hijos.
10. Cuando no sales de la casa de tus padres.
11. Cuando buscas beneficios para ti sin participarla de la bendición.
12. Cuando andas bien vestido y ella con harapos.
13. Cuando comes en un restaurante y no le llevas algo que sabes a ella le agrada.
14. Cuando vas de viaje y regresas con las manos vacías.
15. Cuando no le das tu tarjeta de crédito para el día de su cumpleaños. (ya vemos a muchos reaccionando y discutiendo si esto es deshonra o no, por lo menos los provocamos a cuestionarse de sí son esplendidos con la mujer que le ha acompañado y soportado, amado y dado hijos)

Bueno, creo que nos pasamos en ese punto , pero está bien, es mejor excederse en honrar a su esposa ya que generalmente las mujeres han sido más entregadas y sacrificadas.

Lo importante es centrarnos en el principio para ambos:

"Que cada uno de ustedes ame a su esposa tal como se ama a sí mismo; por otra parte, la esposa debe tenerle profundo respeto a su esposo". (Efesios 5:33)

Si esa honra la practicáramos todo sería más fácil. Pero, como hemos dicho, somos ciudadanos de la tierra y no del Edén. Con ello queremos decir que la pareja y la familia son temas que hay que trabajarlos, *y hacia allá vamos en esta obra, a cómo trabajar la relación de pareja y mejorar el matrimonio y la familia.*

Resumiendo lo qué es el matrimonio y la familia en términos de producto final ético, teológico, espiritual y práctico recogido por el Nuevo Testamento podemos decir que esta entidad llamada familia, está constituida por dos pilares fundamentales cuya realidad se hace efectiva a través de funciones:

I. Un Padre Varón llamado a ser líder: que debe proteger y gobernar con amor a ese hogar.

1. Administrador: El padre es el administrador de toda la familia, en todos sus aspectos, económico, espiritual y salud integral. Maestro: El padre es quien enseña en el camino. Amigo:

2. Amigo. El padre debe ser el mejor amigo de su esposa y enseñarle ese valor de la amistad. Juez:

3. Juez. El padre en el hogar es quien juzga con sabiduría y corrige.

4. Sacerdote: los sacerdotes presentan a Dios lo mejor. Es quien conduce la familia a la búsqueda de Dios.

Este primer lugar puede amueblarse bíblicamente si decimos que está llamado a ser

1. Ser cabeza del hogar: Efesios 5:23
2. Amar a su esposa: Efesios 5:25
3. Proveer el sustento para la casa. Efesios 5:28–29; 1 Timoteo 5:8
4. Serle fiel a ella: Malaquías. 2:15; Efesios 5:25
5. Ser obedecido y respetado: 1 Pedro 3:1–2
6. Debe ser ayudado: Génesis 2:18-22; Pr. 31
   a. A. En lo Físico: cuidando de su salud
   b. En lo Espiritual: orando o intercediendo
   c. En lo Emocional: dando paz y confianza
   d. En lo Económico: creando ingreso en la casa

II. El segundo pilar lo representa una madre, que enseña de forma práctica y digna los valores de obediencia con dignidad. Laboriosidad. El esfuerzo. La Piedad. La sabiduría. Y la protección de la vida. Es la socia de su compañero y la que con sus acciones, prudencia y destreza construye esa casa. La vigilancia de la ética y la estética son parte de sus atributos, lo mismo que la administración de los detalles sobre todo de la harina y del aceite del hogar. Debe ser un testimonio vivo;

- Encaminando a la salvación de los inconversos. 1 Pedro 3:1
- Amando a su esposo, como un testimonio vivo de amor mutuo.
- Sujetándose a su esposo: Colosenses 3:18 Efesios 5:24–25.
- Testificando de nuestra esperanza en Dios. 1 Pedro 3:5
- Siendo fiel al esposo: 1 Corintios 7:2
- Siendo una buena ama de casa
- Preocupándose por una correcta alimentación de sus hijos. Prov. 31:15
- Manteniendo su casa ordenada y limpia 1Tim. 2:15c; Prov. 31:17

III. Intercediendo siempre por toda su familia especialmente por su esposo. Agreguemos un pilar complementario, porque podría existir una familia que no deja de serlo por carecer de ellos. Pero generalmente existen los hijos. Vienen a ser los frutos y bendiciones del hogar, Sal. 127:3.

Los hijos son la materia prima para la construcción de la sociedad del Reino, que están bajo la responsabilidad de sus progenitores a los que deben respeto y obediencia en todo tiempo, Efesios 6:1–2.

Los hijos deben ser mano de obra colaborativa para ayudar en las tareas del hogar, desde poner la mesa hasta lavar los platos, sin distinción de género.

He allí los dos pilares fundamentales y el complementario de lo que es una familia concebida en su estructura como un modelo que podemos hallar en la misma Biblia.

Esos elementos básicos que componen a la familia, van tomando diversas formas, lo que ha permitido a la ciencia estudiar tales fenómenos y sistematizarlo. De allí la importancia de hablar, en términos sociales, de diversas clasificaciones, estilos, compositivas y realidades familiares. Pero eso lo haremos en el siguiente capítulo.

Capítulo II

Teología de la familia desde su sistema y clasificaciones

Entremos a nuestra segunda cuestión, con una preocupación previa basada en la pregunta ¿qué vigencia puede tener todo el consejo bíblico sobre la familia en nuestra sociedad postmoderna? ¿Cómo implementar o hacer viables los valores del Evangelio a la familia actual, de tal manera que el trabajo no caiga en terrenos desconocidos para el agente pastoral? Nos referimos al conocimiento técnico o científico de dichas realidades funcionando en determinadas estructuras sujetas a clasificaciones que deben ser manejadas si se quiere eficacia en los objetivos teológico pastorales.

Lo más difícil es aplicar un determinado principio, valor o enseñanza a una realidad.

Esto nos lleva nuevamente al tema de la teología contextual y por ende a la necesidad de contar con definiciones y clasificaciones; y con un método o círculo hermenéutico que desemboque en una práctica, en este caso, de pastoral de la familia.

Nos vemos obligados a mirar no solo el contexto del texto bíblico, sino el actual, en donde vamos a encarnar esa doctrina.

Para ello hay que seguir algunas pautas:

1.   Distinguir qué es lo esencial y qué es puramente cir-
     cunstancial, accidental o cultural. La aplicación sin
     mirar eso, se llama legalismo que no siempre es fiel con
     el propósito de Dios.
2.   Hay que descubrir cuál es la clave y llave hermenéutica
     que abra el paso hacia una aplicación justa y productiva.
3.   Pensar en la pregunta: ¿cómo establecer lo que es más
     preciso y correcto de una interpretación a cada situa-
     ción en particular?
4.   Se debe buscar la teología bíblica más que la simple
     dogmática o el pragmatismo situacional. Esto requiere
     equilibrio y seriedad ministerial y profesional.
5.   Hay que alejarse de las interpretaciones extremas, tanto
     de legalistas como de liberales para sostenerse sobre
     un balance realista y justo entre esas realidades y los
     fundamentos o valores innegociables.

Veamos algunos asuntos que son indiscutibles y no negociables para enfrentarnos a una interpretación y aplicación
serena y correctamente pastoral desde la perspectiva bíblica.

1.   La Biblia valora el matrimonio, pero también la abs-
     tención a gozar de él. Ambos, son dones de Dios, (1
     Corintios 7: 7; 1 Timoteo 4:14). El matrimonio y la vida
     célibe son dones, carismas, que marcan determinadas
     vocaciones, así como lo es el mismo apostolado o lla-
     mado a ser profeta.
2.   El Nuevo Testamento no establece su ética tratando de
     complacer a ninguna cultura o congraciarse con una

época, sino en el amor al prójimo y la relación que tiene el cuerpo con el Señor.

3. La realidad en que fueron escritas las pautas matrimoniales y familiares no es la misma que la actual, aunque no ajena a la esencialidad humana.

4. El núcleo de esa enseñanza, no se puede sacrificar en aras de acomodarlo servilmente a una moda o circunstancia, puesto que es exactamente ese centro normativo, dogmático y sustancial el que representa el contenido directriz de la revelación de Dios. En otras palabras, aunque haya aspectos culturales que no nos deben obligar, sí hay una esencia normativa que debemos siempre rescatar.

5. Para la tarea de hacer viable un principio fundamental tenemos que pasarlo por un proceso que permita su aplicación pastoral más eficiente y saludable. A ello se le llama círculo hermenéutico.

La aplicación de un círculo hermenéutico para una contextualización de la Palabra respecto a un tema, situación, tópico o asunto se realiza siguiendo un protocolo que parta de la realidad y no de las ideologías sobre ella por eso hay que:

1. Diagnosticar la realidad. Tanto la de la persona, como la de la familia, la pareja, la cultura de procedencia. Establecer el genograma necesario para entender los mapas familiares en funcionamiento y los nudos generacionales.

2. Despojar ideológicamente, las creencias que se forman en cristalizaciones de pecaminosidad estructural, cultural, familiar y religiosa que empañan el sentido de su

sexualidad, familia, pareja, matrimonio. Desalojar esos mitos, falacias, sesgos interpretativos, supersticiones dañinas, ideologías del poder y visiones destructivas sobre la vida. Tiempo de deconstrucción para luego en el proceso preceder al nuevo constructo basado en la verdad positiva y en la verdad revelada.

3. Iluminación a través de la Palabra de Dios. Ver esa realidad desalojada y liberada, ahora , en este otro momento metodológico, desde el prisma de la Palabra y del Espíritu Santo. ¿Qué enseñan las Escrituras inspiradas por Dios sobre esas temáticas y realidades desnudas?

4. Momento de la acción. Asumir la práctica misionera o pastoral , llamada también praxis, tomar las decisiones, dar los pasos, comprometerse con un nuevo estilo de vida. Liberación de ataduras generacionales, llamadas también maldiciones, porque no bendicen a nadie.

    Momento para la construcción luego de la deconstrucción. Tiempo para avanzar. Es el momento de producirse algo nuevo. Es esa praxis en calidad de parto del proceso preñado por la luz de la Palabra a la hermenéutica de lo real.

5. Luego volver a revisar y seguir de nuevo ese círculo de crecimiento.

Herramientas para descifrar las realidades familiares

1. Los modelos de familia. Visión sistémica

No vivimos en un mundo aislado, la familia, aunque teológicamente es un propósito divino, como ya lo hemos establecido en los principios innegociables, es al mismo tiempo un fenómeno psicosocial, afectado por múltiples factores económicos, políticos, culturales y religiosos.

Por ello, siguiendo las pautas del círculo hermenéutico propuesto más arriba, no podemos dejar de lado, los enfoques acerca del modelaje familiar en las sociedades y cómo puede afectar esto positivamente o no, a la vivencia de una experiencia cristiana de la vida familiar, la sexualidad, la pareja, el matrimonio y en la formación desde el noviazgo hacia el proyecto de Dios para cada pareja. Veremos esos modelos, pero no para aceptarlos como la mejor fórmula sino para conocerlos fenomenológicamente y ser capaces de discernir las virtudes y las sombras de los mismos a la luz de lo que ya hemos analizado de la Palabra de Dios.

Canvis es una organización terapéutica española que brinda atención a las personas y familias a través de profesionales de altísima calidad y los costos son bajos debido a sistemas de subvención.

Mencionamos esta institución porque con la ayuda de su información hemos podido actualizar las tipologías de familia, que conocíamos en el pasado gracias a la formación reciba en especial por el Dr. Pedro Savage, uno de los representantes de la terapia familiar, especialmente sistémica, que vivió en nuestros dos países, en Costa Rica y en República Dominicana. Un erudito, teólogo y psicólogo que marcó todo un hito en la historia de la pastoral de la familia.

Sin intención de equivocarnos nos parece que Savage fue un seguidor de la tipología familiar de Salvador Minuchin y de su enfoque sobre familia, modelos y sistemas.

Según Wikipedia, Minuchin, en 1988 fundó en Nueva York el Family Studies Inc., un instituto dedicado a la formación de terapeutas familiares. Hasta hace poco y a una avanzada edad, continuaba trabajando allí en la formación de nuevos profesionales. Vivía en la ciudad de Boston. Falleció el 30 de octubre de 2017, dos semanas después de su 96º cumpleaños. La última vez que intervino en público como líder de la terapia familiar fue en marzo de 2017, en un simposio de psicoterapia realizado en Washington D. C.

¿Cómo describe Minuchin a la familia?

Minuchin (1986) señaló que los miembros de una familia se relacionan de acuerdo con ciertas reglas que constituyen la estructura familiar a la cual define como "el conjunto invisible de demandas funcionales que organizan los modos en que interactúan los miembros de una familia".

Para Salvador Minuchin, "Es un grupo natural que en el curso del tiempo ha elaborado pautas de interacción; estas constituyen la estructura familiar, que a su vez rige el funcionamiento de los miembros de la familia, define su gama de conductas y facilita su interacción recíproca".

Este grupo natural debe comprenderse dentro del concepto sistémico, es decir, la familia reproduce a un determinado sistema histórico que tiende a perpetuarse a través de las nuevas familias de los miembros que van heredando dicha construcción sistémica. El sistema no se suicida, garantiza su existencia a pesar y muchas veces a expensas de las mismas disfunciones que asimila como parte de su homeostasis.

La clasificación clásica sobre la familia, está basada en la familia nuclear, constituida por el padre, la madre y los hijos. Pero, la realidad sistémica es mucho más compleja que esa reducción.

Aprendimos con el maestro Savage, en nuestros estudios de Pastoral de la Familia , que existen las familias biparentales sin hijos, familias biparentales con hijos, familias homoparentales, familias reconstituidas, familias monoparentales, familias de acogida, familias adoptivas y familias extensas. Como ya lo hemos mencionado, únicamente estamos diagnosticando, no juzgando.

Nos interesa, aún en aquellas estructuras que carezcan de nuestra simpatía ideológica, teológica o cultural, llevar el mensaje del Reino, siempre recordando lo que desde Adán hemos venido diciendo en esta obra, que estamos viviendo en la tierra y no en el Edén en que se perdió la primera familia santa y feliz. Es decir, que nuestros enfoques no pierden de vista el tener los pies en la realidad humana, marcada por la lucha por sobrevivir.

Básicamente, según Allard (1976) toda familia es el resultado de responder a esa sobrevivencia en tres direcciones marcadas por tres necesidades:

1. Necesidades de tener: son los aspectos económicos, bienes materiales y educativos necesarios para vivir.
2. Necesidades de relación: hacen referencia a la socialización, a amar y a sentirse amado y aceptado por los demás, a la comunicación.
3. Necesidades de ser: no son más que el sentido de identidad y autonomía de uno mismo.

Antropológicamente, son las necesidades del hombre, lo que van generando estructuras de respuesta para ir sobreviviendo y creando peldaños para la construcción de sociedades y culturas, de allí que la diversidad de formas sea no solo una característica natural sino también social. Eso es un dato fenomenológico, que no podemos soslayar a la hora de entender las tipologías en cualquier cambio del conocimiento.

Las tipologías desde el enfoque sistémico

Seguiremos el enfoque sistémico de la familia en esta exposición tipológica.

El modelo sistémico entiende a la familia como un sistema que se ha formado respondiendo a esa sobrevivencia y vocación por la continuidad, es decir, un conjunto de personas en interacción constante que lucha e invierte sus energías en las agendas comprometidas con no suicidarse, con superar aún a través de patologías toda amenaza de extinción.

Esta interacción que los miembros de la familia mantienen entre sí, es permanentemente continua y de influencia mutua o circular, constituyendo así un conjunto organizado e interdependiente, regulado por reglas y funciones dinámicas entre sí y con el entorno (Espinal, Gimeno y González, 2006).

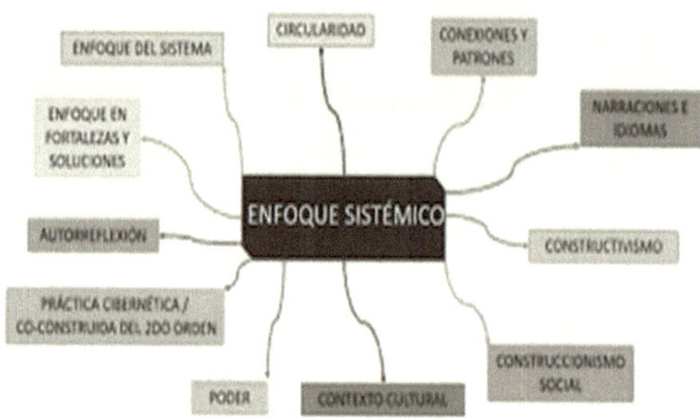

1. Familia biparental sin hijos

Este tipo de familia está formada por una pareja sin descendientes.

El hecho de tener hijos no es la condición indispensable de ser familia, *las parejas sin hijos también son familias.*

2. Familia biparental con hijos

Donde están papá y mamá, hombre y mujer. Culturalmente hablando aún podemos decir que es el tipo de familia más popular.

3. Familia homoparental

Las *familias homoparentales* son aquellas que están formadas por una pareja homosexual. Está siendo muy publicitada por la agenda de la diversidad sexual. Un modelo absolutamente rechazado por el cristianismo bíblico. Algunos grupos religiosos que se consideran cristianos aceptan esa formulación, pero son una ínfima expresión muy rechazada por la inmensa mayoría ortodoxa.

4. Familia reconstituida o compuesta

Las *familias reconstituidas o compuestas* son las que están formadas por la fusión de varias familias biparentales: tras un divorcio, los hijos viven con su madre o su padre y con su respectiva nueva pareja, que puede tener también sus propios hijos a cargo. Además, el otro progenitor también puede tener una pareja con hijos, por lo que estos hijos formarán parte de una gran familia compuesta.

5. Familia monoparental

Las *familias monoparentales* están formadas por un único adulto con hijos. Cada vez son más las familias monoparentales que están surgiendo en todo el mundo.

6. Familia de acogida

Las *familias de acogida* constan de una pareja o un único adulto que acoge a uno o más niños de manera temporal mientras que no puedan vivir en su familia de origen o mientras no encuentren un hogar permanente.

7. Familia adoptiva

Las *familias adoptivas* constan de una pareja o un adulto con uno o más hijos adoptados.

8. Familia extensa

La *familia extensa* está formada por varios miembros de la misma familia que conviven bajo el mismo techo. De este modo, pueden convivir padres, hijos y abuelos, o padres, hijos y tíos, y así por el estilo. Este tipo de familia está tradicionalmente más extendido en países con menos recursos económicos o en los hogares de inmigrantes como forma de apoyo mutuo.

Hasta allí la escueta descripción de esos tipos de familia.

Hay otras tipologías que también están incluidas en el enfoque sistémico de familia. Nuestro enfoque es teológico por lo que vamos a someter esas descripciones al escrutinio de un análisis de tipo teológico pastoral.

Los tipos de familia según David Kantor

David Kantor es un psicólogo estadounidense, de sistemas. Consultor organizacional e investigador clínico. Kantor ha sido profesor en la Universidad de Harvard.

Según este profesional, la clasificación conlleva los siguientes tipos de familia.

1. Familia cerrada. Centrada en el poder, la tradición y la verticalidad.
2. Familia abierta
3. Familia consensual, democrática flexible y fluida, expresiva y moderna.
4. Familia al azar.

Es la típica familia posmoderna, donde el hogar es un resort. Los espacios son de cada uno, para hacer lo que les guste o convenga. Estimulan la independencia, toleran el libertinaje, y el emprendedurismo de cada uno. Valoran el tener cosas novedosas y lo particular. Sus encuentros son de pasillo o casualidad. Cada quien tiene su calendario y metas. Son intensos en sus enojos como en sus afectos. Son coloridos, psicodélicos y no admiten que se les cuestione sus vidas privadas. Aún la pareja participa de permisos de libertad individual más allá de los límites convencionales. Además de eso, existen diversos estilos.

Estilos de familia

1. Familia Rígida:
   Familia tipo militar donde los niños son tratados como si fueran adultos.
2. Familia Sobreprotectora: Familia tipo útero, donde la sobreprotección va creando personalidades dependientes y fracasadas a futuro.
3. La Familia Centrada en los Hijos: Familias donde el centro de adoración son los hijos. Las futuras injusticias

hacia sus padres será un hecho por esperar, psicológi-
camente hablando.

4. La Familia Permisiva: Familia en donde los padres les permiten a sus hijos hacer todo lo que quieran. La cárcel los estará esperando en su vida futura, el hospital o el cementerio.

5. La familia Estable: Es la familia que ha podido aplicar los principios bíblicos, aunque no sea cristiana. Donde hay respeto, definición de roles, distribución de responsabilidades, armonía y amor.

También la clasificación por la vía de las variables es parte de estas clasificaciones familiares.

Clasificación en función de variables

1. Por la variable económica:
    a. Familias Pobres
    b. Familias Adineradas

2. Por la variable cultural:
    a. Familias de cultura urbana
    b. Familias de cultura rural
    c. Familias de cultura intelectual y tecnológica
    d. Familias de cultura práctico laboral

3. Por la variable Espiritual
    a. Familias religiosas
    b. Familias con espiritualidad
    c. Familias indiferentes
    d. Familias agnósticas o ateas

La tipología dominicana según Savage

Según el Dr. Pedro Savage, en una investigación realizada en la Republica Dominicana, descubrió la existencia de por lo menos diez tipos de familias. Aun lo recordamos exponiendo con mucha pasión los resultados obtenidos a través de la experiencia terapéutica en el CECAF, institución fundada por este eminente profesional de la mente y de la conducta humana.

1. Las "islas" de familias de tres generaciones

Pueden tener una membresía de 60 a 600 personas viviendo en la misma geografía. Presenta roles parentales confusos, porque a menudo en estas familias, la abuela, en ciertos lugares los tíos, son los verdaderos padres ancestrales en el proceso de criar a los infantes y a las próximas generaciones. Algunas familias poderosas están representadas en este modelo.

2. Familia de dos

Generalmente está formada por una madre y un hijo. No permite que un tercero entre por la vía del matrimonio, sea para que la madre se vuelva a casar o que el hijo inicie un noviazgo. Son familias de una madre casada existencialmente con su hijo al que se le llama en ciertos sitios "un manganzón".

3. Familia de un solo soporte

Familia donde están ausentes los padres y los hijos viven bajo la tutela de un hermano o hermana mayor. Reciben generalmente dinero de remesas o aportes de los padres, pero su ausencia hace que el nicho de autoridad lo supla un solo individuo.

4. Familias acordeón

Familia en que el padre entra y sale por temporadas al seno del hogar. En la presencia del padre todo gira a su alrededor. En su ausencia, la madre asume todos los roles. Los hijos viven en ese estado de sistema de normas con el padre y luego sistema normativo de la madre, como cuando se abre y se cierra un acordeón y se vuelve a abrir nuevamente.

5. Familia de cien pies

Un hombre con varios hogares. En ciertos casos todas las mujeres conocen por oídas o por contacto social la existencia de estas otras sucursales y la relación de los hermanos de todos los bandos familiares. Generalmente se cruzan las visitas de un hogar a otro para visitar a sus hermanos y ocasionalmente las mujeres tienen algún tipo de conversación o encuentro, generalmente no conflictivo.

6. Familia ensalada

En un solo hogar conviven bajo una sola madre, hijos de varias parejas. La madre tiene hijos de varios hombres y estos están allí todos con ella formando una sola familia.

7. La familia de peregrinos

Se ha trasladado de un área rural a otra; de un ensanche, de un barrio, a otro. Puede ser de militares, gerentes de compañías, misioneros, pastores. Familias sometidas a cambios y diversas tormentas existenciales y culturales.

8. Familia huésped

Es la familia formada por los llamados hijos de crianza. No es un adoptado, pero es valorado como hijo. Cumplirá roles de compensación. Será el que se quede cuidando a la abuela, a la tía o a la madre misma en su vejez. Crece con la sensación de que él es para su madre. No siempre siente que la madre es para él. Crece con déficit de pertenencia, con fallas emocionales y sin lograr afinar su concepto de sí mismo, como persona y no como un objeto al servicio de otros.

9. Familias compuestas

Dos personas que traen bajo su brazo uno o varios hijos, los ponen a vivir juntos, en un hogar compuesto, en donde posiblemente nacerá una tercera especie de ser, o sea, el hijo de ambos. Son familias que sufren marginaciones emocionales en sus interacciones, rivalidades y complejidades en sus respectivos cruces de fronteras. Es una familia donde se dan triangulaciones y alianzas de los diversos bandos.

10. Familia con un fantasma

Se muere un miembro de la familia, pero no deja de existir. La muerte de ese padre o miembro crea una especie de *frizado* en la familia. Todo se paraliza. El muerto toma el lugar central como si se tratara de un fantasma. A veces la persona viuda se vuelve a casar, pero no ha renunciado a su muerto, surgiendo por ello una separación emocional, física o el divorcio. Los hijos mayores se vuelven "hijos rellenos" se les va a demandar que suplan el rol del muerto. Si es una mujer la fallecida, la hija mayor se ve compelida a reproducirla. Y si es un varón el difundo, el hijo mayor tiene que ponerse su traje y llenar su vacío.

Alguien le agregó un onceavo tipo de familia al aporte Savage.

11. Familia "online"

La familia está siendo sustituida por las redes sociales, los hijos están siendo criados por papá Google, mamá internet, tío WhatsApp y la prima OnlyFans.

Se trata de un fenómeno posmoderno en que estos medios tecnológicos y aplicaciones vienen a ser como un sustituto de la crianza familiar y en la familia existe la pérdida del contacto cara a cara. Los hijos comparten más con robots y con desconocidos que son sus propios familiares y los padres también se refugian en estas tecnologías y pierden el contacto con el que tiene a su lado.

Aunque dicha clasificación anteriormente expuesta tuvo como horizonte la República Dominicana, puede trasladarse a muchos países de América Latina y el Caribe. Y hasta cierto punto toca a otros lugares mucho más allá.

Desconocer esos tipos de familia , dificultará la realización de una pastoral familiar contextualizada.

Al conocer esos elementos podemos establecer algunas pautas de acción con estos tipos de familia.

Valoraciones pastorales alrededor de la clasificación

Comentaremos sobre cada tipo de familia señalando lo positivo, lo que es bíblicamente aceptable y lo que no admite ingreso dentro de una cosmovisión cristiana.

1. La familia sin hijos

La familia sin hijos, no tiene nada de extraño, ni que pueda ser juzgado previamente. Muchas personas simplemente no pueden o no se sienten en capacidad mental para hacerle frente a las grandes demandas de la paternidad.

Esto no impide que dos personas puedan compartir sus vidas sabiendo que tienen estas limitaciones.

Bíblicamente no es lo ideal porque dentro del propósito de Dios está la existencia de los hijos, pero nada es perfecto ni completo en esta parte de la creación, fuera del Edén.

Podemos trabajar pastoralmente con este tipo de familia.

2. La familia biparental

La familia biparental es la que llamamos común y algunos la señalan como la *normal*.

Se trata de un padre, una madre y sus hijos.

Esta familia quizá sea la que manifiesta más problemas tanto en su dinámica interna, sus roles y la crianza de sus hijos. Por supuesto que coincide con el modelo y propósito bíblico, pero no por ello es la más fácil de llevar. Mucha de la terapia de pareja está dirigida y estudiada con base en esta familia. Trabajar con esa fórmula conlleva la ventaja de tener el modelo básico teológico querido por Dios, manifestado en la Escritura y con respaldo de su plan. Los resultados trabajando con familias que profesan una fe en este modelo, muestran grandes resultados porque todos están en disposición de hacerlo funcionar.

3. *"La familia homoparental"*

Este modelo es inaceptable desde el punto de vista bíblico. La Escritura presenta, como ya lo hemos analizado, a un hombre y una mujer con la finalidad doble de procrear y compartir el placer feliz.

No se puede plantear una terapia de pareja o de familia desde el punto de vista cristiano para este tipo de constructos. Pero, no podemos negar su existencia tanto social como legal en algunas sociedades, lo que constituye todo un reto para la iglesia ya que a esta le interesa de manera especial llevar el evangelio a esos niños, y la conversión de esos tutores, lo cual los llevaría necesariamente a asumir cambios que lógicamente no aceptarían a priori.

No obstante, la apertura de los evangelizadores en su esfuerzo de llevar a Cristo a esos niños es meritoria y tendrá sus frutos. También es posible la conversión de estos cuidadores legales y abandonar sus estilos de vida y convertirse en santos protectores para estos niños desde su nuevo estatus de convertidos.

La falta de generosidad de las parejas biparentales, las formadas por un hombre y una mujer, hacen que otros seres en condiciones irregulares quieran tener misericordia. Se trata hasta de una denuncia que nos golpea en la cara. Toda familia aún con hijos puede plantearse la posibilidad de darle cabida a otro, que no ha tenido el privilegio de contar con madres o padres como Dios manda.

Testificamos que esa experiencia trae mucha bendición de Dios para los padres adoptantes.

La experiencia de abrir la familia a la adopción no tiene que ser traumática si Jesucristo es el centro de ese hogar.

Por lo demás no hay forma desde la teología bíblica cristiana el justificar el constructo de una familia basada en dos hombres o dos mujeres conviviendo como esposos. Pero al mismo tiempo, no hay forma de dejar de atender pastoralmente a las personas, sin importar lo pecadoras o enfermas que puedan estar, sobre todo si estos tienen en sus manos la vida de unos niños que Jesús dijo, dejadlos venir a mí y no se lo impidáis. Esto incluirá volar por encima del prejuicio, denunciar el pecado, pero anunciar a Cristo y darle atención pastoral a todo niño, venga de donde venga. Eso lo ordenó Cristo.

4. La familia reconstruida

En una sociedad tan convulsa, moderna, en crisis, dentro de una economía de mercado en pleno desarrollo posmoderno, hay demasiados conflictos en las gentes y en sus nichos familiares, y estos a su vez producen nuevas estructuras de sobrevivencia.

Así ha surgido la familia reconstruida. Gente separada o divorciada, que inician nuevas familias y sus hijos quedan en diversas posiciones en el tiraje de las fichas. Unos con papá, otros con mamá, algunos con la nueva familia junto a nuevos hermanos.

No se puede mandar a todo el mundo a separarse y volver a juntar con los huesos secos del pasado. No se puede en esas circunstancias alborotar más el panal de avispas. Hay que trabajar pastoralmente con lo que se tiene, con sabiduría, y pensando en los niños antes que en los adultos. Estos no tienen culpa de dichas situaciones, son seres menores que van a donde los llevan. La iglesia debe preocuparse preferencialmente por ellos y por eso debe atender pastoralmente a esas parejas. Negarles la participación, o la aceptación, es generar más desastre al que ya han pasado las víctimas, es decir, los hijos. Es el momento de restaurar y enseñar a las nuevas generaciones el valor de la familia, del matrimonio y el aborrecer el divorcio.

5. La familia monoparental

Hay muchos hijos de madres y padres solteros que son toda una bendición. Lo ideal es tener un papá y una mamá, pero esa no es la realidad y la gracia de Dios ha suplido en gran manera esa grieta. No siempre esta estructura es disfuncional per se, a veces nos sorprende ver a madres solteras tan eficientes, espirituales y magníficas maestras de sus hijos. También padres viudos, abandonados y separados, que les ha tocado ser a la vez un poco madres y salir adelante.

No siempre la ruptura con lo ideal se convierte en fatal. Recordemos que la resiliencia es el resultado de los traumas y desgracias, de los accidentes y de las cosas imprevistas. Muchas de estas familias han resultado ser más fuertes que las clásicas por así llamarles, en donde la crianza ha sido blanda, o terrorífica.

6. Las familias de acogida

Estos son verdaderos nidos de amor. Una señora o señor, abre las puertas de su casa y acoge a niños o a otros para que sean su familia. Generalmente son transitorias, pero representan la presencia del ángel del desierto que se le presenta a Agar y la auxilia hacia las fuentes de agua. Mientras existan familias de acogida, habrá esperanza en una sociedad.

7. *La familia adoptiva*

Esta, no solo acoge, sino que da identidad emocional y legal. Estos adoptados pasan a ser hijos reales, con derechos y sujetos a todo tipo de bendición en igualdad de condiciones.

Esto es lo que Dios ha hecho con nosotros, nos adoptó y nos hizo hijos. Las familias adoptivas en ese sentido, son lo que más se parecen a Dios. No sabemos por qué razón diabólica las familias aún cristianas no se quieren parecer a Dios y adoptar a niños que gracias a ese acto podrán realizar el propósito de Dios y no el del diablo.

8. *La familia extendida*

Pese a los problemas que se generan en la familia extendida, con mucha gente conviviendo bajo un mismo techo, se trata de un modelo heroico.

Se trata de familias que han abierto la puerta a otros familiares o parientes, incluso a otros considerados como tales, para que juntos puedan sobrevivir. Algunas veces la carga más pesada está sobre los que tienen un poco más de recursos. Este modelo es propio de situaciones y lugares socioeconómicamente en estado de alerta. Es una forma de sobrevivir apoyándose unos a otros. Los problemas surgen como en cualquier otro tipo de familia, pero acá generalmente se dan al romperse ciertos límites debido a las cercanías. Donde se ejerce la autoridad y las líneas definidas de límites y consecuencias, este tipo de familia ha servido para pasar grandes crisis, en tiempos de persecución, de catástrofe, de necesidad y de solidaridad frente a otro ser humano.

Es la familia narrada en el diario de Ana Frank. ¿Quién fue Ana Frank y de qué se trata su diario?

(Ana Frank fue una niña alemana judía, víctima del Holocausto, que se volvió famosa por haber llevado un diario de sus experiencias. Ana y su familia se ocultaron durante dos años para evitar la persecución nazi. Lo que Ana documentó durante esa época está ahora publicado en El diario de Ana Frank. Con su familia, otra familia judía (los van Pels) y un dentista (Fritz Pfeffer, Dussel en el Diario), en una buhardilla de unos almacenes de Ámsterdam durante la ocupación nazi de Países Bajos, Ana Frank, con trece años, cuenta en su diario, al que llamó «Kitty», la vida del grupo. Ayudados por varios empleados de la oficina, permanecieron durante más de dos años en el achterhuis conocido como "la casa de atrás" hasta que, finalmente, fueron delatados y detenidos). Wikipedia

La crueldad de unos, despierta el amor de otros.

Preferimos estar en ese segundo grupo. Eso pasó con la gente que ocultó a tantos judíos para que no perecieran frente a la maldad nazi. El pasaje bíblico del buen Samaritano sostiene la teología que daría fundamento a este tipo de familia. La teología del abrazo solidario.

Concluyendo este punto

De la clasificación Savage, sobre la dominicanidad familiar, se puede decir que es bastante exacta y al igual que las otras, tienen elementos positivos y situaciones particulares que dentro de una pastoral de la familia hay que tomar muy en cuenta y asumir en esa labor con ellas un compromiso muy profundo para la evangelización de todas, sin importar su tipología, pero conociendo su esencia, forma y elementos culturales para una adecuada contextualización de una teología pastoral que dé frutos en abundancia.

De la de Kantor se puede llover sobre mojado insistiendo que son realidades y complejos fenómenos que componen toda esta sociedad. Lo que hace bien difícil e interesante el trabajo de evangelización y de acompañamiento pastoral en general.

En todas estas clasificaciones está implícito un contenido investigativo que las fundamenta, que apuntan hacia señalamientos específicos que no podemos pasar por alto.

La Biblia no puede aplicarse sin conocer y valorar la cultura y la realidad a la cual vamos a someter al trato de la Palabra de Dios. "Porque mientras pasaba y observaba los objetos de vuestra adoración, hallé también un altar con esta inscripción: AL DIOS DESCONOCIDO. Pues lo que vosotros adoráis sin conocer, eso os anuncio yo" Hechos 17:23. No solo es pasar, sino observar, lo cual incluye el análisis, el estudio, la reflexión de cómo voy a implementar las enseñanzas. Eso hizo Pablo, no solo predicó sino analizó la existencia de una base cultural y religiosa. Y valoró un nicho vacío, la existencia de un dios desconocido.

En esta tarea hay que ir descubriendo los espacios vacíos y con vocación de evangelización. Estamos diciendo que en la realidad hay elementos sumamente importantes para realizar una tarea que no sea solo la de condenar y satanizar.

Tres estrategias pastorales

Por lo menos, en ese sentido tendremos que considerar tres señalamientos concluyentes al respecto del valor de estas tipologías y una reflexión crítica al respecto:

1. Que no podemos establecer un cambio artificial. Debemos respetar la existencia de esas familias como un fenómeno cultural.

2.	Que debemos valorar muchas cosas positivas de esas familias, altruismos, demostraciones de entrega, solidaridad fraternal, capacidad de renuncia y resiliencia.

3.	Que debemos señalar las situaciones pecaminosas para producir correcciones en la repetición de esos modelos. Se debe destacar los elementos de egoísmo, desconsideración, falta de autoestima, machismo, postergación al crecimiento de los otros. En fin, tantas cosas negativas heredadas y que repercuten en la existencia de una sociedad proclive a fórmulas que riñen con la ética cristiana, como el sentirse bien teniendo varias mujeres y las diversas trasgresiones a la moral establecida en la Palabra de Dios.

Y en el seno de estas formas irregulares se encuentra parte de una cultura con tendencia a la corrupción en otros planos como el político y social.

Una pastoral que no haga un diagnóstico sobre estos elementos psicosociales y hasta de psicología política , no sabrá qué tipo de estrategia diseñar para un cambio moral y estructural de la familia y la sociedad. Tendría que tomar la anti política del avestruz y predicar contenidos que no transformen absolutamente nada y en el peor de los casos simplemente servir de soporte ideológico religioso a que las cosas sigan como siempre han sido.

Lo que señala el reconocido intelectual dominicano, Negro Veras apunta hacia lo anteriormente señalado:

"La realidad nos está diciendo que el agrietamiento hoy de la sociedad dominicana no es más que la fiel expresión del deterioro existente en la familia. Se impone una amplia reflexión respecto a la situación de la familia como célula principal del organismo social. La organización económica, política, educacional, policial, militar y familiar está hoy afectada por una crisis profunda que llega a todas las familias, sin importar su origen social, económico y político.

La familia, la escuela, el Estado, en fin, todas las instituciones dominicanas, civiles y militares, unas más que otras, tienen responsabilidad en la crisis que padece la sociedad dominicana. La Noticia. Dr. Ramón Antonio (Negro) Veras 20‑09‑2016, Ensanche Bermúdez, en la ciudad de Santiago de los Caballeros, en un conversatorio.

De tal manera, señalamos nosotros, que esas estructuras o configuraciones que descubrió Savage en la familia dominicana constituyen la matriz de lo que Negro Veras apuntó como agrietamiento y crisis en el seno de la familia y la sociedad dominicana.

Toda institución, incluyendo la iglesia, refleja al tipo o tipos de familia de origen. Muchas de las situaciones que viven las instituciones religiosas, llámese concilios, fraternidades, comunidades de fe, ministerios, movimientos o denominaciones, reflejan a las estructuras familiares que conforman la sociedad.

De tal forma que no se podrá analizar nada en una sociedad, sin tener que meterse a la familia que da origen a los miembros, a las ideas, actitudes, valores y desastres heredados de esa célula fundacional. Tanto lo positivo como lo negativo de una sociedad, está imbricado profundamente en los sistemas familiares que representan su genoma generacional.

De allí que hoy en día se esté hablando de esas grietas socio‑familiares, aplicadas a toda una cultura y a una época, bajo las categorías del lenguaje metafórico. La metáfora tiene la virtud de expresar de forma viva, estética y hasta dramática, las realidades que a veces ocultan los tecnicismos o los eufemismos.

Estas son capaces de romper los mitos y tabúes y ser el bisturí que abra el corazón de la realidad.

Lo hermoso de esta figura literaria es que usa la belleza del lenguaje para describir lo que las palabras sueltas no logran pintar con maestría.

Decir por ejemplo que la juventud es una buena etapa en la vida es algo real, seco, puntual. Decir en lugar de la palabra juventud, otra que la encubra sería solo un eufemismo, pero hablar de la primavera de la vida es una forma elegante, profunda, poética y estética que presenta a la juventud como lo que realmente es, la primera que un día disfrutamos los que ahora estamos en el invierno.

Para hablar de la familia alrededor de lo metafórico está el próximo capítulo, no es propio de un escritor anunciarlo como interesante, pero realmente sí lo es y nos gustaría que lo disfrutara.

Capítulo III

Las metáforas de la familia
en la sociedad del cambio

Sociedad líquida, cultura líquida y familia líquida

Las metáforas de "sociedad y familia líquida" serán utilizadas en dos sentidos complementarios, primeramente, como la entiende Roger Bartra para referirnos a las influencias de los fenómenos de alteridad social que llueven sobre las sociedades establecidas. La lluvia de la alteridad.

Y, en segundo lugar, tal y como lo postuló Zigmunt Bauman, para referirse a la sociedad moderna y por ende a la familia, como entidades fluidas, cambiantes y diluidas. El suero socio-familiar.

Las tesis de Roger Bartra, un antropólogo, sociólogo y académico mexicano nos presenta un cuadro de la sociedad basada en una cultura líquida, es decir, aquellas que no tienen un arraigo. Que andan por el mundo buscando oportunidades para sobrevivir como el caso de los inmigrantes.

Una categoría que se nos ocurre agregar que no señaló Savage directamente, y lo hacemos nosotros, a la luz de esta metáfora de Bartra, es a la familia del inmigrante y las nuevas familias que emergen de ellos.

Vivimos en un mundo que emigra buscando vida y provocando liquidez a otras culturas. Esa es un fenómeno no nuevo pero sí en auge.

Un ejemplo de ello podrían ser los ciudadanos haitianos con o sin papeles o sin ellos, que emigran de su territorio de forma a veces masiva otras progresiva. Otro lo es la enorme cantidad de inmigrantes dominicanos que han llegado documentados e indocumentados. a los Estados Unidos y han formado toda una estructura influyente en lo económico y hasta en lo político.

En ese fenómeno se juntan lo duro, lo pétreo, lo fuerte y lo líquido, siendo muchas veces este último elemento el que logra permear con el tiempo a la parte dura y ablandarla para bien o para mal, eso habría que analizarlo en cada caso. El punto es que culturalmente sucede y seguirá sucediendo, con algunas ventajas y desventajas.

Esa liquidez portada por los inmigrantes es como la lluvia, a veces cae suavemente pero en sus momentos puede presentarse con otros fenómenos meteorológicos que ponen en riesgo lo que se considera pétreo o fuerte de la cultura receptora. De allí surge obviamente el llamado chovinismo o chauvinismo que es la preferencia excesiva por todo lo nacional con desprecio de lo extranjero, frente al aloctonismo.

En 1962 Federico Kauffmann Doig, eminente arqueólogo e historiador peruano -hoy con más de 94 años de edad-, formuló una hipótesis de trabajo sobre el origen de la cultura andina o peruana, conocida como la teoría aloctonista (aloctonismo significa lo que no es originario de su territorio)

Dicha liquidez se establece entonces dentro de la dialéctica del chauvinismo y del aloctonismo en el mundo actual. Obviamente este ingrediente en el mundo antropológico y social afectará de alguna manera las configuraciones familiares. Producirá un concepto de familia pétrea cerrada y de familia inmigrante también cerrada. Pero, la dinámica reproductiva humana irá produciendo mezclas, los mestizajes que ya han sido clásicos en la historia de las civilizaciones.

Por ejemplo, la aparición de nuevas religiones, profesadas por nuevas formas familiares, son el producto de sincretismos no solo rituales sino culturales y hasta de las tendencia desde las grandes metrópolis que mercadean y capitalizan todas estas dinámicas.

Las familias tradicionales pétreas se van viendo afectadas por la liquidez de las culturas foráneas y se van debilitando para dar paso a nuevas estructuras quizá más maleables y menos firmes que la anterior. Estructuras más plausibles de ser fetichizada en el mundo del mercado moderno.

Las manifestaciones religiosas, musicales, la cosmovisión que surge de estos fenómenos y la dialéctica que se establece entre lo que este autor llama pétreo, duro y lo líquido en una danza de patrones desestructurados como podemos llamarlos, junto a las grietas que se generan , que a la vez producen parches culturales o soldaduras espontáneas para sanar las heridas históricas de esos grupos que van formando un todo amalgamado que permea el tejido social y familiar.

"Esta alteridad interna, junto con sus mitos, es una de las manifestaciones más visibles de las culturas líquidas que empapan a la sociedad posmoderna, que humedecen a la pedregosa tierra baldía. Quisiera creer que las metáforas poéticas de Eliot inspiraron las imágenes de Zygmunt Bauman, el sociólogo polaco que ha contrastado la sólida modernidad tradicional, donde los hombres se aferran a sus raíces, con la modernidad líquida como época fluida y móvil donde predominan el desarraigo y la desterritorialización.

Yo prefiero usar las metáforas de Eliot sobre la tierra baldía para referirme a la postmodernidad y reservo la idea de liquidez para señalar la nueva derrama de otredades que ocurre en el seno de las sociedades actuales". Roger Bartra 2006. Culturas líquidas en La tierra baldía/ Liquid Cultures in The Waste Land, Edición bilingüe, Centre de Cultura Contemporánea de Barcelona.

Sus enfoques son de índole antropológicos, sociológicos y hasta filosófico, pero sus señalamientos nos ayudan a crear nuestra propia percepción usando la misma metáfora, de las sociedades agrietadas y faltas de arraigo para los individuos que forman a su vez familias líquidas, que van a imponerse y a producir mitos internos y externos.

Dicho de manera más llana, la liquidez de una sociedad sobre otra, va a ser posible de acuerdo a la calidad y cantidad de sus grietas por donde penetran estos zorros líquidos: "Atrapen las zorras, las zorras pequeñas que arruinan nuestros viñedos, nuestros viñedos en flor" Cantares 2,15

La metáfora de la sociedad agrietada

Nuestra metáfora de "sociedades agrietadas", y las de "socie-dad líquida", requieren un análisis y respuesta teológica y tenemos la más ingenua impresión de que el mundo evangélico siquiera lo ha intentado, posiblemente por no considerarlo importante, prioritario o de interés para su quehacer. Pero, consideramos que predicar, desde el punto de vista del círculo hermenéutico, no es solo proferir palabras desde una plataforma espectacular, sino sumergirse en esas grietas y líquidos para poder hacer cohe-rente un discurso desde la teología contextual y desde las fisuras mismas del alma y de la cultura. La teología de los deportados a Babilonia por ejemplo, expresa la revelación y el discurso teológico desde este binomio de grieta y liquidez. Esa fue la práctica de esos profetas del cautiverio y de los escribas que revisaron y teologizaron los relatos de la historia de la salvación.

No puede haber teología sin praxis.

Exploremos un poco más sobre este asunto de la familia líquida y agrietada en el contexto de la postmodernidad.

Este es un concepto aplicado a lo que Zygmunt Bauman llamó modernidad. "La modernidad líquida".

¿Qué significa ser líquido? Significa que no estés comprometido con nada para siempre, sino listo para cambiar la sintonía, la mente, en cualquier momento en el que sea requerido.

"Esto crea una situación líquida. Como un líquido en un vaso, en el que el más ligero empujón cambia la forma del agua. Y esto está por todas partes" Zigmunt Bauman.

El punto que caracteriza a la modernidad es ese estado líquido de todo. Esta característica de cambio frenético. Ese sentimiento de que nada es fijo, de que todo fluye de una manera nunca vista.

El postmodernismo es una corriente y un periodo con que arranca una nueva forma de ver las cosas.

Los años ochenta y noventa son gestores de ese gran dragón que se levantaría en forma de sociedad líquida.

Contiene cosas buenas, pero también algunas no tan positivas desde el punto de vista del cristianismo bíblico.

¿Cuáles son las características generales de este movimiento y periodo que nos alcanza hasta la actualidad?

1. Acepta un estado intuitivo y emocional que está presente en cada persona. El criterio subjetivo crea más

grietas e incertidumbre al no contar con referentes claros sobre todo en la moral.

2. El marketing y los medios de masas pasan a ser centros de poder. Eso agrieta la estabilidad del alma y de la familia. El mercado definiendo la vida, rompe con el equilibrio de una sociedad establecida sobre una economía menos aventurada.

3. Se crea un cambio en el orden económico. Un cambio que condujo hacia un neoliberalismo que ha entrado en una profunda crisis afectando a la familia en su economía y valores.

4. Está presente en el surgimiento del internet y en la configuración del nuevo orden mundial. Esta tecnología desreguladora de la familia, si bien es cierto ha traído un gran desarrollo, también ha fracturado la vida familiar y las costumbres culturales que impedían la anomia.

5. Pondera el individualismo hasta alcanzar el nivel del egoísmo. Todo lo contrario, al sentimiento cristiano de compasión, desprendimiento, teología de la cruz y del servicio. La aparición de un nuevo modelo de cristianismo basado en una inescrupulosa teología de la prosperidad neoliberal sin escrúpulo alguno contraría a la prosperidad bíblica o Shalom hebreo.

6. Se le considera como la época del desencanto. Por supuesto, ya que las ofertas son contradictorias. Ofertas de hacerse ricos, cuando en realidad la frustración de muchos no se exhibe frente al éxito de los pocos que ocupan las redes y consiguen un sonido social.

7. Se produce un gran cambio en la economía, la cual pasa de una economía conservadora de producción a una de consumo compulsivo. La vieja fórmula del

calvinismo ahorrativo se ha venido desplazando por la del consumo desmedido, produciendo un abandono de la religión cristiana puritana hacia una espiritualidad que se resigna a la felicidad del momento, aunque sin contenido doctrinal profundo ni basado en absolutos, mucho menos en la tradición que garantice el depósito de la revelación divina basado en la Sola Escritura.

8. Se desconecta del mundo a su alrededor. El mundo íntimo y el virtual ocupan la realidad del sujeto, alejándose de los vínculos familiares y culturales que fundamentaban la razón de la existencia. Se constituye en una desconexión líquida, sin solidez.

9. Se dejan de lado las grandes figuras carismáticas y se pasa al uso de pequeños ídolos. La idolatría toma otras formas. Son impuestas por fuerzas desconocidas del mercado y de las tinieblas, porque brotan de una oscuridad muy difícil de identificar. Pero al mismo tiempo cambian y se tornan en elementos que amenazan con la inseguridad y provocan la adherencia adictiva. La droga viene a ser un acompañante placentero del disfrute de estos ídolos tan inestables como la misma matriz que los origina.

10. Se inclina hacia el pluralismo. El pluralismo puede ser bueno, pero dentro del postmodernismo se torna demasiado inseguro, llega a invadir los límites constituyéndose en relativismo. Todo es igual. Nada es nada. Todo se vale. Todo se acepta. Si presentas una doctrina como absoluta, debes ser perseguido. Si presentas una determinada moral como la correcta, tienes que ser sacado de las redes, no eres digno del reino de YouTube. Si predicas contra la idolatría de la sexualidad, serás llevado a los tribunales. La persecución a la verdad de Dios es propia de esta

sociedad agrietada a menos que ese dios sea maleable moralmente.

11. Se centra en el propio progreso y en el avance personal. La religión de la superación personal se presenta como un neo–maquiavelismo donde la persona no importa sino los resultados que pueda obtener de ella.

12. Este movimiento no tiene un enfoque hacia el sentido tradicional. Por supuesto que quien pierde sus raíces, pierde también su identidad. Se produce una terrible grieta de identidad.

13. Se les da una mayor importancia a las formas que al contenido. Los contenidos son pasados por alto, eclipsados por la superficialidad. El concepto de padre y madre, de hombre y de mujer pasan a un segundo plano, frente a las formas modernas de hacer las cosas. Esta grieta ya está dando gritos de dolor por todo lado. Nos acercamos aceleradamente a una crisis de orden profundo. Y ya ha comenzado su principio de dolores.

14. Acepta la diversidad y la posibilidad en que cada ser humano piensa diferente. La unidad en la diversidad exige que existan principios éticos absolutos rectores, no solo espirituales sino biológicos y naturales. La diversidad predicada en el posmodernismo no tiene límites y rompe con todo lo que la Biblia propone y hasta con las verdades genéticas. La diversidad de Dios es evidente, pero coherente en su esencia misma, es decir tiene fundamentos de unidad que garanticen una diversidad. No una diversidad que venga a tener la autoridad sobre la unidad.

15. Cree en la existencia de los conflictos y del caos como estado permisible y viable. Los conflictos son necesarios

y el caos es una realidad desde el Génesis, pero no son los soberanos. Dios pone orden al caos, el evangelio viene a brindar la prédica del amor verdadero, el de I Corintios 13, el amor oblativo, el que surge del *doulos*, o sea del siervo , como medio de resolución profunda, expresado en el perdón, la misericordia y la solidaridad.

16. Surge la idolatría de las figuras públicas. El hombre público, con varias mujeres, automóviles de lujo y con negocios que no siempre puede explicar su origen, es el ideal predicado por esta sociedad agrietada.

    El liderazgo de servicio predicado por Jesús, ha sido tirado por un despeñadero y hasta en el mismo seno de la iglesia se le ha dejado de lado.

    Volver a ese principio evangélico es la única salida para las grietas que ha producido este nuevo liderazgo basado en el tener y no en el ser.

17. Acepta totalmente la inexistencia de verdades absolutas. Por supuesto que no todo es negro y blanco. Ciertamente existen los estados grises. Pero, negar la existencia de lo negro y lo blanco, llamarle bueno a lo que es malo, es simplemente una confusión provocada y construida por esta sociedad agrietada y líquida de la postmodernidad.

18. Falta de ideologías definidas. Por lo menos las ideologías hacían pensar o reflexionar especialmente a los jóvenes, alrededor de valores, a pesar de los grandes errores del pasado. Pero fue sustituida por la tiranía de las no ideologías donde lo que va a primar es lo que muchos políticos dicen sin ruborizarse: *que en política se hace lo que convenga.* El punto es, ¿lo que convenga a quién? Por supuesto a los intereses de los individuos que manejan de manera más hábil y corrupta, las cuerdas del poder.

Esa liquidez nos hace pensar en lo que la propuesta de Byung Chul Han en su obra *Las no cosas* explica. Son estas, las llamadas NO COSAS, las que no tienden a cambiar, aquellas que como un retrato nos hacen evocar lo que tiene un valor permanente, lo demás, son cosas y como tales, siguiendo el razonamiento de Bauman, son pasajeras y líquidas. Se usan y se desechan. Las no cosas, permanecen como el amor y la solidaridad que predica la Biblia.

Este es un mundo inestable y por ende peligroso. Tanto el mundo líquido propuesto por Roger Bartra, representado en el chorro de inmigrantes desarticulados que llueven como aguacero sobre las pétreas ciudades que ven en ellos una terrible amenaza incontrolable, que está trayendo cambios tan líquidos como ellos mismos, como la misma sociedad tradicional agrietada y permeada por la liquidez que vino como resultado de la decepción de las guerras y de las ideologías del siglo pasado.

La familia experimenta toda esta fuerte influencia. La introducción de la música urbana extrema, de las sociedades marginales y marginadas, es la lírica de esta liquidez, fijado en el tema central de la sexualidad genital sin que medie lo estético ni lo poético, ni siquiera el romance, sino en el que lo sexual directo es desgarrador, tal y como se experimenta en los oscuros callejones donde se esconde la miseria y el analfabetismo en todos sus órdenes, donde no hay espacio para la reflexión, sino la urgencia de placer como la principal y más barata droga.

Los que han capitalizado toda esta liquidez urbana extrema y líquida, se han beneficiado escandalosamente a través de la publicidad de las redes y del fomento de esos artistas que se enriquecen de forma desbordada y exhiben los símbolos de poder, automóviles extravagantes, cadenas de oro y diamantes frente a una juventud que se siente identificada pero que no tiene acceso a esos deleites de tal capitalización. Una juventud que de forma "vicaria" se inmola frente a un "Rochy" o a una "Toki", sus dioses del momento.

Y en el dicho "luego veremos", se resume la filosofía de la no responsabilidad de las consecuencias que profesa este movimiento, donde las frustraciones y las situaciones, tales como un embarazo no deseado, que se puede resolver con un aborto al vapor, porque después de todo, en la liquidez, ese acontecimiento no será más que uno en el torrente líquido de una sociedad sin ciclos definidos o con ciclos naturales y morales rotos, agrietados, incapaces de una propuesta sólida más que el consumo de una tecnología también cambiante y creciente, que no asegura una sociedad basada en solidez y en valores absolutos, sino en apreciaciones rápidas y mercancías que tienen sus tres minutos de éxito al ser adquiridas hoy porque mañana ya habrá otras que las han sustituido. Lo que no serán otras, serán las grandes compañías que capitalizan toda este agrietamiento y liquidez social posmoderno.

Si alguna vez ha habido lo que los economistas y filósofos del siglo XX señalaron como alienación, es hoy en día. Lo que ellos denunciaron, no lo pudieron resolver para aquel tiempo, con su propuesta socialista, trayendo con su fracaso el aceleramiento de una sociedad del mercado, con una filosofía maquiavélica, es decir, sin una ética basada en principios inalienables.

La sociedad de mercado requiere una profunda transformación ética, de lo contrario será la lluvia ácida que caerá sobre los fundamentos cristianos de la familia occidental especialmente. Aunque el mundo oriental camina no por senderos tan diferentes.

La familia en estas sociedades atraviesa por una crisis que se expresará de diversas formas en los países desarrollados con respecto a los subdesarrollados o los que le hemos impuesto el título de sociedades en vías de desarrollo. La pregunta es ¿desarrollo de qué? ¿De más liquidez? ¿De más cosas y menos "no cosas"?

El modelo bíblico es la solución, pero requiere conquistar no solo los corazones, sino las familias y las sociedades, las estructuras, para ir avanzando la presencia de ese Reino, sin ignorar que la profecía bíblica apunta hacia una crisis final en que Dios impondrá su Reino, no sin antes pasar por las diversas etapas de las sociedades comandadas por los anticristos como les llama la teología juanina.

Por supuesto, sin dejar de tener presente que estamos en la tierra de Adán y no en el Edén Primordial, debemos seguir trabajando por un mundo mejor y un terreno necesitado de intervención es la familia dentro de esta sociedad líquida y agrietada. Y ¿qué exactamente queremos decir con agrietada?

Grietas en la sociedad y familia postmoderna

Hemos dicho que el concepto sociedad agrietada es una metáfora.

En esta obra, a estas grietas las usaremos como una metáfora para referirnos a las aberturas sutiles pero reales de la sociedad y la familia. Así como las placas teutónicas tienen sus grietas que se convierten en un peligro, también las instituciones las tienen.

La primera referencia de grietas las define como las aberturas de lo sólido. La base de la sociedad es la familia. Lo sólido de una sociedad depende de su tipo, situación y condición de las familias de esa determinada comunidad social.

Es lo duro y sólido que sostiene todo el orden. Las grietas en lo sólido son exactamente las que se han producido en el seno de la familia. Las fragmentaciones en sus conceptos, valores y sistemas.

La segunda acepción de agrietamiento se refiere a la piel y a las membranas mucosas, según las definiciones enciclopédicas, las que nos servirán como analogía con respecto a la sociedad, específicamente a la piel cultural de lo social.

La piel que cubre una sociedad es su cultura.

Tenemos entonces unas grietas en la parte dura y otras en toda la piel. Unas en los valores familiares y sus fundamentos.

Y otras, en la cultura de la sociedad permeada de humanismos, distorsiones, pecado y transgresiones al orden moral establecido por Dios en su Palabra.

Cuatro grietas en lo solido
1. Inestabilidad parental
2. El divorcio
3. El abuso
4. Las adicciones

Estas son cuatro grietas en lo más sólido de la familia –su columna vertebral–. Su resultado es infelicidad y violencia.

Frente a esas grietas, las personas se ven en una doble preocupación. Una hacia el pasado, no quieren que se repitan esos modelos. Y otra hacia el futuro. Cómo conquistar algo diferente.

Ambas cosas, deben llevar a las personas, a buscar ayuda en esas mismas direcciones, para comprender de dónde vienen y para diseñar hacia dónde ir. La consejería cristiana familiar juega un papel fundamental en esa tarea. La pregunta es si el liderazgo cristiano está capacitado para tal acompañamiento.

Recomendamos leer nuestro libro de entrenamiento para la consejería actualizada, ya agotado, pero adquirible a través de Amazon, titulado *Teología desde la realidad neuronal*, publicado por la Editorial Santuario.

Grietas en la piel social de la cultura

La ideología de género es una corriente que podríamos sindicarla como una enorme grieta dentro de la sociedad actual.

Constituye un conjunto de ideas organizadas con finalidades, estas, se basan en la violación al orden biológico, ni siquiera del ético en primera instancia. Esta ideología va a negar la existencia de géneros definidos y esto es negar la biología misma y atentar contra familia tradicional.

Los cromosomas según la NIH, dedicado al estudio del genoma, son las estructuras que contienen los genes. Los genes son las instrucciones individuales, la información que le dicen a nuestro cuerpo cómo desarrollarse y funcionar; regulan las características físicas y mentales, tales como el color del cabello, el tipo de sangre y la propensión a enfermedades.

Cada célula de cada individuo tiene el sello de lo que es en cuanto a género, varón o hembra, como lo enseña la Escritura. Tiene cromosomas *XX* si se trata de una mujer. Y *XY* si se trata de un hombre. Es el varón el que determina el sexo. Si la nueva creatura es la conjunción de X más X, saldrá una hembra. Si la operación resulta de X más Y, tendremos un niño. La naturaleza no conoce otra multiplicación.

"La propuesta de la ideología de género es permitir que desde niños se pueda elegir arbitrariamente a cuál de las decenas de posibles identidades acogerse. Elegir un género es opuesto a la evidencia clara del nacimiento de un niño o una niña. Lo que hace que esto vaya en contra de la naturaleza humana, llevando así a profundas frustraciones". Pablo Augusto Perazzo (autor de Yo también quiero ser feliz en el sufrimiento Kindle Edition Publicada en June 17, 2021

Si entramos a la página http://www.portalunoargentina.com.ar/contenidosver.asp?id=28282&cat=G enero.se nos explican las siete preguntas sobre ideología de género, de forma didáctica y directa. Te invitamos a realizar esa lectura.

La grieta de la orientación sexual

La American Psychological Association ofrece una definición de lo que es orientación sexual.

La orientación sexual es una atracción emocional, romántica, sexual o afectiva duradera hacia otros. Se distingue fácilmente de otros componentes de la sexualidad que incluyen sexo biológico, identidad sexual (el sentido psicológico de ser hombre o mujer) y el rol social del sexo (respeto de las normas culturales de conducta femenina y masculina).

La orientación homosexual está dirigida hacia un individuo de su mismo sexo.

La ideología de género trata de llevar hasta los extremos el tema de la orientación sexual y delegarlo a una elección de cada individuo acerca de su género, en otras palabras que su orientación sexual que es una configuración psicológica, la cual no puede cambiar su género, es ahora radicalizada hasta el grado de darle al individuo la potestad cultural de realizar un decreto anti natura, es decir contra la misma biología.

Acá se juntan ambas grietas. Por un lado una configuración que no se ajusta al modelo bíblico y ahora una falsa ciencia afirmando que el género es una cuestión de auto elección. ¿Qué hay detrás de todo esto? La necesidad de romper con los paradigmas de la tradición cristiana que ha sostenido sobre todo a la cultura occidental, cambiando el núcleo biológico esencial y el núcleo sustancial de la sociedad, es decir la familia.

¿Dónde está la grieta en esto de las distorsiones sexuales? Definitivamente en la violación al propósito y modelo original del plan de Dios.

Tanto la grieta en cuanto a la orientación como las grietas en cuanto al pecado como acto, ambas son parte de un mismo fenómeno humano que requiere redención. La ideología de género lo único que requiere es un absoluto rechazo desde el punto de vista de la verdad científica y no solo desde la trinchera teológica.

La homosexualidad por ejemplo y para aclarar este asunto, es una práctica considerada como pecaminosa por la misma Biblia y la religión, pero además es un fenómeno que requiere un estudio desde las ciencias. Estudio que no ha concluido.

El hecho de que exista esa configuración tiene una explicación teológica desde el paradigma del pecado original, pero requiere de otra de tipo científico para tener herramientas para un abordaje más científico aunque no necesariamente ideológico. Algunas tipificaciones expuestas en manuales de diagnóstico no siempre han obedecido a resultados de la ciencia sino a las presiones políticas de los grupos interesados en mantener dicho estado de cosas.

En la medida que la pastoral analice tales estudios, que sean serios, evidentes, podría encontrar herramientas para un trabajo con mejores resultados, sabiendo que la última palabra en una obra restauradora la tiene el Espíritu Santo.

Muchas iglesias prefieren volver los ojos hacia otro lado, pero hay algunos ministerios que han asumido esa tarea de forma responsable, no siempre muy exitosos por lo complejo del asunto, sabiendo que no es nada fácil dicho emprendimiento ministerial pero siguen adelante trabajando y orando para que la verdadera ciencia nos ayude no solo en las grietas de la sexualidad social sino en todo este caminar terrenal donde estamos llamados a llevar el Evangelio de Cristo.

¿Quién gana con la construcción de las grietas?

¿A quién beneficia crearle grietas a la familia? ¿Quién gana en todo este desorden?

Veamos algunas expresiones que nos llevarán a ciertas inferencias:

1. ¿Por qué gastar el dinero en el bienestar y el futuro de la familia si me puedo ir de viaje? Tremenda psicología motivacional. Cómo me voy a poner a invertir en la familia si hay tantos cruceros que me estoy perdiendo, esa es la expresión que el vendedor quiere poner en las mentes. La consecuencia será fatal. Hijos no bien formados en los valores, en las ciencias, las artes, la inteligencia emocional y en la consolidación de sus personalidades.
2. "Los hijos son una carga y un gasto de tiempo y de energía, mejor aprovéchalo y vete de compras".

¿Quién gana en todo esto? La respuesta es obvia, gana la economía basada en el pragmatismo, de que lo importante es ganar y la economía hedonista que predica que lo importante es el placer inmediato. Disfruta porque nada te llevarás. Esta es una filosofía muy destructiva, disfruta sin responsabilidad y dejarás más desgracias a este mundo tirando a las calles niños que solo buscarán el placer sin esfuerzo y que por su ignorancia serán esclavos de su propia grieta delegada. Una sociedad agrietada ha cambiado el sacrificio por el placer y el ahorro por el gusto.

Gana una sociedad de consumo sin valores, en que se ha excluido toda la mística del ahorro y del sacrificio para lograr una familia ejemplar. Creemos que la sociedad de mercado necesita de valores. Los misioneros pioneros, forjadores del nuevo mundo, los que hicieron de los desiertos americanos, verdaderos valles de prosperidad, traían consigo la Biblia y creemos que Dios los respaldó enormemente.

Pero, hoy se ha tirado al canasto de la basura la disciplina bíblica y se ha adoptado una psicología permisiva, –adaptada a esta sociedad líquida y agrietada que produce familias igualmente líquidas y agrietas. La disciplina, la corrección, las consecuencias y el castigo razonable fueron abandonados por una pseudo psicología del no castigo.

La disciplina es muy necesaria para la formación de una personalidad no líquida ni tan agrietada como se nota en la juventud actual, producto de evitar los tales "traumas" inventados por una psicología de bolsillo.

El punto está en que el trauma ya viene de fábrica y que las nuevas rupturas están siendo producidas por la predica de la sociedad líquida, a través de cualquier medio, produciendo más grietas, al no tener muros de contención.

Hoy, muchos jóvenes prefieren vender drogas a tener que forjarse una sacrificada carrera universitaria, que talvez no les proporcionará todas las mieles de las ganancias de la iniquidad pero sí una mejor estima de sí mismos.

¿Cómo contrarrestar este flujo de corriente que produce rupturas en la familia?

No es una tarea fácil. Por supuesto que la educación y la evangelización deben tener como camino el sembrar en los corazones otra forma de ver la vida y de actuar. Una solución al alcance de todos es tomar decisiones en el orden de lo personal en cuanto a sus acciones. ¿Por qué consumir tal o cuales cosas si hay otras prioridades ? Esa sería una excelente pregunta que cada persona debe reflexionar.

No puedo dejarme llevar de esta corriente que me arrastra y me lleva a estar cada día más pobre en mis valores, convicciones y en la solidez de mi familia.

No podemos meternos en esa carrera competitiva que me incita a apostarlo todo en el gran casino de una sociedad gobernada por el consumo de las mercancías que representan símbolos arbitrarios de poder.

Tenemos que hacer algo como creyentes. Luego tomar medidas. Asumir un estilo de vida más profundo y si se quiere austero y sano. No hay camino fácil para construir una vía conforme a la voluntad de Dios. Todo eso sin dejar de disfrutar de las bendiciones materiales que nunca deben ser idolatradas.

Vivimos en una sociedad agrietada e idólatra que produce más grietas para poder salir adelante con su modelo distorsionado.

La gran pregunta es ¿a dónde llegaremos si nos ponemos a hacerle caso a todas las prédicas que los gurúes del bienestar quieren vendernos?

Nadar contracorriente

Si hay algo difícil es aprender a nadar en contra de la corriente, casi que es suicida, pero hay momentos que si no lo haces no podrás apostarle a seguir viviendo. O nadas contra esa corriente para no morir o ella terminará hundiéndote definitivamente. Parece ser el juego alternativo de esta siglo. Para ello necesitamos una poderosa razón, y nuestra familia, no necesita pedir requisitos para convertirse en esa poderosa motivación.

Son varias las corrientes contrarias a nuestro intento de construir una familia mejor y parte de esa contracorriente son las características que se han configurado.

Siete situaciones de contracorriente

1. Ser una familia incierta. En otras palabras, una familia que está sufriendo los procesos de desinstitucionalización creciente con las consecuencias que esto trae en la formación de una conciencia de incertidumbre. No se tiene la misma seguridad que se obtenía al ser una familia estable y tradicional.

2. Ser una familia autopoyéutica. La *autopoiesis*, es decir, autónoma en la forma de auto organizarse, propio de las sociedades postmodernas.

3. Ser una familia individualizada. Una familia regida por las categorías de la individualidad, se trata de una familia constituida por individuos que defienden su subjetividad personal como un elemento no negociable. Cada uno es cada uno y debe ser aceptado y respetado tal y como son por encima de todo y de todos.

4. Ser una familia de cristal. La familia postmoderna se rompe con cualquier golpe. Así está constituida y así funciona, rompiéndose y creando nuevas estructuras igualmente frágiles, necesarias para una sociedad cuya célula principal no es la familia, sino el sujeto consumidor.

5. Ser una familia pragmática. La base de la consistencia de este tipo de familia está en los resultados que se obtienen en virtud de las necesidades que satisfaga.

Una familia que no cumpla con ese requisito debe darle paso a las acciones que la hagan producir los resultados esperados en términos, no de valores absolutos, sino de objetivos de pretensión, tales como la adquisición de bienes, automóviles, ropas de marca, viajes, relaciones con el medio, "sonido social" y la influencia en la sociedad del "viú" en el lenguaje del YouTube. El discurso de "debes ir a la universidad para superarte" de las décadas anteriores se ha transformado en "si mi hijo es youtober seremos unos padres exitosos".

La idea actual es lucha por no ser pobre, través de los medios, esto se predica sobre todo dentro de la cultura de la música urbana extrema, donde lo que importa no es el mensaje sino el alcance y el dinero para exhibir un poder inmediato que redime vicariamente a la familia y al barrio.

En el mundo rico, el manejo del poder sigue siendo el motor que condiciona a la familia dentro de los conceptos de sociedad de interés, en otras palabras, la familia está al servicio de los intereses del capital y como los capitales han evolucionado desde la tenencia tradicional a los capitales anónimos, la familia también se va diluyendo desde el anonimato hereditario hacia las uniones empresariales modernas, sin faltar los casos atípicos como elementos que salpican las alfombras rojas de la gran farándula de las extremosidades de los nuevos ricos excéntricos.

6. Ser una familia "open mind". La apertura ideológica también va unida a la sexual. La apertura sexual de los años 60 y 70 ha evolucionado hacia la apertura de la postmodernidad, donde la familia ya no defiende una ideología de la libertad sexual, sino que ni siquiera la

piensa, es parte de los juegos de la sociedad hedónica, no importa con el sexo que sea y donde el uso de sustancias psicoactivas y las diversas formas de diversión van alcanzando el estatus de ser un tema sin tabú alguno y asimilado como quien ve natural el tomarse un vaso de agua. Nadie discutiría la ética ni la razón de ser de beber agua o tomar un desayuno. Este es el nuevo concepto de mente abierta, más conocido como "open mind". Todo es como beberse un vaso de agua.

7. Ser una familia "Cibercafé". Hace algunos años las personas iban a estos lugares para usar el internet. Se hicieron famosos. Pero, la socialización de la virtualidad trajo el wifi familiar. Esto trajo una transformación al hogar postmoderno. La casa se convirtió en cibercafé, donde todos los integrantes están metidos en sus pantallas, viendo la realidad a través de la virtualidad. El hogar Cibercafé transformó las relaciones al punto de que cada uno establece su contacto con la realidad familiar a partir de sus prioridades. El Cibercafé que antes tenía una computadora para todos por un tiempo determinado por persona, ahora se ha convertido en el sitio donde cada quien anda con su dispositivo móvil conectado con la virtualidad y con sus elecciones del momento. ¿Qué tipo de familia puede constituirse sobre una realidad superpuesta a la inmediata? ¿Cuáles filtros podrán ser suficientes para colar la información y la influencia de ese nuevo mundo? La tienda Cibercafé está pasando a la historia porque ha sido sustituida por la "Ciberfamilia". Esta es la realidad que se está viviendo en el mundo de la postmodernidad.

Aun así las personas quieren casarse y formar una familia, por eso todavía será necesario orientar en temas como el noviazgo. Hacerlo de forma bíblica y con responsabilidad ética es nuestra tarea, frente a otras concepciones liberales, libertinas, libertarias y hasta arbitrarias.

Capítulo IV

El noviazgo en calidad de pre-pareja

Hemos leído mucho sobre noviazgo cristiano, demasiadas charlas, en todas se destacan por lo menos diez puntos que han recorrido reciclados por innumerables púlpitos, salones y auditorios. Los mencionaremos sin profundizar en ellos porque de seguro la gran mayoría se los conoce al dedillo, incluso hasta podrían ser demasiado reiterativos. Pero, siempre terminaremos evocándolos. Nosotros pretendemos hacer eso, recordarlos, pero avanzar en implicaciones más complejas.

En resumen, siempre se nos ha dicho:

1. Que hay que amar a Dios más que a su pareja. Gran verdad y poca realidad.
2. Que la gran meta del noviazgo es el matrimonio. Gran verdad y relativo cumpliendo en la vida real.
3. No fornicarás. Pero solo Dios y la pareja sabrán si esto es tan real en la "realidad real", como diría Kia Nobre.
4. Eviten estar solos. Pero si no lo están ¿cómo se van a conocer? es la pregunta que se hace Mafalda.

5. Respetarse mutuamente. Esto nadie lo cuestiona, excepto para preguntarse si tocarse una rodilla es irrespeto. Pero, toda norma invita a la interpretación.

6. Tocar los temas sensibles e incómodos. Tarea difícil pero útil.

7. Ahorrar dinero. Muy acertado, difícil si una de las partes quiere aprovecharse del otro. Y eso ocurre hasta en las mejores familias.

8. Buscar un mentor. Un mentor no es alguien que come muchas mentas, sino un orientador de vida. A veces lo que menos quieren las parejas es que alguien les guíe y se meta en sus vidas. Después vendrá el llanto y el crujir de dientes.

9. Conocer la familia de la pareja. No solo hay que conocerla sino "tragarse el cable". Nos casamos con esa familia con todo y el tío loco.

10. Tener expectativas claras. Difícil dentro del entorno neuroemocional que se vive en un noviazgo lleno de dopamina y ensueños. Pero, la vida se encargará de los aterrizajes. Mejor estar entrenado. Pero, nadie escarmienta en cabeza ajena.

Ya le hemos dado en forma resumida lo que se va a decir de una y otra forma en todas esas conferencias a las que usted asista, les llamen talleres, congresos y pretextos para vender un producto, que se espera que sea bueno, aunque a veces solo llega a lo simplemente mediocre.

Avancemos un poco más en este fenómeno llamado noviazgo.

Las metáforas sobre el noviazgo según Yvan Balabarca

No admiten muchas palabras, hay que tomar la idea como si fuera una imagen, reírse un poco y coger el mensaje. Reírse por la creatividad de Yvan al plantearlo así y tomar el mensaje porque es bien nuclear, central, y práctico. O sea, lo vemos a diario en los diversos tipos de noviazgo como estos, tal y como lo presenta este distinguido pastor:

1. Noviazgo con el Síndrome de Medea: Uno de los dos no olvida, guarda rencor por algo y esto será su motor de acción solapada y luego evidente.
2. Noviazgo con el síndrome de Peter Pan: Donde el novio evade sus responsabilidades y se convierte en hijo simbólico en la relación. También puede darse a la inversa.
3. Noviazgo contaminado con el síndrome de Adonis o el de don Juan: Adictos a la imagen física y a convertirse en ladrón de sentimientos.
4. Noviazgo con el Síndrome de Estocolmo: En donde uno de los dos o ambos justifica las injurias del otro, se acostumbra a estar preso de las perversidades de su compañero.
5. Noviazgo con el síndrome de Wendy: Buscan compulsivamente la aprobación del otro para ser feliz.
6. Noviazgo con el complejo de Clitemnestra: Donde hay un depredador emocional de la relación.
7. Noviazgo bajo la sombra del complejo de Ulises: Nunca olvidan amores pasados.
8. Noviazgo bajo las sombras del complejo de Eco y Narciso. Uno que desprecia y el otro que no se puede recuperar.

9. Noviazgo bajo el complejo de Agar y Sara: Ideología que pretende que hay mujeres para procrear y otras para disfrutar.

10. Noviazgo bajo el complejo de Alejandro Magno: Pareja que compite y envidia las cosas del otro.

11. Noviazgo bajo el complejo de Aquiles: Pareja que finge o esconde sus debilidades, sus puntos psicológicos vulnerables:

12. Noviazgo bajo el completo de Brummel: Quien es un adicto a la moda, comparándose con otros y discriminando...

13. Noviazgo con complejo de Brunilda: "Ningún hombre es digno de mi".

14. Noviazgo con el complejo de Creso: Es la relación donde se tapa el vacío humano, existencial y espiritual con el tema del dinero.

15. Noviazgo con el complejo de Judas: Donde se traiciona al que más ama.

16. Noviazgo bajo la sombra de Otelo: Regidos por la sombra de los celos.

17. Noviazgo bajo la maldición de Cenicienta: Siempre esperando un Príncipe Azul irreal pero real para la psique obstinada y obsesiva. Después de ese divertido y didáctico juego de imágenes, pasemos a ver el asunto de la sustancia del fenómeno llamado noviazgo.

Esencia del noviazgo
Análisis y desmontaje de tres aspectos fundamentales

1. Que no es bueno que el hombre esté solo. Inmediatamente se piensa en pareja y es lógico por el contexto bíblico

desde donde se leyó este texto. Pero, la definición de soledad no implica ausencia de novia o de novio. Se puede estar profundamente solo y al lado de alguien. Por lo tanto, se requiere entender la relación saludable de pareja como el resultado de saber convivir consigo mismo y con Dios. Una relación con otra persona no puede ser, en términos sanos, un escape a la *soledad no resuelta* dentro de sí mismo.

Pero, por lo general opera de la otra forma, la gente entra en noviazgos y relaciones de pareja para resolver ese tipo soledad insana, que solo se cura con la experiencia de la soledad sana.

2. ¿Para qué el noviazgo? Ese sí que es un punto en el que por lo general no se reflexiona.

El noviazgo viene a ser como el resultado del enamoramiento, casi como causa y efecto. ¿Pero realmente ese es su propósito hablando en términos cristianos? Pues no debería ser.

No fuimos creados para estar solos, pero antes necesitamos resolver nuestra incapacidad para la soledad saludable interior que brota hacia la búsqueda de la alteridad como medio de crecimiento y felicidad real.

La soledad egoísta, centrada en solo el yo, debe romperse y abrirse al tu. Este proceso debe pasar por la noche oscura donde al final se descubre la soledad saludable, más allá del temor a estar solo.

Repetimos el propósito de la pareja es superar la soledad negativa después de pasar por la soledad saludable: "El que logra esposa encuentra algo bueno, y alcanza el favor del SEÑOR". (Prov. 18:22)

La pareja genera una dinámica de crecimiento humano, espiritual y biológico. Esa es la idea. Lo ideal. Lo que se debe pretender. El propósito mismo. Por lo tanto, no es suficiente con el arranque bioquímico de estar enamorado, aunque es un aspecto bio-psicológico que ayuda al entusiasmo y a la celebración de haber encontrado a otro, como Adán que exclama ¡esto sí es carne de mi carne y hueso de mis huesos! Obviamente, el redactor sagrado quiere dejar bien claro que Adán no había encontrado hasta ese momento algo parecido y diferente a él de quien poder encantarse.

Si tenemos claro el objetivo de la pareja también aclararemos el del noviazgo, que es un tiempo de calidad para llegar a la meta del santo matrimonio.

Si una relación de novios no tiene esa visión, no lo son en el sentido más legítimo de la palabra. A lo sumo, serán compañeros de caricias, pero no un noviazgo que sea aceptado, respetado y valorado en la comunidad cristiana de fe.

Estamos hablando de noviazgo como un período de preparación para casarse. Y nos referimos más específicamente al noviazgo cristiano, como el tiempo que Dios da a esa pareja para que vaya entendiendo el significado serio y profundo de ese compromiso delante de Dios y de los hombres. Si se trata de un noviazgo, tres serán los objetivos para alcanzar.

1. Primeramente, el conocimiento de uno y del otro. Cada pareja establece la forma en que irán conociéndose. La prisa no es un buen consejero. El postergar demasiado tampoco. Como en todo, el equilibrio es lo mejor. Un tiempo para conocer las similitudes y las diferencias. A veces en el proceso ambos pueden perder la perspectiva. Por ello, es necesaria la consejería, la mentoría, el punto de vista de un tercero con criterio, experiencia y autoridad, para que les ayude a objetivar las situaciones y obtener de esas conversaciones una mejor visión y conocimiento de cada uno.

2. La otra pata de ese trípode es el conocerse a uno mismo en el proceso. Nos conocemos más a nosotros mismos cuando estamos en interacción con otros. Y una relación tan vinculante y emocional es una fuente no solo de conflictividad sino de posibilidades de conocerse cada uno así mismo en las situaciones concretas y complejas. Es el mejor laboratorio para revisarse a uno mismo. Es todo un experimento de someter la química personal al fragor de la del otro y saber cómo realmente es esa persona en la dinámica con el otro. Se trata de un conocimiento que también va produciendo una especie de alquimia, es decir de creación de un ser nuevo, el nosotros, que necesariamente pasa por el crisol de pérdidas personales y ganancias también personales. Se pierden actitudes egoístas y se ganan otras de mejor calidad, más altruistas, compasivas y comprensivas.

Si la relación es tóxica, estos procesos no se habrán dado como corresponde a un crecimiento en ambas direcciones, en el yo y en el tú.

3. ¿Para qué una celebración de bodas?

La tercera parte, la constituye los preparativos para ese evento celebrativo que marcará a ambas vidas, y a ambas familias, ya que el matrimonio no es solo con un individuo sino con su entorno al cual se pertenece. Por lo tanto, la preparación no escapará de esas circunstancias y cultura familiar.

Esta tercera parada, conlleva manejar no solo detalles sino también el presupuesto. No es sabio quedar en grandes deudas solo para impresionar a los auditorios sociales. Obviamente, el pertenecer a una familia determinada y grupo social, conllevará tomar todo eso en cuenta con equilibrio y sentido de realidad.

Una de las grandes grietas de esta sociedad y familias modernas, es que han roto con muchas de esas buenas costumbres y han hecho del noviazgo simplemente un pretexto para estar juntos sin asumir un real compromiso y sin que personal o socialmente represente un cambio de etapa, con sus determinados ritos, símbolos e iniciaciones. La falta de consistencia de muchas familias modernas podría estar vinculada al abandono de los valores internos, expresados a través de las celebraciones externas.

Cuando un niño de una determinada tribu pasa a ser un hombrecito, tiene que pasar ciertos rituales. Así también, cuando se pasa de la soltería al nuevo estado de vida familiar, se producen cambios y celebraciones igualmente internos y externos.

Proceso o tránsito hacia el noviazgo

Este proceso o tránsito del noviazgo al matrimonio está precedida por el pre-noviazgo.

El pre-noviazgo define el tejido futuro de la estructura.

Este es un tiempo previo para dar el paso de un compromiso con el otro del sexo opuesto, según la norma cristiana.

Para entrar en un noviazgo cristiano hay condiciones necesarias para que el asunto funcione:

1. La madurez emocional

Se requiere tener cierto nivel de madurez para entrar a compartir con otro dentro de un noviazgo. Le podemos llamar madurez inicial, que consiste en saber lo que se quiere. En el camino se madurará más. Pero, si la persona todavía está en dudas entre una persona u otra como candidato, o si un día gusta de ella y el otro no, si es solamente un entusiasmo por el atractivo o fama del otro, vamos por muy mal camino. Hay en ello un reflejo de falta de madurez. Y esto siempre traerá problemas. Esa situación requiere de intervención y consejería pastoral.

2. La madurez espiritual

¿Cómo está la relación con Dios, su compromiso con la comunidad de fe, es decir, con la iglesia? ¿Cuáles son sus prioridades frente a la vida? ¿Cómo es su práctica de oración, de estudio de la Palabra y de compasión hacia el prójimo? Si no hay madurez en esa área, primero hay que trabajarla antes de asumir tal compromiso con otra persona que comparte la misma fe. Sin madurez espiritual, los futuros hogares no estarán basados en la roca de los principios de la Palabra de Dios. Para un fortalecimiento de la fe, recomendamos usar nuestro libro titulado UN DÍA A LA VEZ. Esta obra ya está agotada, pero pueden comprarla en Amazon.

3. Madurez económica

Sí, se necesita una cierta madurez económica para entrar en el noviazgo. ¿Quién y cómo pagará las salidas a comer helado? ¿Papá o el novio? Si la persona no tiene una organización económica, todavía no está en capacidad de entrar en ese tipo de relación.

4. Madurez académica

Si la persona no tiene hábitos de estudio, si sus notas no reflejan responsabilidad, si no está tomando en serio su universidad o centro de aprendizaje, no tiene todavía madurez para comprometerse con una meta, más seria que sacar un título.

5. Madurez socio familiar

Si la persona no respeta a las autoridades familiares no puede entrar en algo que requiere tener cierta formación como hijo y ciudadano. La familia, es la célula de la sociedad y la formación comienza en la casa. Un hijo que no obedezca a sus padres, que no haya consultado su noviazgo con ellos, no está todavía en capacidad de una empresa que requiere de esos protocolos para no ser disfuncional.

Bueno, con esos requisitos básicos, se puede ingresar y ya adentro vienen otros asuntos más gordos que ir asumiendo. Estamos hablando de noviazgo cristiano, no de amigos con derechos, que es lo que propone la sociedad agrietada que produce más problemas a futuro en la familia y en la sociedad. Pues lo que sigue requiere de otros elementos sustanciales.

Elementos esenciales en el noviazgo cristiano

1. Santidad

Cuidar y cuidarse es parte de esto. La pureza no es solo un asunto de tipo físico, es guardar su corazón de la avaricia, a la idolatría, a la concupiscencia, a la utilización del otro como si fuera un objeto y no una persona, a la consagración de ambos tanto a buscar de Dios como a servir al prójimo. Sin esa santidad de novios, no habrá una familia consolidada en Dios. La sociedad agrietada en su moral y en el sentido de la vida, ha permeado a muchas mentes jóvenes en esta época posmoderna y han terminado descuidando esta santidad. No estamos hablando de espiritualismo gnóstico o ascético, sino de verdadera santidad. Apartarse de los criterios de este sistema mundano y vivir un noviazgo en Dios. Sin dejar de ser novios, ya que no son dos monjes contemplativos, son dos personas normales, pero profundamente convertidas al Señor y que participan juntos en un proyecto que está por encima de ellos, el del Reino. Un noviazgo sin santidad no difiere de uno de esos que crecen entre las grietas de una sociedad permeada por el placer y el vivir el momento. Santidad es establecer la diferencia.

2. Comunicación

Hablar las cosas. Si alguno tiene problemas de comunicación debe buscar ayuda inmediata. Esa dificultad se va a agudizar durante el matrimonio sino se le atiende desde ahora.

La misma, es decir, la comunicación efectiva conlleva:

a. Hablar los asuntos, no guardárselos para sí, sino por el contrario compartirlos en un diálogo franco y amable. Se debe pasar de hablar trivialidades a lo más significativo, a compartir criterios, limar asperezas y tener consensos. A no dejar de hablar por temor al otro. Obviamente se arrastran situaciones heredadas de personas que provienen de hogares donde uno de los cónyuges ha destacado por ser un tirano frente al otro, estos modelos no tienen por qué repetirse, hay que localizarlos y romperlos. Crear un nuevo paradigma de diálogo no es cosa fácil, pero es recorrer la mitad del éxito del futuro matrimonio.

Comunicar lo que me gusta y lo que no me gusta. Abrirse a entender al otro, y a ponerse en su lugar, lo que se llama empatía, no viene enlatado, muchas veces hay que desconstruir estilos y crear nuevos, con una perspectiva más saludable, democrática, si se nos permite el término para estos entornos y hasta espiritual ya que se trata de poner en práctica el amor de Cristo por la iglesia y el de la iglesia por Cristo, siguiendo esa metáfora y misterio paulino.

3. Manejo de las dudas

El noviazgo está lleno de dudas, incertidumbres, preguntas, todas ellas de cara al futuro. Nadie conoce el futuro, solo Dios, y lo que haya revelado en su Palabra y a los profetas. Pero, después de eso son solo proyecciones, pronósticos, acercamientos, inferencias lo que se puede hacer.

Pero, sí podemos contar con la experiencia de un consejero, es cuestión de buscarlos, y este con su visión de las cosas nos podría ayudar a manejar esa variable. Los pronósticos basados en realidades, tendencias, deseos, voluntad y compromiso, nos pueden ayudar a deshacer la ansiedad que pueda estar produciendo esas dudas. Hablarlas siempre es lo mejor. Callarlas puede ser una bomba de tiempo.

4. Formación en materia de la sexualidad humana

El noviazgo es un buen tiempo para conversar de cosas importantes y esta es una de ellas. Es un tema que debe ser tratado sin tabúes porque tarde o temprano los asuntos relacionados con el sexo tendrán que ser abordados.

Un buen curso sobre sexualidad y espiritualidad cristiana, dirigidos a personas que van a casarse, vendría a ser una ayuda excelente para la pareja. La ignorancia traerá lágrimas que pudieron evitarse. Siempre la educación es el camino para el éxito en todo. Toda iglesia debería brindar un asesoramiento prematrimonial donde no solo se hable de las virtudes de la

Virgen María como mujer, sino también de la franca realidad humana incluyendo la sexualidad como parte esencial. Si una pareja matrimonial no sabe cómo entenderse en esa área sexual, podemos decir que tendrán situaciones complicadas. Es un asunto donde hay que estar informado y dispuesto a aprender.

La sexualidad animal no se aprende, brota instintivamente. La sexualidad humana es un conocimiento. Hay que aprender todo sobre ella, tanto la parte biológica como la artística. Es un arte en el que cada matrimonio deberá elegir sus danzas. No todos los matrimonios tienen la misma estructura relacional en lo sexual. Han tenido que aprender y adaptarse uno al otro. Es algo a lo que se llega y no una ilusión que traerá decepciones.

La luna de miel en muchos casos se convierte en hiel, porque faltó conocimiento de lo que es la sexualidad, como algo que hay que estudiarlo, irlo implementando y ajustando en el proceso matrimonial. El ajuste de este subsistema condicionará la estabilidad de la pareja, junto a otros factores como el económico.

Una pareja que no haya resuelto su sexualidad dentro de su matrimonio, ni tampoco su economía, será una construcción expuesta a otros vientos. Esta formación, conciencia y consolidación comienza en el noviazgo.

5. La Cobertura pastoral y familiar

Ya hemos dicho que el noviazgo que no honra, camina hacia la deshonra, quizá no lo afirmamos así en los párrafos anteriores, pero esa es la idea.

Contar con esa honra, es garantizarse una cobertura.

Un noviazgo a espaldas de la familia, de la iglesia, de los pastores, simplemente no es noviazgo sino una relación clandestina de dudosa reputación.

Una buena señal es cuando la familia y la iglesia, apoyan esa relación. Algunas veces, tanto la familia como la iglesia se han equivocado, pero no muchas. Lo sabio es entender que somos parte de dos familias, la sanguínea y la de la fe. También somos parte de la gran familia social y humana. Pero, hemos decidido regirnos éticamente por los principios que defiende la familia de la fe, portadora del consejo bíblico de Dios, y la escritura dice que es preciso obedecer a Dios, antes que a los hombres. (Hechos 5:29)

Al final de cuentas cada persona y pareja deberá tomar sus propias decisiones. Solo las sectas tóxicas obligan a sus miembros a hacer lo que el líder quiere. Lo que sí oferta la iglesia de Cristo es orientación, consejería, acompañamiento y apoyo sin violar la dignidad ni libertad de las personas.

Aclaramos eso porque han existido experiencias muy lamentables cuando no se respeta al individuo en sus más íntimas decisiones y conciencia.

6. Definir una postura frente a la cultura

Steven Morales es el director de contenido para la revista "Radical". Además, escribe para Mitos Rotos y hace comunidad en Iglesia Reformada. Escribió sobre cuatro posturas que se pueden asumir frente a la cultura. Nos encantó su descripción y enfoque. Hasta lo hemos memorizado en sus puntualizaciones:

a. Uno podría simplemente condenar la cultura.
Esto no resuelve nada. El análisis de la cultura implica no condenarla sesgadamente, sino comprenderla y saber que somos parte de ella. Como cristianos tenemos que filtrar, pero no de golpe, condenarlo todo.

Steven cuenta que su madre un día le rompió "los tazos", todos sabemos qué eran estos , venían dentro de las envolturas de las frituras comerciales. Tan populares que hasta en Wikipedia encontrarás que eran "... (también conocidos como flippos, pogs, caps, taps, chipitaps, entre otros) es el nombre de figuras circulares de una pulgada (o más) de diámetro con dibujos de caricaturas, los cuales fueron incluidos durante los años 1990 por compañías de snacks y luego de golosinas en sus envases. Llegaron a ser fetiches muy apreciados por los muchachos de la época. Pues bien, a Steven, su madre le rompió el corazón botando esos pequeños objetos propios para ella de una cultura mala.

Aplicado esto al noviazgo cristiano, ambos deben conocer sus cosmovisiones acerca de la cultura.

Muchas cosas de la cultura son inmensamente valiosas para la gente, como sus tasos , pero algunos enfoques las satanizan sin una razón verdaderamente bíblica, más bien se trata de una apreciación sesgada y una hermenéutica atroz. Pues un noviazgo que no entienda el valor de la cultura, que no se despoje de estar condenando lo no condenable, simplemente tendrá la debilidad de la falta de apertura, que un día les hará falta para entender y saber manejar a sus hijos por los caminos de la cultura con criterios más profundos y menos fanáticos.

b. La crítica sesgada.

La crítica es buena cuando se entiende científicamente, como la aplicación del pensamiento complejo, del razonamiento, de la inteligencia. Eso se llama criticidad. La ciencia avanza gracias a ello, al espíritu crítico e investigativo , toda ciencia, arte y oficio, incluyendo las ciencias sociales y hasta la teología.

Pero esa criticidad no guarda relación con la crítica barata, o sea esa actitud llamada generalmente crítica, que nosotros preferimos calificarla de *criticona.*

A veces esta *criticadera* que no es crítica sabia, se convierte en un instrumento de manipulación y de opresión.

Los noviazgos que crecen por ejemplo en sectas manipuladoras , no tienen un sentido crítico de la realidad de su grupo, condenan y critican a la cultura, pero después no saben cómo vivir en ella, siendo luz, sin ser del mundo, pero estando en el mundo. Se vuelven elementos corrosivos. Muchas veces hasta toman caminos en una dirección opuesta y destructiva, buscando liberarse. Y esto tiene relación con el noviazgo porque aplicado desde el seno de la relación, esta actitud se convierte en depredadora para el otro y para la relación misma.

La crítica hacia la cultura, la apologética, la aplicación del círculo hermenéutico del cual ya hablamos, todo eso es importante y tiene su lugar, pero cuando es sustituido por el prejuicio, la persecución, la exclusión, el legalismo y la uniformidad, nos llevará al nazismo familiar, al comunismo eclesial y al fascismo casado con el machismo y la arbitrariedad.

c. Lo más fácil es copiar.
Los modelos importados, fácilmente son adoptados por las sociedades dominadas frente a las dominantes.

Nos dice Steven que hasta las imágenes de una botella de Coca Cola o la manzanita de Apple son usadas para comerciar objetivos cristianos, como camisetas y tasas. Es verdad, esos símbolos son como ídolos de la sociedad consumista y superficial.

Los jóvenes con las orejas perforadas y luciendo un arete, no lo copiaron de los indígenas que posiblemente lo hacían por razones propias de su cultura y creencias, no, de allí no viene la copia, sino de los países poderosos, no solo Estados Unidos.

Veremos más a menudo costumbres vendidas por la China y hasta por Rusia, que ya están influyendo en los mercados.

Estos modelos también se han trasladado al mundo del noviazgo, rompiendo con tradiciones que fundamentaban la permanencia de un modelo familiar conservador.

Nuevas formas de noviazgo son solo copias mal adaptadas. Lo que se copia no funciona igual que donde surge algo de forma natural y orgánica. La copia solo copia, nunca original. El plagio solo demuestra que quien lo ha presentado como original, no tiene mucho que ofrecer de su propia producción.

El estar copiando a la cultura es un reflejo de lo mucho que hemos perdido y de lo poco que hemos creado o recreado.

La iglesia está plagada de copias del mundo en cuanto a sus estilos y formas de promoverse. Es decir, se ha perdido mucho de la teología de la Cruz y habrá que rescatarlo en las consecutivas reformas.

El noviazgo tiene su liturgia

La liturgia cristiana, por ejemplo, ha pasado por procesos en los que esencia y novedad se han visto enfrentados. Si se pierde la esencia tendremos otra cosa distinta a la adoración de Dios. Si no hay novedad, se traiciona la teología contextual de la liturgia misma que conservando lo esencial, necesita de la novedad para poder expresarse y hacerse entender a este siglo agrietado en sus esencias.

El noviazgo es una liturgia que camina hacia la creación de un templo familiar en donde se dé honra y gloria al Eterno. Por ello, la analogía es bien apropiada, no se trata de un consumo ciego de todas las fórmulas que aparecen como burbujas sino de crear una cultura nueva como expresión de danza, alabanza y predica a través de la relación misma. Es decir una verdadera liturgia cuya finalidad es la gloria de Dios.

Al final de esa ritualidad sagrada en la que ha venido danzando la pareja en ese noviazgo creativo se abre una enorme puerta de bendición, ser esposos y formar una hermosa familia dentro de la voluntad de Dios que es agradable y perfecta.

Capítulo V

La pareja

Entremos de una vez a la oficina del pastor consejero, del orientador o del terapeuta de pareja. ¿Por qué de esa manera? Sencillo. No se necesita llegar a tener problemas para requerir de una tercera persona que brinda asesoría al proceso de la pareja, pero usualmente la gente va a al dentista cuando no soporta el dolor de una muela.

Según Got Questions, son varios los motivos por los cuales las parejas se acercan al consejero:

1. Incapacidad para resolver conflictos de una manera saludable.
2. Uno de los cónyuges domina la relación, de modo que las necesidades del otro no se suplen.
3. Incapacidad para comprometerse.
4. Cualquiera de los cónyuges que abandona el matrimonio para "arreglar" los problemas.
5. La interrupción en la comunicación.
6. La confusión acerca de los roles de cada uno de los cónyuges en el matrimonio.

7. La pornografía.
8. El engaño.
9. El desacuerdo acerca de estilos de crianza de los hijos.
10. Las adicciones.

Los problemas humanos son comunes, pero dentro del hogar cristiano, tiene dos variables. Primero, se interpretan bíblicamente y asociados al tema del pecado, ya que toda problemática tiene algún ingrediente pecaminoso, sea por la condición adámica o por la acción. Por otro lado, la otra variable es que, dentro de la vida cristiana, la puerta del perdón está garantizada por el Espíritu Santo y la iluminación para soluciones no solo naturales sino sobrenaturales. Tenemos entonces, un elemento muy crítico, cual es el de la hamartía, para lo que también hay una salida saludable mediante la obra de Cristo y la restauración en un proceso de santificación.

Obviamente, esto se hace más fácil, si todos están en esa armonía. Pero no todo es tan exacto y preciso en la casa de Adán. Así que habrá que ir resolviendo escollos, sobre todo si uno de los integrantes no anda en los caminos del Señor.

Habrá que recurrir a la paciencia del creyente y a la obra del Espíritu Santo convenciendo de pecado.

Pero eso no quita que vayamos trabajando con la pareja.

Comenzar por la base de la estructura familiar. La relación de pareja. Si eso no se resuelve, nada tendrá mucho éxito. Por supuesto que Dios sabe cómo ayudar a sus hijos, pero estamos planteando las posibles soluciones desde los lineamientos estructurales en los que debe estar fundamentada una familia. Y se debe comenzar por trabajar con la pareja. Si la pareja está bien, las otras cargas irán tomando su curso. En el camino se irán arreglando. Si la grieta está en la pareja, la guerra aparecerá por todas partes. La triangulación hará pedazos este nido familiar.

Paquete de consistencia

El llamado "paquete de consistencia" viene a ser una especie de matriz de fundamento o plataforma de estabilidad de un matrimonio bajo los compromisos asumidos por la pareja.

Tenemos treinta y cinco años-nos referimos al matrimonio constituido por nuestra esposa y quien escribe- comprobando su utilidad y sus resultados. Así que podemos tener derecho a una patente de este producto. El Paquete de Consistencia.

Estos son sus elementos o ingredientes que hemos podido constatar durante este largo periodo matrimonial que se encamina hacia el año número 36 en los próximos meses. Lo expondremos en forma de una lista de promesas. Al cumplirlas nos hemos ido convenciendo de su utilidad tanto para nosotros como para todos nuestros aconsejados y ahora lectores activos que están disfrutando de esta obra.

1. Nos comprometemos para toda la vida.
2. Cultivaremos a diario el jardín de nuestro amor.
3. Pasaremos más tiempo juntos.
4. Pondremos más esfuerzo en mantener y mejorar la comunicación como pareja.
5. Acentuaremos nuestros recursos y puntos fuertes y minimizaremos nuestras carencias y debilidades.
6. Disfrutaremos más la bondad y la belleza de la sexualidad sin complicaciones innecesarias.
7. Cada cual abandonará los intentos de cambiar a la otra persona.

8. Apreciaremos el valor de las cosas pequeñas de la vida.

9. Nos comprometemos a administrar los bienes materiales como dones divinos.

10. Mantendremos la fortaleza del triángulo Dios–tú–yo.

11. Sabemos que nunca es tarde para crecer y sanar.

Podemos asegurar que esta receta si se asume con el compromiso y la seriedad compartida, no falla.

A esto hemos querido etiquetar como PAQUETE DE CONSISTENCIA.

Paradigma de compromiso

Sin un paradigma de compromiso no se podrá avanzar.

Un paradigma es un modelo, es un ideal, es un reto, es algo que se asume.

De no asumirse, nosotros como consejeros deberíamos desistir de ayudar a esa pareja porque estaríamos perdiendo el tiempo, útil para otras que sí quieren realizar un cambio y "están dispuestas a pagar el precio".

Si hay un miembro que sí asume compromisos y otro que no; al que ha dicho que sí, se le dará consejería de apoyo y el que ha dicho que no, pasará a la lista de intercesión.

Si ambos están de acuerdo, entonces, sí habrá consejería de pareja. Deberán asumir esos puntos, llevárselos, comprenderlos y en un momento adecuado se celebrará un rito de compromiso con este "paquete de consistencia".

Nuestro objetivo en este libro no es el de ser un Manual de Consejería familiar, sino el de plantear una Teología de la Familia, pero no podemos dejar a nuestros lectores y líderes sin algo que los lleve a realizar una praxis.

Aunque el fin no sea dar un seguimiento a determinada terapia pastoral, sí estamos muy conscientes de que una teología contextual debe llegar al punto hermenéutico de la práctica misionera o pastoral, a lo que hemos llamado praxis, o sea, la práctica que ha sido producto de reflexión y análisis de la realidad, de iluminación del Espíritu Santo y de la Palabra de Dios, de la consulta con otros consejeros experimentados y con la literatura existente.

Camino genial y práctico

Pues bien, Jorge Maldonado, en su Introducción *al asesoramiento pastoral de la familia* (Nashville: Abingdon Press, 2004), nos brinda un camino que nos pareció genial y práctico para entender estos procesos de la pareja.

1. Sobre cómo concebir el desarrollo de una pareja: se debe tener en cuenta (a) el desarrollo personal individual; (b) la relación de los cónyuges; (c) la relación de la pareja con sus respectivas familias de origen; (d) la relación con los hijos (sea que estén presentes o no).
2. Sobre posibles etapas en la vida de una pareja y su desarrollo conjunto, lo cual implica para el asesoramiento que se consideren metas específicas para cada una de tales etapas (las cuales se indican entre paréntesis, a la manera de tareas del desarrollo):
   2.1 La fase romántica o «luna de miel» (salir de la casa paterna y asumir responsabilidad emocional y financiera; diferenciarse de la familia de origen y definir los límites intergeneracionales; negociar las expectativas, reglas, y espacios propios de la nueva

unidad matrimonial/familiar; acordar asuntos relacionados con la procreación y el cuidado de los hijos).

2.2 Vuelta a la realidad o a *"esto no es exactamente lo que yo esperaba"* (configurar el sistema conyugal con adecuada mutualidad; redefinir relaciones familiares y de amistades a fin de incluir al cónyuge en ellas; adaptar el sistema conyugal a fin de dar espacio físico y emocional a los hijos; redefinir las relaciones con la familia extendida para incluir los nuevos roles de suegros, cuñados, abuelos, tíos y primos).

2.3 Conflicto por el uso del poder o el *"vamos a ver quién es quién"* (desarrollar como pareja sus propias actividades, pasatiempos e intereses; unir fuerzas y acordar formas funcionales y gratificantes de manejar el hogar y los hijos; hacer un *"cambio de marchas"* en la relación con los hijos a fin de dar espacio al adolescente para que pueda ejercitar una mayor autonomía dentro de límites acordados).

2.4 Desilusión y separación o *"no sé si quiero seguir luchando..."* (asumir la situación crítica como oportunidad para crecer y renegociar la relación o terminar con ella; decidir qué nueva forma podría tomar su matrimonio y la relación con los hijos en particular; conseguir o desarrollar los recursos y competencias para salir adelante fortalecidos).

2.5 Renegociación y transformación, o "en realidad, el amor es más que sentimientos..." (afirmar el proceso en marcha de transformación de la relación de pareja y de cada cónyuge en forma integral, en términos de actitudes [ej. aceptación, respeto, compromiso], sentimientos y acciones; establecer en forma consistente las nuevas formas de ser pareja y familia).

2.6 Intimidad múltiple, o *"ahora sí que me casé contigo"* (celebrar a un nuevo nivel de integración y madurez el "matrimonio psicológico" como uno de intimidad multidimensional [física/emocional, interpersonal, espiritual] descubrir y cultivar nuevas relaciones con la familia, amistades, intereses, trabajo, otros.).

2.7 Generatividad o *"nos damos juntos a los demás"* (considerar nuevas formas y expresiones de la espiritualidad [por ej. más contemplativas] y de actividades vocacionales y de servicio en particular, nuevas formas de relación con la propia familia [hijos, nietos, otros], con la iglesia y la sociedad).

3. Sobre factores en el desarrollo de la relación de pareja, las variaciones en cuanto al crecimiento dependen principalmente de tres factores:

a. los modelos aprendidos en la familia de origen;

b. la madurez emocional de cada uno de los cónyuges;

c. y la disposición a crecer y renegociar la relación de pareja toda vez que sea necesario.

Constelación de indicadores de salud en la pareja

La investigación revela repetidamente que la pareja que permanece felizmente casada muestra una constelación de indicadores de salud que puede sintetizarse en pocas palabras como destacamos a continuación:

a. Se perciben y se tratan como iguales, en el sentido del valor y la integridad de cada cual como persona. Por lo tanto, no desarrollan relaciones groseras de subordinación , sino que tienden a compartir o alternar el liderazgo en el hogar y la familia; afirman la libertad y autonomía de cada cual y, al mismo tiempo, la interdependencia que los une.

b. Sus respectivas bases y orientaciones espirituales son plenamente compatibles y son la base de un profundo sentido de compromiso como pareja.

c. Manejan las inevitables situaciones conflictivas con respeto recíproco y sentido de humor. Se expresan verbal y no verbalmente -ambas formas- con honestidad y apertura; saben escucharse mutuamente y hablar su verdad (ej. sentido de derecho o justicia, interés, necesidad personal, frustración), con amor y consideración; procuran la paz y el bienestar completo de ambos.

d. Conocen y comprenden los lenguajes del amor de cada cual. Es decir, respetan las necesidades y preferencias especiales en cuanto a palabras de afirmación, pasar tiempo de calidad juntos, favores o actos de servicio, afecto expresado físicamente, y dar y recibir obsequios o regalos; tienen adecuada intimidad afectiva y sexual.

e. Reflejan normalmente una proporción aproximada de cinco interacciones positivas (ej. expresiones de afecto, apoyo, comprensión, perdón) por cada interacción negativa (ej. expresiones de frustración, queja, crítica).

f. Pelean productivamente. Aprenden a pelear sin faltarse el respeto. Aprenden a discutir conceptos, diferencias, enfoques, sin confundir lo ideológico con lo personal. Al final aplican la regla del consenso. Pactan no irse a dormir sin haber llegado a alguna conclusión satisfactoria para ambos. No llevarse conflictos al período de descanso.

g. Saben meter *en el freezer* los momentos en que las emociones están alteradas, irse a dar una vuelta, un paseo, hacer ejercicios, y después, cuando la situación está fría, analizarla. Esto evita los episodios lamentables de violencia doméstica.

Como ya lo indicamos al hablar del Paquete de Consistencia, a través de nuestros 35 años de vida matrimonial hemos podido experimentar esto y ayudar a muchas parejas a irlo teniendo como parte de su estilo de vida.

¿Qué se puede decir cuando se ha logrado tanto? Simplemente que sin la gracia de Dios no hubiera sido posible.

Las cinco fases de Shipani en la consejería de parejas

En la necesidad de acompañar a otros coincidimos con el amigo y consiervo Daniel Schipani en los puntos que expresa en su Manual de Psicología pastoral como fases de seguimiento.

El plantea 5 fases por las que podemos transitar, que nos pueden ayudar en este proceso de parto, auxiliado por el Espíritu Santo:

a. La *primera fase* consiste en hacer posible la catarsis o liberación emocional asociada con el conflicto crítico que la pareja presenta. Esposa y esposo tienen la oportunidad, cada cual, en su turno, de expresar su frustración y también de identificar lo que, desde su perspectiva personal, son las causas aparentes o posibles de la situación. O sea que el primer acuerdo importante que debemos facilitar es el de permitir a cada cónyuge la libre expresión de sus emociones, especialmente las «negativas» (ira o enojo, aflicción). Esto requiere de nuestra parte, como consejeros, la capacidad y disposición para aceptar incondicionalmente a las personas en su situación, y para tolerar calmadamente las ansiedades y tensiones resultantes. Requiere además la firmeza y consistencia necesarias para dirigir el proceso de manera que no haya interrupciones y discusiones fuera de lugar.

b. En la *segunda fase*, invitamos a la pareja a que identifiquen aquellas necesidades personales insatisfechas. Lo deben poder hacer en sus propios términos y desde su punto de vista. La idea es pasar desde unas expresiones emocionalmente sobrecargadas (primera fase) hacia un juicio cada vez más realista y objetivo de la situación conflictiva. La pareja puede entonces señalar diversas áreas, tanto en la relación conyugal como en su experiencia personal, donde hay carencias y frustraciones específicas. La posibilidad de describir concretamente los motivos de descontento, discordia, e insatisfacción, es de por sí un logro importante en el proceso de ayuda. Conseguir que cada uno escuche y acepte la queja de la otra persona, es un objetivo muy valioso en esta fase.

En la medida que se ha podido trabajar con la pareja en los términos indicados arriba (fases 1 y 2), ahora es posible indagar sobre cuáles son los puntos fuertes o positivos en la relación conyugal y en el/la otro/a cónyuge.

c. En esta *tercera fase* invitamos a la pareja a que identifique aquellas virtudes u otros aspectos específicos que cada cual aprecia o valora en su cónyuge. Es importante que puedan hablarse directamente y en primera persona y, quizás como pocas veces antes, practicar una sincera afirmación explícita y mutua. También se puede utilizar el simple recurso de papel y lápiz para que cada cual complete la expresión «En ti yo aprecio...» con una lista que puede incluir referencias a la belleza física, actitudes o hábitos, capacidades o habilidades, cualidades de carácter. Después se invita a cada uno a que responda mencionando qué recuerda de las expresiones de aprecio y cómo se siente ante tal reconocimiento. Mi experiencia como consejero es que siempre ayuda que demos ejemplos personales de nuestra propia vida conyugal (o profesional, si somos personas solteras) como forma de aclarar la tarea y alentar al mismo tiempo a la pareja.

d. En la *cuarta fase* invitamos a la pareja a que señalen, en orden de preferencia, de qué maneras su cónyuge podría ayudar a resolver la situación conflictiva. (en el caso del uso de papel y lápiz, la lista sería en respuesta a la expresión "De ti yo necesito..."). Nótese que ponemos el foco en el futuro y no el pasado. En vez de insistir en las quejas y recriminaciones, orientamos a la pareja a pensar en cómo mejorar su situación actual. Además de promover así una disposición esperanzada, estamos guiando a cada uno a expresar sus necesidades y deseos en forma clara y directa. Procuramos así que se desarrollen mejores patrones de comunicación al tiempo que se hace más fácil reconstruir o fortalecer la relación conyugal misma.

e. En la *quinta fase* se compara la lista de cada cónyuge después de haber reconocido las aspiraciones de la otra persona. La pareja puede entonces determinar qué necesidades y aspiraciones son comunes a ambos (por ejemplo, pasar más tiempo juntos, mejorar su relación sexual, administrar las finanzas de común acuerdo, y otros); cuáles son simplemente diferentes (por ejemplo, para uno el área de las finanzas y para otro el de las relaciones con la familia de origen); y cuáles son contradictorias (por ejemplo, diferencias marcadas respecto a la sexualidad, las relaciones con la familia, la administración de las finanzas, entre otros). Seguidamente les invitamos a considerar acuerdos para que logren una mayor satisfacción mutua, comenzando con el foco en una necesidad prioritaria que comparten (por ejemplo, la de pasar más tiempo juntos, o mejorar su relación sexual). Les estimulamos a que consideren cómo y cuándo habrán de satisfacer esa necesidad compartida. Debemos insistir en que sean lo más específicos posible en cuanto a las expectativas y las responsabilidades que cada cual asume para enriquecer su vida matrimonial con posibilidades de progreso y crecimiento. El solo hecho de establecer un compromiso de ese tipo ante la presencia de una tercera persona —nosotros como consejeros— tiende a reforzar todo el proceso que estamos considerando. Y mejor aún, cuando se trata del acompañamiento conjunto de un grupo de parejas.

(Tomado de Psicología pastoral por Daniel S. Schipani© 2016 Daniel S. Schipani. Publicado en Cuba por el Seminario Evangélico de Teología)

Los diez mandamientos del matrimonio planteados por el pastor dominicano Andrés Martínez

De gran ayuda también son los llamados diez mandamientos del matrimonio del Pastor Andrés Martínez. Uno de los presbíteros metodistas dominicanos con un poderoso testimonio familiar y una pluma exquisita en sus múltiples artículos y en sus obras.

Resumimos sus planteamientos de la siguiente manera:

1. Comience su matrimonio con un noviazgo sano

Ya tratamos el tema del noviazgo, pero agreguemos las indicaciones que motivaron al Martínez a dar este recetario tan útil. Satanás, dice este maestro, se ha dado a la tarea de destruir la base de la sociedad que es la familia usando los más variados medios para lograrlo y preocupado por esto y la gran cantidad de divorcio que se producen hoy en día he decidido comenzar hoy con esta serie de estudios sobre este tema de los diez mandamientos de la familia.

Espero, enfatiza, poder contribuir a que por lo menos una familia sea ayudada fortalecida y pueda apoyarse en los mandamientos que Dios ha establecido para su salud hogareña.

El matrimonio, la familia, el hogar, es la primera institución humana creada en el mundo. Fue instituida por Dios cuando puso a Adán y a Eva en el huerto del Edén y les dijo que...

2. Marido, usted es la cabeza de ese hogar

Efesios 5:23 porque el marido es cabeza de la mujer, así como Cristo es cabeza de la iglesia, la cual es su cuerpo, y Él es su Salvador. Estas son palabras que al hombre le gusta oír, pero que para las mujeres son muy difíciles.

Estudiemos este pasaje más de cerca y con mucha atención.

El marido dice la Biblia, es la cabeza de la mujer. ¿Cuántas veces no ha ocurrido que el marido confronta a su mujer con las palabras de "Yo soy el que manda en esta casa".? Pero bien: el puesto de cabeza de la mujer y de la familia, es un cargo ganado. El liderazgo genuino, legítimo y verdadero, aquel que perdura, tiene que merecerse, no es una mecánica imposición natural.

3. Esposa, ¿sabías que tú eres la Reina de ese hogar? No la mano de obra barata

Efesios 5:22, 25 "Las casadas estén sujetas a sus propios maridos, como al Señor; porque el marido es cabeza de la mujer, así como Cristo es cabeza de la iglesia, la cual es su cuerpo, y él es su Salvador". Siendo Cristo el rey, la iglesia es la reina. Pero ¿Cómo puede una mujer ser la reina del hogar si Dios exige que ella se sujete al marido?

Nuestro primer análisis es que cuando Pablo escribió estas palabras la mujer era una esclava en la sociedad. Ella no tenía ni voz ni voto en las decisiones del hombre, pero Cristo dijo que para Él no hay varón ni hembra, somos iguales ante la presencia de Dios.

4. No se nieguen el uno al otro. ¡Aleluya para el hombre!

I Corintios 7:5 No os neguéis el uno al otro, a no ser por algún tiempo de mutuo consentimiento, para ocuparos sosegadamente en la oración; y volved a juntaros en uno, para que no os tiente Satanás a causa de vuestra incontinencia.

Es importante que el apóstol haya incluido este detalle, entre otros consejos que da a los casados. El mandamiento es "no os neguéis el uno al otro". Por las palabras que siguen, entendemos que tiene que ver específicamente con el acto sexual en el matrimonio.

La preocupación del apóstol es clara.

Hace referencia a la importancia de no negarse, esposo o esposa, su cuerpo físico el uno al otro.

5. Éxodo 20:14 «No cometerás adulterio»

Este cortísimo mandamiento es uno de los diez mandamientos morales del decálogo. No admite argumento, no es para ser debatido. Y así como los otros mandamientos, no es para cierto grupo de personas, o cierto lugar o tiempo.

No es una sugerencia, es un mandato, un mandamiento que al ser cumplido trae su galardón, y al ser desobedecido, así como todos los mandamientos morales de Dios, trae su castigo.

Quien viola la ley divina sufrirá sin remedio la agonía, la confusión y la vergüenza de un matrimonio destruido, un hogar desbaratado, una familia demolida y niños frustrados y abandonados.

6. Acéptense el uno al otro tal como son

Génesis 1:27 "Y creó Dios al hombre a su imagen, a imagen de Dios lo creó; varón y hembra los creó".

La cita bíblica relata que Dios primero creó al hombre, luego a la mujer. Adán era Adán y Eva era Eva. Dios creó dos personas distintas con sus propias características y con su propia personalidad.

En otras palabras, Dios ha hecho como individuo al esposo y a la esposa– y por ser individuos– son diferentes. Es decir, mi esposa es diferente a mí y yo diferente a ella.

El secreto está en reconocer eso y celebrarlo.

7. Instruya al niño en su camino

Proverbios 22:6 Instruye al niño en su camino, Y aun cuando fuere viejo no se apartará de él.

Salomón no dice aquí quien ha de dar esa instrucción, pero se supone que son los padres. Lo que dice es que, de acuerdo con la instrucción, con el ambiente hogareño así será el niño en el futuro. Lo que el proverbista dice es que cuando instruimos al niño, el actuará de acuerdo con la instrucción que ha recibido. Algunos consejos:

No hagas diferencia entre sus hijos, los niños deben saber que son amados por igual.

Nunca critiques con sarcasmo, ira...

8. Honra a tu padre y a tu madre

Éxodo 20:12 Y pondrás las dos piedras sobre las hombreras del efod, para piedras memoriales a los hijos de Israel; y Aarón llevará los nombres de ellos delante de Jehová sobre sus dos hombros por memorial.

No se puede hablar de mandamientos bíblicos para la familia sin hablar de la responsabilidad de los hijos para con los padres. El apóstol Pablo repite con énfasis este mandamiento en sus consejos para la familia y agrega para que te vaya bien y seas de larga vida sobre la tierra. El mismo conjunto de leyes que te dice no matarás, también te dice honra a tu padre y a tu madre.

9. Hijos e hijas casadas, harina de otro costal

Génesis 2: 24 Por tanto, dejará el hombre a su padre y a su madre, y se unirá a su mujer, y serán una sola carne.

Hay un detalle que en un mensaje sobre la familia no puede dejarse de lado. Esto tiene que ver con la relación de los padres con los hijos casados y con los cónyuges de esos hijos.

El apóstol Pablo en su carta a los efesios recoge la cita del A.T., en que Dios le habla a Adán dándole instrucciones para su unión con Eva su mujer. Por tanto, dejará el hombre a su padre y a su madre y se unirá a su mujer y los dos serán una sola carne Efesios 5:31. Por esto dejará el hombre a su padre y a su madre, y se unirá a su mujer, y los dos serán una sola carne.

10. Honrar el símbolo matrimonial

Efesios 5:32 Grande es este misterio; mas yo digo esto respecto de Cristo y de la iglesia.

Quizás de todos los mandamientos para la familia, este sea el más importante. Lo es así porque encierra, en una forma mística, los demás mandamientos mencionados.

El matrimonio, la unión de una pareja, formada por esposo y esposa, es el único símbolo de Cristo y su iglesia en las sagradas escrituras. Deshonrar el matrimonio, es irreverenciar el *símbolo de lo más sagrado que existe en el universo, Cristo y su iglesia.*

Cuando se está bien con Dios, cuando Jesucristo es el Señor de nuestras vidas, cuando honramos los principios Bíblicos, nacido del corazón de Dios, todo lo que hacemos obedecerá a la voluntad de Dios. Y si la voluntad de Dios en nuestra vida es lo más importante para nosotros, honraremos con todo nuestro corazón nuestro matrimonio. Y siendo que Cristo es el Señor de nuestra vida honrar nuestro matrimonio es fácil.

Efesios 5:23–30. Porque el marido es cabeza de la mujer, así como Cristo es cabeza de la iglesia, la cual es su cuerpo, y él es su Salvador. Así que, como la iglesia está sujeta a Cristo, así también las casadas lo estén a sus maridos en todo. Maridos, amad a vuestras mujeres, así como Cristo amó a la iglesia, y se entregó a sí mismo por ella, para santificarla, habiéndola purificado en el lavamiento del agua por la palabra, a fin de presentársela a sí mismo, una iglesia gloriosa, que no tuviese mancha ni arruga ni cosa semejante, sino que fuese santa y sin mancha. Así también los maridos deben amar a sus mujeres como a sus mismos cuerpos. El que ama a su mujer, a sí mismo se ama. Porque nadie aborreció jamás a su propia carne, sino que la sustenta y la cuida, como también Cristo a la iglesia, porque somos miembros de su cuerpo, de su carne y de sus huesos.

En este concentrado de principios o mandamientos, que el pastor Martínez ofrece y que hemos transmitido la esencia de su escrito lo más fielmente posible podemos descubrir caminos muy valiosos que los podemos resumir en la ruta crítica que va de la pareja hasta los hijos y su repercusión en el constructo de las futuras familias y de la sociedad.

En otras palabras, todo comienza en el noviazgo, allí inicia la ruta de la que hablamos. Noviazgo entendido como relación de dos personas que se han comprometido para en un plazo determinado entrar en el sagrado estado matrimonial.

Las bienaventuranzas del matrimonio

Finalmente, en el sermón del monte Jesús, (Mateo 5) enseña una serie de bendiciones desde donde se pueden fabricar las bienaventuranzas del matrimonio, tema también reflexionado por el pastor Martínez.

1. Bienaventurados son el esposo y la esposa que continúan afectuosos, considerados y amantes después que las campanas nupciales han dejado de sonar.

2. Bienaventurados son el esposo y la esposa que son tan condescendientes y corteses el uno con el otro como son con sus amigos.

3. Bienaventurados son aquellos que tienen un sentido de humor, porque este atributo será un medio disponible para absorber el impacto de los embates de la vida.

4. Bienaventurados son los matrimonios que se abstienen del uso de bebidas alcohólicas y drogas.

5. Bienaventurados son lo que aman a su cónyuge más que a ninguna otra apersona en el mundo y que alegremente cumplen su promesa matrimonial de fidelidad y de ayuda mutua por ambas partes.

6. Bienaventurados son los que llegan a ser padres, porque los hijos son la herencia del Señor.

7. Bienaventurados son aquellos que dan gracias a Dios por el alimento antes de participar de él y que separan algún tiempo cada día para la lectura de la Biblia y la oración.

8. Bienaventurados son aquellos cónyuges que nunca se hablan uno al otro en voz alta y que hacen de su hogar un sitio donde nunca se oye una palabra desalentadora.

9. Bienaventurados son el esposo y la esposa que fielmente asisten a los cultos de adoración de la iglesia y que trabajan juntos para la extensión del Reino de Dios.

10. Bienaventurada es la pareja que tiene una compresión de los asuntos financieros y que delinea un plan de sociedad con el dinero que recibe.

Hay que volver al patrón familiar

Tanto los 10 mandamientos propuestos por nuestro hermano Martínez de Pimentel, como las bienaventuranzas nos ubican dentro de la legitimidad y viabilidad del patrón o modelo que ha demostrado mayores aportes a la historia de la humanidad, el propuesto por Dios en forma inicial, la familia monogámica y sus roles. En el libro Familia y Bienestar en sociedades Democráticas, Fernando Pliego Carrasco, realizó un análisis sobre la familia y utilizó 351 estudios realizados en trece países, incluyendo a Méjico. Su recomendación final: *para lograr el desarrollo social, económico y cultural de un país, se necesita volver al patrón cultural de familias encabezadas por parejas casadas en primeras nupcias, quienes se hacían cargo de sus hijos comunes.*

Esto no dista mucho de afirmar que hay que volver al modelo bíblico y sacrificar lo que sea, para que esa estructura se mantenga sin permitir los estragos del divorcio y las fórmulas inestables de la sociedad permeada por el consumo y la superficialidad como medio de vender rápidamente todo en forma de mercancía atractiva.

Quizá el modelo tradicional de familia no sea tan popular ni tan emocionante, pero cumple las principales funciones de ser el cemento de una sociedad del respeto a lo confiable y duradero, a la virtud y a la decencia, por lo menos en términos ideales.

Cuando hablamos de modelo bíblico nos referimos a lo que ya hemos mencionado de la familia compuesto por el padre, la madre y los hijos. Pero, además a los principios, que podrían ser aplicados aún sin contar con ese modelo ideal. Es decir que la familia formada por una madre soltera, si practica los principios del modelo, los valores, la espiritualidad, la ética, la disciplina y la estética familiar puede forjar hijos de gran provecho.

Principios rectores

Llamaremos principios bíblicos rectores a las guías fundamentales que están prescritas en la palabra de Dios de forma implícita o explicita. También incluiremos en el paquete a los valores, aptitudes y hasta actitudes importantes.

Algunos escritores, psicólogos y filósofos hacen distinción entre estas cosas, pero acá las echamos todas en un mismo saco, porque nuestro objetivo es marcar un camino, el que sea compatible con la Palabra de Dios. Y los caminos están llenos de todo.

Las teorías pueden hacer clasificaciones, pero la vida es una gran batida de ingredientes.

No obstante, podemos decir que los principios son mandatos generales y universales que rigen la vida. Y los valores cualidades deseables en campos específicos de la cultura y la sociedad. Ejemplos de principios son: La libertad. La justicia. La igualdad. La fraternidad. La autonomía.

Ejemplo de valores: El patriotismo o el amor a la patria (valor político) El rechazo a las relaciones sexuales prematrimoniales (valor religioso) Brindar ayuda al que sufre (valor moral). El compromiso matrimonial (valor familiar).

Principios, valores y demás en el diseño de bíblico sobre la familia

1. El diseño divino

Una madre soltera puede enseñar a sus hijos, a valorar lo que no tienen, es decir la figura del padre. La necesidad de esa presencia paternal. Ayudarles a comprender que el crecer en una familia incompleta no quiere decir que deban reproducir ese modelo. El fracaso tampoco debe de envenenar a la madre o al padre de una familia monoparental. Ese envenenamiento que proviene por ejemplo de un divorcio, debe ser diluido y asimilado, para poder enseñar la importancia del modelo y diseño divino, a pesar de los fracasos.

Enseñar a los hijos a partir del fracaso es sabio. Crear estructuras mentales capaces de analizar el porqué de una situación, es realmente saludable para que las nuevas generaciones no repitan ese genograma de dolor o tragedia.

La enseñanza del diseño divino como lo mejor que nos pueda suceder y construir, no es un valor negociable si se quieren mejores resultados a futuro.

2. Principio de autoridad

La autoridad fortalece y da dirección. Los enemigos de la autoridad son el autoritarismo y la anarquía. El primero destruye el alma de los guiados, les fractura su dignidad y sus capacidades como lo son la creatividad y la iniciativa.

La anarquía es el hacer las cosas sin temor a las consecuencias y sin el establecimiento de límites ya que no hay Estado ni autoridad legítima según este enfoque de laxitud.

Desde el Génesis Dios nos enseña esas dos cosas, puedes comer de esto, pero no de esto. Si comes de eso que no se debe, tendrás estas y aquellas consecuencias.

Pero además está la invitación a hacerse cargo de las tareas de la finca de Dios. Es decir, las responsabilidades que forjan el carácter y alegran el corazón.

La supervisión de la autoridad conlleva una actitud vigilante para que se respeten las normas. Allí entra la ética. Y también para que se estimule la creatividad. Allí entra la estética.

La autoridad es un arte y una moral. La moral es la base que da más consistencia a una familia o a un grupo humano. Y el arte es la forma de expresar la belleza. Toda creatividad debe de expresar belleza. El hogar es un centro de ética y estética. Es una escuela y a la vez un salón de arte.

Si no hay autoridad no aprenderemos ni ética ni estética.

3. *El valor del compromiso*

La familia se basa en una pareja que sostiene un compromiso. Este a la vez se nutre del amor y de la fidelidad, de la lealtad y del sacrificio.

La falta de compromiso en las parejas ha creado sociedades débiles, agrietadas en sus fundamentos.

El compromiso es el que nos permite ejercitar el verdadero amor. Existen caricaturas del amor, disfraces del amor, burbujas de amor y cuentos de amor. Pero, el verdadero amor, nos referimos al que resiste los golpes de huracanes y terremotos, es más fuerte que la muerte porque se ha forjado en el taller del compromiso, no de la ambivalencia, ni de la fluctuación bipolar matrimonial, ni tampoco de los criterios de la sociedad posmoderna inmediatista y consumista que ve al individuo como un objeto, desechable y con fecha de caducidad. La única fecha sólida para una pareja es hasta que la muerte los separe. Eso asusta a esta sociedad líquida y superficial.

Ese compromiso de un pacto hasta la muerte, da dirección, siempre y cuando ambas personas sean capaces de asumirlo con seriedad y santidad. Ese es el modelo que predicamos.

Pero, como hemos dicho hasta el cansancio, *"la realidad es muy real"*, como suelen afirmarlo algunos filósofos actuales. Y lo más real es que no exista compromiso.

Pero, los testimonios de compromiso que sí existen, nos deben señalar la *"verdad verdadera"*, siguiendo el verbo de estos filósofos. Es decir que no es la colectividad en crisis lo que debe ser mostrado como la señal a seguir, sino el principio fundamental del compromiso que algunos valientes auxiliados por la gracia de Dios, todavía muestran como camino en un mundo de tantos y confusos desvíos de dirección.

El camino bíblico es el compromiso. No hay atajo. No hay de otra: *te comprometes o se agrietará la estructura y caerá.*

No todo el mundo está en capacidad de comprometerse. Pero lo cierto es que todos tenemos la capacidad de practicarlo, excepto las personas cuya enfermedad mental o trastorno grave se lo impidan. Esos son casos especiales y como tales deben ser estudiados con mucho cuidado y acercamiento científico.

Pero, a pesar de toda esa tragedia mental que vivimos muchos seres humanos hemos visto matrimonios de personas con estas problemáticas, que se esfuerzan en sus compromisos y esto les ha ayudado como terapia para sus vidas, con el soporte por supuesto de consejeros y de curas de almas.

4. *La capacidad de adaptación*

Las especies sobreviven gracias a la adaptación. Lo que no desarrolla esta cualidad tiende a desaparecer.

Pablo en 1 Corintios 9:19–23, nos da una definición de lo que es adaptarse, mediante su propio testimonio

"Porque, aunque soy libre de todos, de todos me he hecho esclavo para ganar al mayor número posible. A los judíos me hice como judío, para ganar a los judíos; a los que están bajo {la} ley, como bajo {la} ley (aunque yo no estoy bajo {la} ley) para ganar a los que están bajo {la} ley; a los que están sin ley, como sin ley (aunque no estoy sin la ley de Dios, sino bajo la ley de Cristo) para ganar a los que están sin ley.

A los débiles me hice débil, para ganar a los débiles; a todos me he hecho todo, para que por todos los medios salve a algunos. Y todo lo hago por amor del evangelio, para ser partícipe de él". No es que Pablo era un adulador, sino que en virtud de llevar a cabo sus propósitos supo adaptarse a las diversas realidades de la vida.

Reconocemos que hay personas con fragilidades mentales que no se pueden adaptar fácilmente. Quizá lo logren con la ayuda de los consejeros que los apoyen.

Reconocemos también que no hay familia totalmente funcional, todas en cierto sentido están marcadas por la disfuncionalidad propia de la naturaleza adámica.

Nos estamos refiriendo a la necesidad de esforzarse en la gracia, haciendo ejercicios de adaptabilidad y logrando objetivos dentro de esa meta de estar adaptados para poder prosperar en todo lo demás.

Sin adaptación no habrá bendición que sea sostenible.

La iglesia es un excelente centro de ayuda para lograr familias estables y con facultad de adaptación. Romanos 15:1 marca el camino, sobran las palabras que podamos añadirle.

"Así que, nosotros los que somos fuertes, debemos sobrellevar las flaquezas de los débiles y no agradarnos a nosotros mismos".

Ayudarse, ayuda. Un ser humano es ayudado realmente, cuando le ponemos en sus manos herramientas para que estabilice su hogar, se desarrolle la adaptabilidad y pueda desde allí construir un proyecto viable para él y sus hijos. Eso lo hacen muchas iglesias, por eso es tan importante el estar en el Cuerpo de Cristo. De allí surgen familias más adaptadas y valientes.

No podemos exigir si no damos.

Este es el principio, dar y recibir. Las injusticias en la relación generan grietas muchas veces insalvables. Se va acumulando el resentimiento que podría degenerar en odio.

La justicia debe tocar todos los aspectos hasta el económico. El *Oikos* griego es la administración de la casa, de allí la palabra economía. Así como en un país en donde se habla de macro crecimiento económico, existe mucho resentimiento social porque dicho gran crecimiento no llega hasta los más humildes; así en una familia, si los beneficios que generan sus miembros no benefician a todos, habrá una injusticia relacional de tipo financiero y caminará hasta emocional.

Eso hay que evitarlo. Hombres dándose la gran vida hasta con otras mujeres, mientras su esposa en casa economizando hasta la sal, eso no es justicia relacional. Mujeres gastando en modas y salones, mientras su marido no tiene zapatos para ir a su trabajo, eso no es justicia relacional.

Hijos que quieren ir a los cines y fiestas, dejando todo el trabajo doméstico a su madre, eso no es justicia relacional.

Dinero oculto, propiedades escondidas, cartas debajo de la manga como reza el dicho popular, actividades clandestinas que traerán vergüenza futura, eso no es justicia relacional.

El desprecio al anciano de la familia, relegándolo a la peor habitación, mal trato, desatención, esperar que muera para que deje de fastidiar, eso es injusticia relacional hacia aquel que se trasnochaba en nuestras infancias, o que salía debajo de la lluvia a buscar el pan para nuestra boca, o un medicamento de emergencia; eso es un terrible pecado que llega hasta la presencia de Dios. El pecado de la injusticia relacional

La infidelidad y el divorcio emocional son peores que la infidelidad física o el divorcio real, porque constituye una injusticia relacional dentro de la misma casa y desde el corazón. El que comete una infidelidad física puede arrepentirse y el que se divorcia podrá restaurarse. Pero el que mantiene una infidelidad interna y un divorcio desde el alma misma, vive en un constante pecado de injusticia relacional.

La vida familiar está llena de injusticias relacionales.

6. Principio de libertad

Ser una sola carne no es ser esclavos. Vivir en una familia no es estar en una cárcel donde se ha perdido ese maravilloso estado de libertad de actuar con libre albedrío y según los deseos personales, sin egoísmo y sin afectar a terceros.

La mujer o el hombre controlador son un terrible óxido para la relación. Crean situaciones e interacciones verdaderamente tóxicas, enfermizas y degradantes.

Las personas controladoras tienen serios problemas dentro de ellas mismas que tratan de manejar, controlando a una víctima.

Allí ni Dios está. Porque "donde está el Espíritu del Señor, allí hay libertad". 2 Corintios 3:17

Procurar un espacio de libertad no riñe con la responsabilidad, la autoridad ni el compromiso. Todo lo contrario, colabora con la parte sana de un ambiente feliz dentro de la familia.

Los hijos deben ser educados para ejercer la libertad. La libertad requiere criterios y seriedad. Libertad no es anarquismo. Libertad es una virtud y un arte.

La libertad anhela la democracia real. Vivir en una dictadura, anula la vocación a ser libre y feliz, en términos de lo posible, porque nunca se es totalmente libre de todo ni feliz completamente, excepto en el cielo y todavía estamos acá.

7. La tolerancia

Tolerancia es la capacidad para convivir *con quienes sean distintos o piensen diferentes, de una manera civilizada, compasiva y respetuosa.*

Ningún miembro de la familia es igual a otro, por la sencilla razón de que eso sería completamente antinatural, todos los seres humanos tienen algo en común, pero en muchos aspectos son diferentes. La uniformidad es solo una ideología, propia de los sistemas totalitarios.

No corresponde a la diversidad que es lo natural.

Las sociedades opresivas tienden a uniformar a las personas para romperles su identidad, su particularidad y su capacidad de disentir.

No solo el comunismo ha tratado de uniformar a la gente, de quitarles su tendencia a lo particular, original, propio y competitivo. Sino también la sociedad de consumo tratando de universalizar una cultura que se presenta como una imitación a lo que se hace en las sociedades supuestamente más civilizadas.

La uniformidad resta la fuerza de la persona, la hace más vulnerable a ser controlada y ser adiestrada. Obvio que esto, la uniformidad, en las instituciones castrenses, en las escuelas, institutos y organismos cumplen una función de obediencia necesaria. Pero, llevado al extremo o a campos como la cultura de la imitación, dichas políticas no traen nada bueno para la libertad que requiere ciertos niveles de tolerancia.

La intolerancia impide la convivencia dentro de la familia. Una familia no puede ser uniformada en su totalidad ya que no es un ejército. Incluyamos dentro de esa uniformidad la imposición de las sectas y de algunas instituciones religiosas de determinada forma.

Cada miembro de la casa que es cristiano, por ejemplo, lo es, guardando sus estilos y características personales.

Observamos iglesias donde las personas deben vestir un mismo color todos sus miembros. No dudamos que eso sea beneficioso para ciertas actividades, pero como condición para ingresar siempre a las actividades cotidianas, hacen que esta comunidad y familia de la fe, pase a ser una especie de logia o cofradía, donde se perderá mucho de lo propio, del ser individual que cada sujeto es y del que depende su expresión en el mundo como parte de la variedad, diversidad y matices que tiene la obra divina.

Una familia en tales condiciones pasa a ser lo mismo, un campo de concentración donde no se podrá admitir la tolerancia.

Insistimos que dentro de los espacios castrenses suele ser necesaria esa intolerancia y uniformidad. Pero, llevado al campo de la familia puede ser la causa de una irremediable ruptura, porque nadie está obligado a lo que no es posible ni saludable. Perder la identidad por razones ideológicas es una especie de suicidio moral. Las renuncias al ego, a las tendencias del yo, son un ejercicio espiritual que requiere de la libertad y la santidad, no la uniformidad.

El viejo dicho que "el hábito no hace al monje" es una verdad sin discusión. Lo que hace al monje un verdadero religioso no es la uniformidad sino su libertad de haber elegido determinado estilo de vida.

La libertad es lo que hace que los individuos dentro de una familia renuncien a ciertos privilegios para apoyar a otros, también acompañan a esa actitud, lo ya dicho, el amor y el compromiso, la solidaridad y la compasión por los otros.

La tolerancia es fundamental para que toda esta bondad crezca sin dañar procesos porque cada cosa a su tiempo dará sus frutos.

Pasos en la resolución de conflictos

Siempre habrá conflictos, el asunto es cómo resolverlos. Dado que esta obra tiene una finalidad de apoyo pastoral a través de una *teología de la familia para la sociedad del cambio*, debemos agregar a ese *cómo*, algo más:

¿Cómo resolver conflictos de pareja y de familia basándonos en la Palabra de Dios?

Este enfoque podría reducir la franja de interesados en entrar a leer el contenido. Pero, podrían perderse de algo que en tiempos de tempestad se constituya en la medicina al alcance de sus manos, la oferta del camino cristiano.

A veces tenemos que comer serpientes cuando no hay otra cosa en medio del hambre del desierto. Y algunos hablan de lo sabrosas y nutritivas que estos animales son. No desprecies algo bueno cuando lo demás no te ha funcionado. La receta cristiana sigue teniendo vigencia.

Pero, nos conformamos con que algunas personas y muchos cristianos que quieran avanzar con nosotros en el desarrollo de esta temática de la conflictividad y de cómo ir poniendo orden a los diversos escenarios caóticos dentro de la familia.

Los conflictos en sí mismos no son malos, ni siquiera anti bíblicos "Porque es preciso que entre vosotros haya disensiones, para que se hagan manifiestos entre vosotros los que son aprobados". 1 Corintios 11:19

El conflicto es el estado más natural del ser humano. Las dialécticas internas, biológicas, mentales, las sociales y hasta las espirituales, juegan un papel en el desarrollo de la persona y hasta de la historia de la humanidad.

Casi todo pasa por un proceso, hasta las piedras para llegar a ser lo que son, ese movimiento no se da tan amablemente, surge de momentos dolorosos y conflictivos.

El punto, repetimos, está en la forma en que se resuelvan dichos conflictos y en que se ajuste el sistema para poder sobrevivir, fortalecerse y tener continuidad en el tiempo.

Los procesos llevan sus momentos de diferenciación, complementación y síntesis.

Basta con observar el duro tránsito de la adolescencia a la vida adulta para ver en forma clara este tema de los conflictos, en ese proceso hay lágrimas, enfrentamientos, idas y venidas. Muchos errores, disciplinas y ajustes. Hasta que por fin se sale a flote. Si esos conflictos se resolvieron adecuadamente, tendremos algo sólido. Si por el contrario la forma de resolverlos no fue la mejor, quizá en el mejor de los casos solamente se tendrán algunas secuelas traumáticas.

Seguimos diciendo que nunca los resultados en esta tierra fuera del Edén serán cien por ciento óptimos.

Pero, la aplicación de ciertos pasos podría ayudar a mejores resoluciones y por ende a aspirar a más felices resultados.

Pasos

I. Entendiendo la ley de "ciclo"

Todo pasa por ciclos, la persona, la pareja, la familia y las sociedades mismas. Hablaremos por ende sobre algunos ciclos. Tomemos como marco o escenario a la familia y desde allí hagamos el viaje desde el joven adulto emancipado, pasando por la convivencia marital, la presencia de los hijos, las despedidas y la presencia de los que hayan partido al cielo, pero dejando su legado, es decir, pasando por esas siete etapas o ciclos experimentados dentro de ese nicho, llamado familia.

Los siete grandes episodios de la gran obra de la familia

Observemos a cada uno de estos grandes episodios vitales:

1. Periodo de galanteo o emancipación del joven adulto
2. Matrimonio –o convivencia en pareja– y sus consecuencias
3. Nacimiento de los hijos
4. La familia con hijos en medio del camino.
5. El llamado nido vacío versus el nido repleto
6. Retiro de la vida activa y la vejez
7. La memoria post mortum

1. El galanteo

Es la forma de llamarle a ese ciclo en que el joven adulto comienza a generar una relación de pareja. Posiblemente, se irá de la casa o en la sociedad se está dando el fenómeno de hijos que traen a sus parejas a vivir en la casa de sus padres. A este fenómeno se le llama nido repleto o nido saturado.

2. Matrimonio o unión libre

Para el caso es lo mismo, es una pareja comprometida con compartir su pan y su destino. A veces hasta que la muerte los separe y otras hasta que alguno decida otra cosa.

El comienzo y desarrollo de este ciclo conlleva el ponerse de acuerdo en muchos aspectos. Saber cómo se relacionarán con sus familias de origen. Se negociarán aspectos como manejo de dinero, gustos, intereses, tiempo, cuándo tener hijos, qué cantidad de muchachos se desea o conviene.

Es en esa etapa donde surge la tensión entre familia de origen y familia formándose. La forma en que se logre romper el cordón umbilical con la dependencia familiar matriz así será la calidad de esa relación. Esta es la gran tarea, formar una nueva unidad que no depende del nido anterior.

En esa dialéctica por resolver reside uno de los nudos principales por resolver en este ciclo tan importante para el futuro. Se pasa de una relación de adolescencia familiar a la familia adulta. Algunos no lo logran por supuesto. Son esas familias inmaduras que siempre están pegadas en todo a la familia de origen.

La nueva familia adulta, se relacionará con sus padres de una forma independiente y a la vez solidaria, pero no dependiente emocional ni económicamente.

3. Nacimiento de hijos

El cuento de que los hijos traen el pan debajo del brazo sería más real si se dijera que traen un paquete de tensiones como aporte a la maduración de esa pareja.

Todo tendrá que reacomodarse de la mejor forma posible, o de la peor, dependerá de un conjunto de variables que se tendrán que manejar y de eventualidades aleatorias.

4. La familia con hijos en el ínterin

El medio más común de sustentación es el laboral, vital para una familia que está criando hijos. Considerando lo anterior se puede decir que el núcleo de tensión gira alrededor de ese factor económico, el cual afectará de manera significativa la autoestima de cada uno de los miembros.

Un padre que ha perdido su empleo sufrirá doblemente, primero por la falta de recursos y, en segundo lugar, tan doloroso o más que el primer aspecto, es el sentirse inadecuado, el verse despojado de su dignidad de proveedor.

Ese período es como estar a la mitad del desierto, donde puede haber oasis, pero mucha sofocación, miedo, ansiedad, incertidumbre, decepciones, desilusiones. Algunas veces se arrastra la frustración de no haber podido concluir una carrera, otras veces el no poder alcanzar el sueño de su vida.

Toda esta frustración es casi normal, pero la forma de gestionarla marcará la diferencia. Puede ser tan diferente, como el caso del padre de familia que, a partir de su fracaso, saca fuerzas como el búfalo y se extiende como un águila a pesar de todo. El ave fénix es un prototipo de héroe capaz de sobrevivir a este largo período y salir victorioso.

5. Ciclo del nido vacío

Los hijos se van y con ellos todas las cargas del pasado intermedio, dejando en el ambiente una gran nostalgia, un duelo sin resolver y una sensación de soledad compartida.

Es un tiempo de despedida y de futuras bienvenidas. Generalmente, durante esta etapa mueren los padres de la pareja, agudizándose el nido. La ausencia de la abuela que partió, del abuelo, que cumplían una función excelente para darle coherencia, historia, reposo y un sentido de atemporalidad a las tensiones del día a día, ya nada de eso está.

La pareja comienza a reinventarse, hasta que aparecen los nietos.

Una nueva etapa en donde los roles se transforman y se convierten en lo que antes eran sus propios padres, en fuentes de compensación para las nuevas generaciones.

Tiempo en que hay placer y cansancio. Nos gustan los nietos, pero no tanto tiempo ni asumir tantas responsabilidades para la edad.

Es un tiempo de buscar una forma de entretenimiento con personas de su misma edad y compartir recuerdos y nuevas actividades.

Pero, muchas veces, todavía hay que salir a trabajar, sobre todo en los países más pobres, donde la gente no se jubila o lo hace muy tarde.

6. *Retiro de la vida activa, la verdadera vejez*

Es un tiempo de enfrentar varias tensiones. El sentimiento de no servir para lo que antes era útil. El problema de tener demasiado tiempo libre y el no ser solicitado.

Se trata de un tiempo en el que las enfermedades salen de sus escondites y atacan fuertemente.

La familia se verá enfrentada a qué hacer con los ancianos, si asimilarlos a su hogar o ingresarlos en un sitio propio para personas de esa edad.

Es un tiempo en que el duelo visitará a uno de los dos ancianos, dejando al otro en un vacío y depresión que tendrá que tratar para seguir adelante en la recta final que le queda.

Es un tiempo en que la iglesia juega un papel muy importante, porque es la única que puede ofrecer una solución profunda y trascendente.

7. La memoria después de la muerte

Las familias pasan por este ciclo muy importante de celebrar y revivir las cosas significativas de sus abuelos y padres ya fallecidos.

Las personas continuarán en forma simbólica, sólida, a través de lo que Byun Chull Han, llama ***las no cosas***, aquellos retratos que no son simples imágenes sino íconos de la tradición familiar. Aquel gesto, mirada, presencia, olor, sensación que ha quedado en el ambiente, como si fuera un perfume, un aroma de la esencia familiar.

Se comienzan a notar características de los nietos y bisnietos que denuncian la presencia de esos ancestros, de esos seres amados y guardados en el corazón.

También pueden surgir recuerdos negativos, resentimientos, cosas sin resolver, que son necesarias procesar, asimilar, perdonar y gestionar para que esos muertos no se conviertan en fantasmas generadores de sentimientos negativos.

II. Comprendiendo el valor de saberse comunicar

Cuando se habla de pareja, familia, matrimonio, la palabra comunicación va a aparecer de muchas formas. El menú con este asunto es repetitivo. Por ello en esta obra, vas a encontrar varias veces, el dicho de que sin comunicación no habrá una buena gestión.

La comunicación es una especie de panacea para resolver infinita cantidad de asuntos en esta vida. Nos referimos a una buena y productiva comunicación.

Los conflictos nos pueden hacer crecer.

El profesor Savage siempre repetía en sus clases sobre Pareja, que no nos casamos para ser felices, porque el matrimonio no da felicidad, sino todo lo contrario. Pero, si sabemos gestionar la comunicación y otros factores, creceremos y al crecer seremos más felices.

Hemos venido repitiendo esa enseñanza por largos años y la queremos dejar plasmada en esta obra sobre la familia.

Pues bien, para crecer hay que aprender a comunicarse. No solo decimos que tenemos que comunicarnos bien, sino que es algo que debe aprenderse.

Hay que ingresar a cursos sobre comunicación, su importancia y sus estrategias. Algunos lo han tenido que aprender a golpes. Pero, sin esa virtud, o herramienta, –como quiera que le digamos– no habrá desarrollo saludable.

Y aunque parezca una palabra demasiado mercantil la que vamos a pronunciar, *es ella la que nos dará la clave para salir adelante, esta es la palabra clave: negociación.* Aprender a negociar es útil hasta para ir a la tienda. En todo lugar donde haya diferencias, intereses, gustos, personalidades, puntos de vista, será necesaria la negociación. Ella es parte de la ciencia de saberse comunicar asertivamente como le llaman algunos.

Saber negociar abre puertas para la vida y para la familia, enriquece a la pareja y deja un buen legado a los hijos.

La negociación no es una competencia donde uno gana y el otro pierde. Por ello hay que conocer los modelos de la misma y escoger el que siempre es y ha sido el mejor.

Modelos de negociación

Clásicamente, hay varios modelos de negociación:

1. El mejor modelo. Ganar/Ganar. Se da cuando la gente deja a un lado su inmadurez y se propone ser inteligente.

Vale la pena aprovechar las compatibilidades para ser usadas en beneficio de los objetivos comunes. Si la familia gana, yo gano. Si mi pareja gana, yo gano. Podemos decir sin sonrojarnos que este modelo nos ha traído grandes beneficios en más de treinta y cinco años de vida en pareja y en familia. Ganar/Ganar se va aprendiendo, para eso las incompatibilidades deben ser limitadas con la tolerancia, ya hablamos de ello y con la empatía, es decir ser compasivo con el otro poniéndose en su lugar.

2. Ganar/Perder o Perder/Ganar, son lo mismo, es la relación donde el otro se convierte en un contrincante y no en un socio. La familia es una empresa donde los socios mayoritarios son la pareja. Si se compite se debilita. Si se unen lograrán grandes cosas.

3. Perder/Perder. En muchas parejas esto se llama divorcio. Los dos pierden todo. También en situaciones donde ninguno gana y prefieren ambos perder. No es lo mejor, aunque a veces podría ser la última salida. A veces se toma esa decisión como el menos malo de los males, o el llamado mal menor.

Esta clasificación también es usada en las negociaciones económicas y en otras áreas de la vida social. La hemos aplicado y ajustado al tema de la pareja y de la familia porque es bien gráfico y aleccionador.

Por supuesto no siempre todos ganan, pero ese es el modelo que debemos escoger como paradigma exitoso y no otros. Por supuesto que perder o ceder a veces es ganar.

Comunicarse bien es aprender a negociar, pero también a escuchar. Y de esa forma todos salimos ganando. Ganar/Ganar.

Los diez mandamientos del saber escuchar

La interesante escritora Estefanía Simón, nos propone un itinerario de 10 puntos para aprender a escuchar. Sin la práctica de estos ejercicios la comunicación de la que tanto hemos hablado sería deficiente. Por eso, te recomendamos junto con la Lic. Simón que para una buena escucha:

1. Deja tiempo para que el otro se explique.
2. Haz preguntas sobre el tema.
3. Sigue el ritmo de la conversación.
4. Mantenga el contacto visual.
5. Asiente con la cabeza de vez en cuando.
6. No cortes a la otra persona con gestos, palabras o miradas.
7. Reformula la pregunta si no te has enterado bien de lo que se trata.
8. Interésate por aspectos de su vida.
9. Averigua cuál es su propósito.
10. Si te aburres, auto anímate, nunca desanimes al que está relatando algo significativo para él.

Estos señalamientos son tan fáciles de comprender que lo único que debemos hacer es ponerlos en práctica.

No debemos pensar que esto no funciona dentro de la familia. Claro que sí puede ser útil y aplicable. Lo que se requiere es un compromiso para practicarlo de parte de ambos principalmente. Y si el otro no quiere hacerlo, comenzaremos nosotros y veremos los grandes resultados para el sistema familiar en general.

El saber escuchar es el 50 % de la comunicación. Haga silencio, escuche a su pareja.

Hablar bien

Tenemos que aprender a hablar bien. Hay una excelente filóloga española llamada Elia Tabuenca, ella en un artículo *Cómo hablar con mi pareja de nuestra relación*, que aparece en la Revista UnComo, escribe una interesante lista de puntos que debemos tomar en cuenta a la hora de hablar con nuestra pareja

1. Piensa en tus sentimientos y organízalos racionalmente.
2. Haz un esquema de los temas que quieres abordar.
3. Busca un lugar tranquilo externo a vuestra casa.
4. Explícate con claridad y con un tono cariñoso.
5. Respeta el turno de palabras.
6. Sé resolutivo.

Obviamente que se trata de una programación para hablar con sabiduría sobre temas que giran alrededor de ciertos conflictos o problemáticas que la pareja requiere hablarlas.

Aclarar los sentimientos y pensamientos es básico, no podemos hablar teniendo una gran confusión de ideas y sentimientos chocando.

Antes de abordar algo, retírate y a solas organízate. Por ello, la filóloga y escritora propone hacer un bosquejo. A veces esto es muy necesario para que prime la inteligencia y no la emocionalidad descontrolada.

Un esquema hace que nuestro cerebro sea selectivo y eficiente en lo que quiere expresar.

Hay que aprenderse el guion.

La espontaneidad no siempre es positiva en la comunicación. A veces es necesaria y hermosa, pero puede ser peligrosa en ciertos casos, porque abre el escenario a posibles desórdenes emocionales cuando en realidad lo que deseamos es tener una claridad que nos ayude a resolver determinadas circunstancias.

El lugar debe ser adecuado, no podemos hablar estando en una discoteca o en una sala sucia.

Al hablar, pronuncia bien las palabras, que no quede duda de la idea que quieres expresar y hazlo con respeto y cariño. Nunca con agresividad ni ofensas. Cada persona debe tener su turno. La comunicación tipo gallinero donde todos hablan y alzan la voz al mismo tiempo, se llama discusión acalorada, no comunicación. Y las discusiones de ese tipo hay que evitarlas porque causan más daño que bien. Podemos decir lo que sentimos sin necesidad de herir a nadie.

No se dice "Me has decepcionado". Se dice "Me siento decepcionado". En la primera frase se está culpando al otro de lo que yo siento. Y lo que yo siento es mi sentimiento, es mi reacción. Puedo reaccionar de muchas formas frente a las acciones de la otra persona. Yo decido como sentirme.

Lo que pasa es que hemos tenido la falsa creencia de que las situaciones definen nuestros sentimientos.

No es correcta esa idea. Lo que uno sienta es responsabilidad de uno mismo.

No se dice "Me irritas", sino "Ahora me siento mal". Nadie es culpable de mi irritación. Una persona puede ser una fuente para mi irritación, pero yo pueblo bloquearla, neutralizarla, gestionarla.

Las emociones deben ser gestionadas por la parte racional de mi cerebro.

No se dice "Eres un inútil". Se dice "Haces cosas que no me gustan". El punto estará en las acciones y no en la persona.

Eso evita falacias y sesgos que no ayudarán a encontrar una salida comunicacional y racional.

No se dice "No se puede hablar contigo". Se dice "Me cuesta entenderte". Son dos cosas muy diferentes. La primera frase le echa la culpa al otro de mi propia incapacidad. La segunda es más exacta, soy yo quien no he podido entenderte.

No se dice "¿Me entiendes? Se dice, "¿logro explicarme?" Es mi deber explicarme bien. No que el otro tenga que entender mi bulla y mis dislates, o mi conversación sin esquema ni lógica.

Finalmente, se deben llevar soluciones posibles, bien pensadas, con sabiduría, razonamiento y desalojadas de ira, celos, contienda, disensiones y egoísmos. Soluciones que respeten la dignidad, la libertad y la buena compostura en todo momento.

La agenda fuenmayor

Podemos finalizar este apartado diciendo que la pareja tiene una agenda de 15 demandas o tareas por delante, según Valeria Fuenmayor:

1. Las ambiciones laborales
2. Conversar sobre economía familiar
3. El tema de hijos e hijas
4. Sobre vida sexual
5. Los valores
6. Suegros/as
7. Las fechas especiales
8. Tareas domésticas
9. Vida social
10. Hábitos de pareja
11. Lo que es negociable y lo que no
12. Mascotas
13. Manejo de dificultades

14. Uso de la tecnología
15. Tiempo de calidad

Haciendo teología

El enfoque bíblico y teológico que podamos darle a cada uno de esos puntos son fundamentales para una Pastoral práctica de la pareja.

Nuestra sugerencia es tomar cada uno de esos puntos que señala esta periodista antioqueña y trabajarlo desde la reflexión teológica hasta la formulación de una propuesta práctica aplicable. Esa sería una excelente tarea para los estudiantes de la asignatura Consejería Familiar. Vamos a regalarles un ejemplo de ese ejercicio desarrollando una teología alrededor del punto 12 de dicha agenda.

El de las mascotas familiares.

Teología de las mascotas familiares

Vamos a meternos en un tema que podría ser de mucha discusión hasta de entretenimiento familiar, pero que está cobrando sentido, la llamada Teología de la Liberación Animal.

Tiene sus aspectos interesantes y consistente con la teología de la creación. Quizá sea un tema para el capítulo primero donde concentramos lo teológico, pero como este libro extiende su teología de forma transversal entonces podemos hacerlo con la libertad que siempre nos ha caracterizado.

Nosotros, en nuestro hogar tenemos tres mascotas, dos gatas y una perra que parece de raza chihuahua. Ese es un tema importante porque afecta toda la dinámica de la casa y en especial la vida de un modesto apartamento de ciudad.

Siguiendo el método propuesto, podemos reflexionar desde la Biblia y la fe, el sentido teológico y existencial que puedan tener unos animales domésticos para una familia, en este caso cristiana y pastoral. Pero, en general para toda familia.

Puede ser el tema de todo un libro, *Teología desde la realidad del animal doméstico* por si acaso no nos gusta el de liberación por asociación a los movimientos políticos.

Vamos a dar ese primer paso, a manera de ejemplo. ¿Y por qué darlo dentro de una familia que profesa una fe cristiana?

Muy sencillo de entenderlo, en la familia cristiana todo debe tener un enfoque de fe. Todo, debe ser objeto de teología práctica.

Lo es, un tema a considerar –refiriéndonos a la importancia de encontrarle un sentido teológico– porque la vida de la fe debe incluirlo todo.

No puede haber un aspecto en la vida de un creyente, y en el caso de la familia cristiana, de lo cual no se pueda dar razón fidedigna, es decir, una interpretación coherente con los elementos esenciales de la creencia, que impregna los poros de toda interacción y acción, situación, persona, animal o cosa que esté dentro de ese contexto.

Todo lo que respire y lo que no respire tiene que darle la gloria al Dios soberano, tema muy destacado en la teología protestante.

Sergio Quinzio, un teólogo, y exégeta bíblico italiano, uno de los más "sui generis" del siglo XX dijo "Mira a los ojos de un perro que muere, y avergüénzate de tu filosofía".

Producir una teología desde la animalidad pretendería algo muy afín con la teología de la creación hemos dicho , ya que se trata de "reflexionar sobre una relación renovada entre el ser humano y el resto del mundo animal tal y como lo enseñara Federico Battistutta en su ensayo sobre Teología de la Liberación animal. *Piacenza, Italia. Publicado en Adista, 44(22/12/2018), 10–13, Roma.*

Siguiendo su razonamiento esta teología de la liberación animal vendría a ser un tratar de ubicarse –en el plano del discurso– dentro de un proyecto de liberación integral capaz de incluir incluso animales no humanos.

En otras palabras, el hombre se ha vuelto un enemigo para sus compañeros vivos más inmediatos, los animales.

La crueldad hacia los mismos es innegable. Los grupos a favor del buen trato animal, algo han logrado, pero la condición lamentable en que deambulan muchos de estos hermanos como les llamaba el dominico Martín de Porres, el santo de los hermanos ratones, es muy lamentable.

Las formas todavía salvajes de matar animales para ser consumidos es un clamor que debe llegar hasta los oídos de Dios.

Dios puede actuar, pero siguiendo su orden espera que su lugarteniente, el ser humano, lo haga o por lo menos diga algo, proteste o proponga.

Así también han surgido leyes de protección animal. Su cumplimiento sigue siendo deficiente.

El tener lo que le llamamos mascotas, es decir animales susceptibles de domesticación es un testimonio de amor.

Los pasajes del Génesis en los que se dice: "Sean fecundos y multiplíquense, llenen la tierra; sométanla y dominen sobre los peces del mar y sobre las aves del cielo, y sobre cada ser vivo que se arrastra por la tierra" (Génesis 1:28), nos obligan a interpretarlos de una forma ética y a favor de la creación. Esa invitación a ser mayordomo no implica el ser un dictador y maltratador de animales.

Por razones de conveniencia y ganancias de los sistemas económicos que no contemplan la ética, los animales como los esclavos, han tenido que pagar una gran cuota histórica de sufrimiento, justificado en ambos casos por pasajes bíblicos mal utilizados.

En 1994 el teólogo anglicano Andrew Linzey, desarrolla una vigorosa teología sobre la animalidad y la responsabilidad cristiana hacia el sostenimiento y protección de los más débiles, profundizando argumentos muy poderosos del por qué los animales son parte del mundo frágil que debemos conservar, cuidar y aprender a relacionarnos con ellos. Este teólogo propone un modelo basado en lo que él llama paradigma de generosidad.

El paradigma de la generosidad

Este, opina el filósofo Daniel A. Dombrowski, debería ser un paradigma adoptado por todos los cristianos como fundamental en su quehacer ético y teológico. Pensamos que tiene toda la razón.

Aunque la perspectiva de Linzey es de corte vegetariano, sus propuestas pueden ser aceptadas por creyentes, independientemente de su tipo de dieta.

El punto a destacar es la necesidad de romper el paradigma de la simple utilidad que facilita el acceso a la crueldad.

El paradigma de la generosidad debe reconocer el aporte de los animales al consumo de las proteínas que se toman de ellos y dicho reconocimiento debe producir un segundo paradigma, el de *la gratitud*.

Si hay gratitud se encontrarán mejores maneras de tratar y hasta de usar a estos seres aptos para el consumo según la cultura nutricional occidental.

También nos llevará a inventar nuevas variedades de plantas y vegetales capaces de ser potencializados en su calidad proteica e ir abandonando el recurso de la matanza animal movida por un comercialismo voraz y salvaje.

Volviendo a nuestras mascotas, obviamente no son para consumo, pero son animales que representan a su reino.

Por lo tanto, merecen respeto y cariño, como señal del Reino de Dios.

Ese respeto debe reflejarse en su alimentación, salud, recreación y no ofensa a su instinto y calidad animal.

En ese sentido, humanizar a una mascota es faltarle el respeto. El perrito de la casa no necesita calzoncillos, ni zapatos, ni que se le esté cargando y besando. Eso es propio para un niño. El animal se siente incómodo con todo eso, lo dicen los especialistas.

Ellos tienen sus propios genes e información para resolver las cosas de diferente manera que el humano, conocer por ejemplo a su perro, implicará que usted nunca le dará de comer chocolate, porque esto podría matarlo, nunca le pondría camisa ni corbata para congraciarse, no lo obligaría a comer del biscocho o pastel de bodas porque esto le enfermaría, jamás lo obligaría a bailar porque eso distorsiona sus extremidades y lo condiciona a una acción que el instinto animal no le encuentra encaje, provienen de una genética depredadora, cazadora, buscador de resolución de problemas.

Mucho podríamos aprender de ellos si no los consideráramos como seres estúpidos que hay que tratar como si fueran bebés recién nacidos.

Todo esto es parte de una comprensión teológica en cuanto que la grandeza de la creación que refleja al creador está presente en la mascota.

El gran problema, dice Pablo, es convertir a la criatura en creador y darle gloria y honra. Eso hacen muchos, convierten a sus mascotas en dioses. Ellos reflejan al creador dentro de su especificidad no en cuanto a humanidad. El primer "ser viviente" de Apoc. 4:7 aparece con rostro de un león. El término "león" solo aparece en Apocalipsis en alusiones a: Cristo (5:5); una semejanza con los dientes de las langostas en la quinta trompeta (9:8); semejanza con la cabeza de los caballos de la sexta trompeta (9:17); semejanza de la voz del ángel con el librito (10:3); semejanza de la boca de la primera bestia (13:2).

El segundo "ser viviente" es descripto en Apoc. 4:7, como "toro" o "becerro", y se dice que actúa en ocasión de la apertura del segundo sello (6:3). El tercer "ser viviente". Además de la descripción de su aspecto en Apoc. 4:7, como "rostro de hombre", o sea el ser humano que también tiene su huella animal. Incluso hay personas parecidas a un león y algunas a un águila.

El cuarto "ser viviente" aparece descrito como ἀετῷ πετομένῳ, "un águila en vuelo (alto)" o "un águila volando". Preferimos usar la primera traducción porque incluye la naturaleza del águila, volar alto.

En otras palabras, tener mascotas es contar de alguna forma con una señal de lo sobrenatural y esto está fundamentado en la Palabra como ya lo hemos dicho.

El redactor humano y el Espíritu Santo expresaron esas realidades animales –que impactaron al profeta Isaías–, incluidas en las características de los serafines. "Por encima de Él había serafines; cada uno tenía seis alas: con dos cubrían sus rostros, con dos cubrían sus pies y con dos volaban. Isaías 6:2

Podemos ver una correlación teológica entre el mundo espiritual y la imagen animal. Así como el hombre tiene una imagen y semejanza con Dios. Los seres celestiales la tienen con el mundo animal en sus formas y en sus *"instintos espirituales"* que desconocemos a profundidad.

Una mascota es una responsabilidad familiar

Una mascota requiere, visitas al médico veterinario, baño, recogerle sus excretas, cortarle las uñas, cepillar periódicamente su dentadura y muchas otras cosas que en algunos momentos demandan tiempo, dinero y esfuerzo.

Esto podría ser fuente de tensiones.

Por esa razón, ese es un tema de conversación previa, dentro del proceso de adquisición y las decisiones posteriores que puedan surgir, como darlo en adopción, acompañamiento en su enfermedad o realizarle su despedida , durmiéndolo, como se le dice eufemísticamente a la eutanasia animal.

En nuestra experiencia, las mascotas han traído bendición a nuestro hogar, cumplen funciones emocionales y de acompañamiento muy especial.

Testimonio personal

Hace unas cuantas semana atrás, sufrí un infarto y ese evento me sucedió mientras hacía una larga caminata acompañado de mi perra Luky. Caminé siete kilómetros, cosa que no suelo hacer, en el trayecto cayó mucha lluvia y no teníamos donde meternos y tuvimos que continuar el trayecto, pero fui sorprendido por un dolor en el pecho y una falta de fuerza. La perra está acostumbrada a caminar detrás de mí con una correa que yo comando. Cuando comencé a sentir el golpe de la opresión del corazón y el dolor, la perra se puso delante de mí, dejando de caminar detrás y comenzó a halar la correa con una mayor fuerza hasta que logramos llegar al punto en que ya pude encontrar ayuda.

Gracias a Dios continuamos con vida, después de un cateterismo y la implementación de unos dispositivos para mantener las arterias fluyendo.

Estuvimos varios días en la Unidad de Cuidados Intensivos del Hospital cardiológico y por la gracia de Dios regresamos al dulce hogar. Al entrar a nuestra casa, la primera que vino a recibirnos con una serie de rituales fue Luky. Su danza circular fue toda una celebración de victoria en la cual ella participó muy activamente en la primera fase de ayudarnos a llegar hasta el lugar de auxilio. Ahora estaba alegre y juguetona.

Damos gracias a Dios por esas muestras de amor incluso a través de una dulce mascota.

Las gatas son por su parte indiferentes, no celebraron demasiado nuestra llegada, los felinos son así, de pocas emociones, parece que su cerebro límbico no se desarrolló tanto como en otros mamíferos, quizá también Dios nos enseña a través de ellos un lado también importante de la vida. El saber que las cosas deben seguir su curso y que aprendamos a vivir con menos estrés y no desbordando tanta emocionalidad. De todo se aprende, hasta de los gatos.

Solamente hemos querido tomar uno de esos 15 temas como un ejercicio teológico que nos lleve a una práctica sana en cada uno de dichos aspectos.

Insistimos en recomendarles, tomar cada uno de esos quince puntos y conversarlo con su pareja, con su familia, con el consejero o con su amigo y establecer una reflexión de sabor bíblico sobre cada uno de dichos aspectos. Será de mucho provecho. Por ejemplo, el uso de la tecnología puede ser un tema para un debate familiar donde todos opinen y se edifiquen sobre los beneficios y prejuicios alrededor de esta.

Capítulo VI

La relación padres e hijos

Todo tipo de relación pasa por los conflictos, de eso se trata, de gestionar estas situaciones para poder seguir adelante, logrando las metas y agendas vitales.

En esta dinámica entre padres e hijos, se darán situaciones en el marco de cada etapa de la vida de la pareja en relación a esas terceras personas que ingresarán en el marco de la vida familiar, comenzando desde su gestación.

1. Primer episodio, durante el embarazo

Usualmente los padres comienzan su historia de relación con sus hijos desde que estos están por nacer. Se habla simbólicamente con ellos, se hacen planes sobre su llegada, se invierte emocional y materialmente en ellos, aunque todavía están en la barriga materna.

Todos los ajustes alimentarios y de costumbres que hace la madre es parte de la relación con el hijo que lleva dentro.

2. Segundo episodio desde su nacimiento y los años de su apego básico

Todo ser humano desde que nace requiere atención y con ello se establece lo que se llama el apego. Este es un arma de doble filo. Sin apego hay problema. Pero si el apego no es adecuado también habrá muchos problemas.

Las relaciones de padre e hijo penderán de este eje, el apego.

Mary Ainsw,(fue una destacada psicoanalista estadounidense) que distinguió tres tipos de apego dependiendo de la calidad de la relación afectiva después de haber separado por un tiempo a la madre de su crío.

a. El apego de evitación: El niño/a evita a su madre cuando se reúne con ella después de la separación y tiende a tratar igual o mejor a una extraña.

b. El apego seguro: Cuando el niño tiende a reunirse con la madre

c. El apego ambivalente: Cuando después de la separación, muestran reacciones ambivalentes de aproximación como de rechazo.

3. Tercer Episodio, la llegada de uno nuevo

La aparición de un hermanito traerá sus crisis de celos y de reacomodamiento familiar, se crearán nuevos conflictos. La forma adecuada de integración traerá beneficio a todos.

A los padres los hace tener mayor experiencia y saber establecer de mejor manera sus agendas de atención, tanto a los hijos como a los demás aspectos que conlleva la vida familiar y social.

A los hijos los librará de las secuelas de ser hijos únicos, los socializará, y los ayudará a tener una mejor identidad como parte de un colectivo.

Dos problemas para resolver en la interacción del hijo que estaba ocupando el trono y el nuevo que viene a competir por el mismo.

Los celos, propios del hijo mayor, y la mentira propia del hijo menor. Son dos asuntos por trabajar.

La única forma de resolver esto es estableciendo normas y límites definidos. Los niños tienen esa tendencia a adaptarse y a asumir las reglas si se les enseña desde temprano.

4. Cuarto Episodio La escolaridad

La escolaridad rompe con el ciclo anterior de pre-escolaridad familiar donde el niño aprende solo en la familia. Ahora entra en relación con otros, que provienen de diversos sitios y que generarán situaciones en la relación padres e hijos.

La escuela, los maestros, los conflictos del hijo con estos y con sus compañeros, las interacciones, los procesos, todo esto es un enorme paquete para lo que quizá no estaban preparados los progenitores.

La escuela para padres, que últimamente ha surgido en la sociedad moderna, es un buen recurso para capacitarse a los fines de solventar esta conflictividad.

5. Quinto Episodio Los Temas de Sexualidad

Mientras el niño estuvo en su periodo de latencia, parecía un ángel sin sexo. Pero de repente surge esa fuerza abrazadora. El niño pasa a una etapa en que descubre que él es una persona con impulsos desconocidos, que lo tensan y lo gratifican. No sabe todavía el significado de la sexualidad y está descubriendo la orientación que se le ha venido formando y que continuará desarrollándose.

Esta situación no ha comenzado en ese momento, ya tenía su base previa. La construcción de la identidad sexual y de los roles de su **género** biológico no elegible, comienza a construirse a los tres años, y será basándose en los estereotipos que les ofrece la propia sociedad y la familia.

La construcción de esa identidad junto a la explosión hormonal propio de la pubertad formará un nudo de conflictividad por resolver. La mejor manera es crear un ambiente de diálogo abierto, sin tabúes ni prejuicios de ningún tipo, sin legalismos, fanatismos ni imposiciones descontextualizadas. Sabiduría y paciencia son ingredientes muy importantes para no desesperarse frente a esas etapas llenas de incertidumbre, fuerza descontrolada, emociones y falta de racionalidad prefrontal.

Hay tres aspectos que intervienen en el resultado que se obtenga de ese proceso de resolución de problemas con el hijo durante su escolaridad y de expresión de su sexualidad.

1. Grado de control: Este es el nivel de disciplina, capacidad de conducción y de dirección por parte de los padres. Podría estar equilibrado o desequilibrado. Un exceso de libertad o un exceso de control podría ser muy perjudicial. Solo con el tiempo se aprende a manejar bicicleta y guardar el equilibrio. Así es el ejercicio de controles, tan necesarios en esas etapas.

2. Comunicación padres/hijos: Saber explicar las normas hará que los hijos se sientan respetados y a la vez más seguros.

3. Exigencias de madurez: A veces las expectativas son demasiado altas. Y otras veces no se cuenta con la presión debida para que se produzca una maduración. Lo más sabio siempre es pensar y revisar el equilibrio entre capacidad real y desafíos. Sin desafíos no habrá maduración. Con demasiados desafíos desproporcionados, habrá mucha frustración y hasta trauma.

4. Grado afectivo en la relación: El grado de afecto involucrado en los procesos de control, exigencia, disciplina, educación y adjudicación de responsabilidades viene a ser como la gasolina para un auto. Sin amor no hay energía positiva que garantice un buen desarrollo y fuerza en el cumplimiento de las tareas de crecimiento integral del muchacho.

El ingrediente del amor hace más posible la resolución de conflictos. La forma en que se gestionen estos procesos dará como resultado uno de estos cuatro modelos o la mezcla entre ellos:

1. Autoritario: Mucho control y poco afecto. Mucho control y poca creatividad.

2. Permisivo: Bajo control y mucho desorden de personalidad e inseguridad.

3. Democrático: Control equilibrado y un producto más asimilable y exitoso en la sociedad. La democracia no es eliminación de la autoridad. Eso sería anarquismo.

6. La adolescencia y la juventud

Estas etapas están llenas de realidades y de mitos. Decir adolescencia pone nervioso a cualquier padre, pero esta etapa está llena de grandes satisfacciones, interesantes experimentos, aprendizajes, dolores de cabeza y resiliencia. Veamos sus temas y conflictividades en este cuadro.

TEMAS	CONFLICTIVIDAD
Tareas de la casa	No todos reaccionan igual, pero a todos debe tocarles
Tiempo de estudio y notas	No todos obtendrán los mismos resultados en sus calificaciones, pero todos deben cumplir con ciertos estándares definidos
Hora de regreso a casa	No todos tienen la misma capacidad de sujetarse, pero todos deben tener consecuencias si no cumplen con lo establecido
En qué gasta el dinero	Sin un criterio aprendido en la casa no solo en la teoría sino en la práctica no le puedes exigir que gaste el dinero con sabiduría.
Forma de vestirse y arreglarse	La tolerancia no debe quitar la cordura y las buenas costumbres de la familia y del entorno al que se pertenece.
Empleo del tiempo libre	Acá aprenden por lo que ven no por lo que se les diga.
Tabaco y alcohol, drogas legales	Educar es la clave, sin educación no tendrá efecto la represión.
Lugares de salida	Si no se les pide cuentas se sentirán que están libres y buscarán sentirse seguros en lugares inseguros. Así funciona.
Amigos	Los amigos deben ser elegidos, no impuestos. A veces es como sacarse la lotería.
Ligues	Todo depende de la edad. Antes del noviazgo, todo lo demás es la espuma del chocolate.
Drogas ilegales	Tolerancia 0. En caso de drogadicción, es un camino muy difícil.

Carrera o profesión	Debe conocerse la tendencia del sujeto y por ahí trabajar la elección. La misma persona irá dando señales.
Política o religión	Son decisiones que debe tomar el adulto. Mientras sea menor y no se mantenga por sí mismo, debe seguir la de sus padres. En caso de algún cambio o conversión, no debe hacerse sin el consentimiento de estos. Las iglesias deberían conversar con los padres de los menores que se conviertan a su religión.
Conducta sexual	La que establece la Palabra de Dios. Esa es la norma que recomendamos que debe de enseñarse. Posteriormente cada uno será responsable de su propia conducta.

Fórmula para tener éxito con los hijos adolescentes

Aprender de memoria esta receta y esforzarse en llevarla a cabo no falla por lo menos en un 88 % de los casos:

1. Pasar tiempo juntos, mucho y de calidad.
2. Enseñar a no interrumpir a los padres y aprender a no interrumpir a los hijos.
3. Comunicación directa y sin intermediarios.
4. Aceptar las diversas formas de ver las cosas.
5. Ser optimistas y realistas al mismo tiempo con nuestros hijos.
6. Tener una paciencia más grande que la de Job.
7. Premiar y sancionar con justicia.
8. Orar juntos y mostrar lo que Dios hace.
9. No ocultar la realidad económica del hogar.
10. Visitar a los abuelos y ancestros y mostrarlos como los verdaderos héroes, dará un sentido de lealtad a los

adolescentes al confrontarlos con sus ídolos de papel. Hay que enseñarles el principio de la honra hacia los ancianos, profesores, pastores y autoridades morales.

Relación con los hijos adultos dentro de la casa

Los hijos adultos son personas en transición, casi están por salir a realizar sus propias vidas.

Nos referimos a aquellos hijos que todavía están en proceso de formación pero que los sorprendió la mayoría de edad todavía dependiendo de sus padres y bajo su techo.

La preocupación principal debe ser, el cómo apoyarlos para que sean independientes y el núcleo de esta problemática se encuentra en el factor financiero.

El Bank of América, ofrece a sus clientes un pliego de recomendaciones que titula, 3 principios claves para padres que tienen hijos adultos que viven en casa.

Por la utilidad que representan, pasamos a compartirlos fielmente:

Principio 1: Enfóquese en la educación financiera. Enseñar a los hijos el manejo de las finanzas.

Principio 2: Establezca nuevas reglas. Ya este hijo no es un niño, debe asumir responsabilidades. Debe buscar la forma de producir dinero y aportarlo. Comprometerse a no asumir nuevas deudas y colaborar en el pago de las que tiene, sobre todo las que se han adquirido durante su carrera universitaria, si es el caso.

Hay que procurar tener un trabajo a tiempo parcial mientras se concluye el proceso de ser estudiante.

Establecer fecha de hasta cuándo y con cuánto se le apoyará.

Principio 3: Encárguese de lo suyo

"No ponga en peligro sus finanzas y su jubilación mientras ayuda a su hijo". Pagar los préstamos estudiantiles o la cuenta de teléfono de su hijo puede ser una tentación, pero hágalo solo si eso no repercute de manera negativa en sus propios planes. Si ahora hace grandes sacrificios por su hijo, usted podría enfrentarse a sus propios retos financieros durante la jubilación.

Recuerde, ambos están trabajando hacia una meta importante: la independencia financiera, en cada etapa de su vida adulta".

Tomado de https://bettermoneyhabits.bankofamerica.com/es/saving-budgeting/how-to-handle-adult-children-living-at-home

Hemos tomado esas recomendaciones tan pragmáticas porque llevan implícito el mejor consejo para ese tipo de hijos, consistente en que "la mejor forma de ayudar a un hijo es impulsarlo a ser independiente financiera y emocionalmente".

Pongamos todo lo dicho hasta acá dentro de una perspectiva pastoral, lo que nos llevará al ejercicio de tratar de presentar un Modelo de Pastoral Familiar Práctico.

Capítulo VII

Pastoral familiar

El trabajo pastoral no es solamente ganar almas para Cristo, es ganar familias, impactar sociedades e intentar transformaciones.

El profeta, desde sus proclamaciones y derramamiento de signos, aceites y sales, el pastor con sus programas, el maestro, el profesional y todo el que ha nacido de nuevo, queriendo llevar ese Reino a toda situación realiza algún tipo de trabajo pastoral.

Es un asunto de perspectiva y la nuestra es el Evangelio de Jesucristo, como paradigma transformador. Ni siquiera es la cristiandad occidental con sus fórmulas gastadas y sus iglesias vacías. Tampoco el fetichismo mágico religioso.

Estamos hablando de asumir con todas sus consecuencias, la vocación cristiana, la misma que hizo posible levantar al hombre de su condición caída a una mayor dignidad y posibilidad humana.

La historia de la iglesia como institución está llena de situaciones contradictorias, pero también repleta de mártires, de excelentes proyectos, de grandes aportes y de una esencia que viene desde el corazón de Dios.

En esa dirección valoramos la teología desde las grietas de la sociedad posmoderna, como la voz profética y la acción pastoral capaces de frenar esta avalancha y sembrar la esperanza en la línea del impacto del Espíritu Santo guiando la historia de la Salvación. *La Heilsgeschichte.*

Creemos en la sociedad del cambio que comience en el centro mismo del corazón humano, siendo transformado por Jesucristo.

No creemos en una historia que vaya hacia la nada. El nihilismo no tiene cabida en una teología contextual cristiana, pero tampoco el ilusionismo ingenuo y de pura contemplación alejada de la realidad.

Vivimos en un mundo repleto de desviaciones del plan inicial de Dios. Por ello se trata de una sociedad que necesita de una restauración en todos los *órdenes, que afecte el corazón, lo más profundo de la vida de cada persona hasta las estructuras mismas del engranaje social y cultural y social.*

Ese cambio no vendrá del simple esfuerzo humano, sino de la obra de Dios en la historia, de una transformación en donde lo evolutivo tiene que verse impactado por las intervenciones del cielo, hasta la más grande que será la Segunda Venida de Cristo, a establecer el orden mundial del propósito inicial de Dios, es decir, el cielo nuevo y de la tierra nueva.

En 2 Tesalonicenses 2:3 dice: "Nadie os engañe en ninguna manera; porque no vendrá sin que antes venga la apostasía, y se manifieste el hombre de pecado, el hijo de perdición".

"Y ahora vosotros sabéis lo que lo detiene, a fin de que a su debido tiempo se manifieste. Porque ya está en acción el misterio de la iniquidad; solo que hay quien al presente lo detiene, hasta que él a su vez sea quitado de en medio. Y entonces se manifestará aquel inicuo". (2 Tesalonicenses 2:6-8)

¿Qué es lo que lo detiene? Aunque no hay una declaración exacta de quién es ese retenedor, sí inferimos que se trata de un freno para que el mundo no sea totalmente destruido. Este frenazo es la obra del Espíritu Santo por medio de la iglesia que lucha, intercede, predica, se esfuerza por vivir la originalidad del propósito.

Nuestro trabajo y esfuerzo no es en vano, aún en medio del pecado, tanto del que opera fuera en la sociedad como el que llevamos dentro, representado en nuestra carnalidad.

Así que en esta tierra adámica tendremos siempre manifestaciones de las desviaciones del plan original de Dios. Por ejemplo, las fobias y odios contra personas o grupos que consideramos pecaminosas, no son más que disfraces para ocultar nuestra propia realidad pecaminosa.

Se debe vencer el mal con el bien, no con el odio, no con las fobias de derecha o de izquierda.

Nuestra lucha, dice el apóstol, no es contra personas sino contra principados y obviamente contra nuestra propias tendencias destructivas.

Las luchas contra las personas y no contra las ideologías y pecados estructurales, lo que nos llevará es hacia el fanatismo que nunca ha traído nada bueno a la historia y lo que hará será mutilar el plan de Dios en la familia y en la sociedad.

Es el amor el que conquistará el Reino, no la guerra criminal contra la gente.

Advertencias pastorales

Pastoralmente, nunca debemos olvidar varias cosas:
1. En primer lugar que toda persona es un ser humano como nosotros, exentos de la gracia santificadora de Dios antes de conocer a Jesucristo, excluidos por nuestros

méritos propios e incluidos por pura misericordia, predestinación y gracia.

2. Tampoco podemos obviar el hecho de que en nuestros hogares podría haber personas de todo tipo. Tíos, primos, abuelos, hermanos, hasta padres y madres con tendencias torcidas. Estas son realidades. Escuchamos una vez a un pastor fundamentalista decir que si el tuviera un hijo homosexual lo echaría de la casa. Tal vez **é**l mismo tenga tendencias dentro de sí, que requieren ser santificadas. No se puede hacer la obra de Dios tirando la gente a la calle sin tener la paciencia que Dios ha tenido. "Por la misericordia de Jehová no hemos sido consumidos, porque nunca decayeron sus misericordias. Nuevas son cada mañana; grande es tu fidelidad. Mi porción es Jehová, dijo mi alma; por tanto, en él esperaré. (Lamentaciones 3:22–33)

   "El que es paciente muestra gran discernimiento; el que es agresivo muestra mucha insensatez". (Proverbios 14:29)

   "No nos cansemos de hacer el bien, porque a su debido tiempo cosecharemos si no nos damos por vencidos". (Gálatas 6:9)

3. Siempre tener presente que por gracia somos salvos, no por méritos, que seguimos siendo pecadores con los aguijones consecuentes pinchando nuestra alma, que todo ser humano está convocado a venir a los pies de Cristo si es un elegido de Dios aún desde antes de nacer. Que como dice Pablo: "Así que, no juzguéis nada antes de tiempo, hasta que venga el Señor, el cual aclarará también lo oculto de las tinieblas, y manifestará las intenciones de los corazones; y entonces cada uno recibirá su alabanza de Dios". (I Corintios 4:5)

Aterrizando en las problemáticas concretas

¿Cuáles son los grandes problemas que están pasando las parejas, los matrimonios y las familias?

A grandes rasgos podemos decir, que están contenidos en esas grietas que afectan no solo a la sociedad en general sino a todos, a los cristianos y no cristianos. El agua se ha metido a todas las casas.

Los problemas familiares siempre han existido. Pero, el tinte actual es diferente. La forma de mirarlos también.

Esa es la actual crisis en la familia, el matrimonio, la pareja y los hijos.

No es un cliché, pero hay que orar para que Dios nos ayude con esto, porque por lo regular es en los hogares cristianos que hayamos los problemas más crudos, la incertidumbre, el temor y la falta de fe para resolverlos como Dios manda en su Palabra.

Unido a esto , un liberalismo desconcertante, o un fanatismo riguroso, unas soluciones que más tienen de brutalidad religiosa que de iluminaciones del Espíritu para aplicar con sabiduría lo que enseña la Palabra de Dios.

La no aplicación de la Escritura, o la implementación dictatorial, surten el mismo efecto, el desorden y confusión de los tiempos actuales.

El arte de ser padre o madre no es para todo el mundo y hay que aprenderlo, sin embargo, todo el mundo quiere casarse, y las iglesias están repletas de mujeres y hombres forzando una profecía que los saque de la soltería.

Esa es una tendencia normal, querer ser felices y querer perpetuar la especie.

Sin una vocación familiar, generalmente saldrá más cara "la sal que el chivo" o "el caldo que la sopa", como dice el pueblo.

Clasificación de conflictos

Según Rogelio Argüello S., terapeuta sistémico y psicoanalista, "los problemas frecuentes en una familia son: peleas entre hermanos, problemas de adolescentes, diferencia de opiniones y desacuerdos en la pareja, pérdida de la tranquilidad debido a conflictos entre padres, problemas de educación, problemas financieros, pérdida de trabajo, divorcio, adicción, enfermedad mental o física, entre otros".

Siguiendo con su reflexión, dichos conflictos pueden ser clasificados de la siguiente manera:

1. Conflictos con familia política y familiares
2. Desacuerdos respecto a problemas de dinero
3. Problemas de la adolescencia
4. Peleas entre hermanos
5. Problemas financieros
6. Divorcio e hijos
7. Adicción o alcoholismo
8. Padres abusivos
9. Padres sobreprotectores
10. Padres que discuten constantemente
11. Hijos rebeldes en contra de Dios y de la iglesia
12. Contradicciones en la formación entre los padres o en la agenda impuesta desde la escolaridad
13. Muchos más que ustedes puedan anotar y aumentar esta lista.

Tomado de la Revista virtual R&A Psicólogos, 2019, México, D.F.

Algunos psicoterapeutas, como es el caso precedente, de manera muy bien intencionada presentan recursos para ayudar a resolver estos problemas aplicando las herramientas de la psicología.

Este y otros tipos de alternativas son parte de lo que se ha venido llamando Terapia Familiar.

Y si bien es cierto que se obtienen buenos resultados dentro de esos modelos de trabajo, también lo es que en muchos casos la gente continúa buscando y termina tocando las puertas del altar de la gracia en el ámbito de una determinada iglesia, buscando la ayuda de Dios y la consejería ministerial.

Es por ello por lo que presentar modelos de trabajo pastoral es de suma utilidad.

Modelo de pastoral para la familia

La Pastoral Familiar es la acción de la iglesia de Cristo para ayudar y acompañar a la familia a cumplir con su misión de llegar a ser una pequeña comunidad de vida y amor, superando problemas y situaciones de diversa índole. Se trata de que, al abrirse la familia a la Palabra de Dios, Cristo vaya siendo el centro y motivo de su existencia y accionar en el mundo.

Conociendo el diagnóstico de la familia actual, como portadora de fracturas, reconociendo las tendencias que nos permiten visualizar un futuro muy incierto alrededor de la familia y por ende de la sociedad, el modelo de trabajo pastoral con la familia debe tener por lo menos tres aspectos fundamentales:

1. Debe ser preventivo
2. Debe ser curativo
3. Debe ser estratégico.

Características

Las características de la Pastoral de la Familia son:
1. Diferenciada. Cada aspecto debe ser tocado en un área
    específica.
2. Preventiva. Antes de que aparezcan los problemas hay
    que atacar sus raíces.
3. Emergente. Van surgiendo situaciones a las que hay
    que hacerle frente.
4. Progresiva. Es un proceso.
5. Permanente. No se termina, va en movimiento de
    espiral.

Tareas diferenciadas

1. La tarea prematrimonial.
    La base del trabajo pastoral está en la capacitación de la
    pareja dentro del noviazgo. Esto necesita un programa
    de orientación y capacitación para vivir en comunidad
    familiar.

2. La tarea post-matrimonial. Una vez realizada la boda, comienza esta fase tan importante en la que la pareja dejan ambos de ser novios y pasan ambos a ser esposos. Esto requiere todo un plan de formación para vivir en comunidad marital.

3. La tarea de capacitación para las dificultades. Nosotros tenemos más de 35 años de aprendizaje de cómo gestionar las dificultades de un hogar. Tendríamos que escribir otro libro sobre esas estrategias aprendidas para no convertir esta obra en una Suma Teológica de la Familia.

    Dicho entrenamiento puede constituir el programa a seguir en la Escuela de Gestión y resolución de problemas y conflictos.

4. La tarea de ser padres. La escuela para padres viene después de la del entrenamiento básico para la Familia. El principal centro de enseñanza son todos los patrones que tendrán consecuencias futuras.

5. Tarea de situaciones pastorales especiales tales como:
    a. Unidos de hecho
    b. Casados solo por lo civil
    c. Madres solteras
    d. Viudos/viudas
    e. Emigrantes
    f. Separados vueltos a casar
    g. Divorciados

6. La tarea de acompañamiento tanatológico y situaciones límite que requieren intervención en crisis como:
    a. Suicidios
    b. Pérdidas
    c. Defunciones

d. Enfermedades terminales

e. Tragedias y cambios bruscos de situación

f. Feminicidios

g. Asesinatos en el seno de la familia

7. Tarea del Departamento de Eventos Especiales. Esta instancia deberá ocuparse de celebraciones, como el día de la familia, cumpleaños colectivos de aniversario de bodas. Bodas colectivas.

8. Tareas para las familias de ciudadanos de oro. Las familias formadas por envejecientes. Estas requieren de un trato muy especial con una programación que los distinga, los honre, los acompañe y hasta divierta.

Instancias necesarias en una pastoral familiar

Tenemos entonces, cuatro niveles para ser gestionados dentro del marco de una organización del trabajo de la pastoral familiar. De ahí que, se necesitará una estructura que esté formada por las siguientes instancias:

1. Un asesor de pastoral familiar. Se trata de una persona, un ministro o ministra capacitado, ordenado para el ejercicio pastoral, que entienda la problemática familiar, que tenga por lo menos 20 años de vida matrimonial de testimonio y que además tenga la vocación de enseñar a otros y diseñar estrategias de trabajo.

2. Un equipo de trabajo por cada área. Estos deberán estar constituidos por personas de fe, de formación y de experiencia tales como:

a. Médicos

b. Psicólogos

c. Consejeros
d. Abogados
e. Sociólogos
f. Maestros
g. Trabajadores Sociales
h. Teólogos

Este equipo se encargará de planear y ejecutar las actividades educativas y de acompañamiento de las Escuelas de Pastoral Familiar. Este equipo tiene en sus manos la planificación y supervisión de los procesos formativos. No solo trabaja, sino que también ora intercediendo por el logro de las metas y objetivos de la evangelización, santificación y desarrollo de las parejas y familias.

3. Matrimonio Coordinador Ejecutivo. Se trata de una pareja que tiene como misión ser los líderes principales, jerárquicos, que toman las decisiones y hacen cumplir los objetivos. Son los ejemplos a seguir. Representan la autoridad en materia de procedimientos. Y se reportan al Asesor para recibir seguimiento.
4. Consejo de la pastoral familiar. Estará formado por los equipos de cada tarea ya explicados.

Pastoral de primeros auxilios para las situaciones críticas intervención en crisis

La crisis es un estado de cosas en que es inminente un cambio decisivo en un sentido o en otro". (Webster)
En las emergencias de salud lo primero que hay que hacer es aplicar los primeros auxilios al que puede fallecer.

La familia está agonizando, por supuesto que dotada de una serie de elementos incluso religiosos que le permite seguir en pie, pero en estado de emergencia. Familias de líderes conciliares, pastores, diáconos, ujieres, no son la excepción.

Tenemos 40 años de ejercer el ministerio, la consejería, el acompañamiento y sabemos de lo que estamos hablando.

Una cosa es ver la apariencia y otra la realidad.

La gran cantidad de familias fracturadas dentro del pueblo de Dios es alarmante.

La falta de intimidad marital nos asombra.

Las infidelidades de todo tipo.

La falta de interés por la familia misma, el desgano.

Los primeros auxilios, son eso mismo, primeros, o sea inmediatos, sabemos que no son la solución a los complejos problemas, pero son la intervención inmediata frente a la terrible crisis por la que está pasando la pareja y la familia en general.

Escuchamos o leemos por ahí, que se debe consultar el Manual de Primeros auxilios para salvar a una persona.

Así también debemos contar con ese manual en calidad de agentes pastorales para poder auxiliar a las parejas y a las familias que se nos cruzan en el camino o que son parte de nuestra comunidad social y de fe.

Plan de primeros auxilios espirituales

1. El botiquín

Todo botiquín debe contar con las cosas mínimas para auxiliar a alguien en situación de urgencia. Un agente de auxilio pastoral familiar debe disponer por supuesto:

a. Biblia, como manual de Dios y recurso.

b. Un Manual ministerial o ceremonial ya que a veces habrá que leer oraciones o intervenir con cierto orden.
c. Sobre todo, asegurarse de llevar a la persona del Espíritu Santo, sin el cual estaríamos todos desorientados.

2. Un protocolo

a. Orar, ya sea silenciosa o públicamente según lo indique la prudencia.
b. Escuchar, para que la persona en crisis pueda hablar, si esta puede, y desahogue parte de las emociones que pueden estarlo abrumando.
c. Preguntar para que la persona pueda ir dándole cierto orden a lo que está sucediendo.
d. Ayudar a priorizar que es lo que debe hacerse de inmediato.
e. Actuar. Se trata de un S.O.S. No de un largo programa o proceso. Se debe actuar de inmediato con lo prioritario.
f. Volver sobre otras necesidades menos prioritarias pero importantes. Y caminar hacia un plan de seguimiento.

Este protocolo debe estar sobre la base de una hoja de referencia de áreas que deben ser atendidas.

Hoja de áreas de referencia

Estas deben ser básicamente cinco:
1. Su necesidad espiritual de que Dios intervenga
2. Su necesidad emocional de poner orden a su caos
3. Su necesidad de pertenecer a algo o a alguien que sea mayor que la persona.

4. Su gran demanda de sentirse seguro
5. Su deseo de ser pastoreado durante el proceso subsiguiente

Método EEPSP, **método** basado en el acróstico de las 5 necesidades:

I.   ESPIRITUAL
II. EMOCIONAL
III. PERTENENCIA
IV. SEGURIDAD
V.   PASTOREO

Cómo aplicarlo en una crisis de pareja o de familia.

Pittman, un psiquiatra especializado en terapia familiar, que fue autor de numerosos artículos y presentaciones, afirmó que las crisis son propias del sistema familiar. Se produce una crisis cuando una tensión afecta a un sistema.

En las crisis, los límites se aflojan y permiten el ingreso del pastor, o al terapeuta.

En las crisis, las reglas y roles se confunden, las prohibiciones se vuelven un relajo. Las metas y valores se debilitan y se reviven conflictos sin resolver. Se sacan los trapos sucios del pasado y aumenta la tensión.

Si nos encontramos con una pareja que están en crisis, la ventaja es que lo confiesen o no, desean ser ayudados, por lo menos una de las partes. Esto permite el ingreso del ayudador. Muchas veces la crisis llega a un punto muy fuerte, por ejemplo, la llamada de una mujer que acaba de ser golpeada y tiene miedo de que su pareja regrese y la mate como ha dicho que lo hará.

Llega la ambulancia pastoral. Como se trata de una dama, no debe ser un caballero quien la asista, sino otra mujer, pero si no es posible dado que el varón es el consejero pastoral, entonces debe ir acompañado de su esposa o de una señora que inspire respeto por su edad. Eso inhibirá al atacante en caso de que regresara.

¿Qué hacer con esta señora?

1. Orar por ella y si es posible con ella. No importa si la persona no está en plena comunión. Acá lo importante es que la ruptura de límites permite la oración y la intervención divina.
2. Aplicar el primer paso. Escuchar todo lo que la señora quiera decir.
3. Preguntar para luego priorizar las acciones.
4. Accionar, llevar a la señora a un refugio, atender al bebé, pedir la presencia policial.

Acompañar a esta mujer hasta un refugio, brindarle ayuda legal y hasta alimentaria durante esta transición. Esto es lo prioritario.

Programar citas pastorales de seguimiento.

Teniendo en cuenta nuestro método EEPSP, hemos abordado la atención emocional inmediata, escuchándola. Hemos también atendido su subsistencia al canalizar recursos para que pueda moverse de allí lo más rápido que se pueda para evitar un feminicidio en este caso. Se le ha brindado la comunidad de fe como un soporte y apoyo que le da pertenencia. Hemos orado con ella y por ella, lo que representa un apoyo espiritual significativo. Y le hemos creado un ambiente psicológico y de acompañamiento real que le permita sentirse segura.

Esos son los recursos de un 911 de primeros auxilios espirituales, lo cual conlleva la ayuda práctica e inmediata. Decirle que vamos a orar por ella, no es atención pastoral auténtica. Por eso las comunidades de fe deben tener suficientes relaciones y hasta recursos para poder ser la mano amiga en esos momentos que una persona o familia pudieran estar pasando.

Cuatro tipos de crisis

Dichas herramientas se van perfeccionando en la medida que se vayan aplicando en los diversos tipos de crisis, tales como las cuatro categorías de crisis expuestas, desarrolladas por Pittman:

a. Desgracias inesperadas
b. Crisis de desarrollo
c. Crisis estructurales
d. Crisis de desvalimiento

Los primeros auxilios espirituales se especializan en el primer y último tipo de crisis usualmente, aunque no se puede desligar de las otras dentro de un marco más amplio de pastoral familiar. O sea, corresponden a la última P, de seguimiento pastoral.

En las crisis de desvalimiento, son parte muchas veces de la atención crítica y hasta de primeros auxilios espirituales, por ejemplo, se presentan situaciones inesperadas con un enfermo mental que viva bajo el mismo techo. Los niños, ancianos y los inválidos requieren cuidado de la familia y son vulnerables a presentar crisis inmediatas. También las personas con afecciones psiquiátricas crónicas como ya hemos mencionado.

Los primeros auxilios espirituales siempre llevarán el mismo protocolo dentro del método propuesto.

Modelo de siete pasos

Un trabajo pastoral o terapéutico posterior requerirá de otro modelo de seguimiento que por lo menos cubra 7 pasos:

i. Atención a la emergencia, que corresponde a lo ya expuesto en Primeros Auxilios Espirituales.
ii. Foco de atención en la familia. No en la crisis misma.
iii. Definición del problema. Descubrir el núcleo de conflicto familiar que opera en ese sistema
iv. Experimentar soluciones. La búsqueda y aplicación de soluciones debe ser algo asumido por los involucrados, se requiere de un compromiso sin el cual no habrá cambios.
v. Vencer las resistencias a la negociación ya que sin esta tampoco se podrá avanzar a mejores situaciones.
vi. Aplicación de una Espiritualidad Familiar dirigida para garantizar la presencia del Espíritu Santo obrando en esa familia.
vii. Terminación de la crisis hasta nuevo aviso. Llega un momento en que los encuentros serán cada vez más alargados en la medida que esta pareja y familia vaya tomando el control de su sistema.

Este tema del seguimiento es vital en la búsqueda de resultados dentro de una Pastoral Familiar integral.

Hay situaciones como las pérdidas, que por su importancia, requieren de un capítulo para poderlas integrar dentro de un modelo de trabajo llamado *Tanatología ministerial familiar.*

Capítulo VIII

Tanatología ministerial familiar
el tema de la muerte

Comencemos con el devocional que publicamos el 1 de agosto de 2022, como tema de meditación. Te recomendamos adquirir nuestro libro de reflexiones llamado UN DIA A LA VEZ, agotado pero conseguible si lo solicita vía internet a través de Amazon.

Luego de esta reflexión analizaremos qué es la tanatología y cómo aplicarla ministerialmente a los procesos familiares.

La ideología fatalista es el peor enemigo

"Así que, si el hijo los libera, serán ustedes verdaderamente libres". (Juan 8:36)

Nadie quiere morir, todos se apegan a esto y a aquello, gritamos cuando nos quitan, nos arrancan algo, hasta una ilusión. ¿Pero somos libres?

Libres en el sentido más profundo de la palabra.

Libertad es comprender algo en su esencia misma, no en lo que creemos acerca de eso o de aquello.

No queremos dejar este mundo, ¿pero vale la pena?

Contradicción, fragmentaciones, odios, intrigas, todo lo que la misma farándula que despreciamos representa.

Hemos identificado a este mundo con la vida misma y no necesariamente es así.

Nos hemos hecho uno con ese mundo, con este cuerpo transitorio, con las ideas del pasado, las del presente y hasta las del futuro.

Nos hemos enganchado de tal manera que le llamamos a esta esclavitud mi esencia.

Vivimos para un mundo de esclavitudes y en un mundo esclavizado.

Pero el Señor nos dice que, si el Hijo os libertare, seréis verdaderamente libres.

El Hijo nos libera del pecado, de querer ser dioses y hacer de todo un absoluto, un dios, comenzando por uno mismo.

La libertad de Cristo comienza en ti, no en las estructuras sociales ni culturales, comienza ya y en ti.

El gran temor a la muerte es parte de nuestra esclavitud e idolatría, es nuestra tendencia a convertir en cielo cada infierno que la publicidad nos presenta como eternidad y felicidad.

No odiamos a la publicidad, es todo un arte, decimos que se ha convertido en los nuevos evangelizadores de un evangelio de burbujas.

No améis a eso dice Jesús, ni a las cosas que propone.

Usarlas y ya. Ser libre en Cristo, nos lleva a entender que el verdadero camino de libertad es Cristo y su cruz.

Evadimos la cruz, y la cruz es muerte.

Tenemos miedo a lo que siempre ha caminado con nosotros, la muerte.

Si el grano de trigo no muere no dará fruto.

La muerte es el postrer enemigo, eso dice la Biblia, refiriéndose a ese dios de la llamada muerte, a esa ideología todopoderosa de la muerte que la presenta no como un medio sino como si fuera el fin.

No es la muerte sino la muerte como absoluto lo que se convierte en nuestro enemigo. La muerte en el buen sentido es solo una buena amiga que, para ayudarnos, tiene los juegos muy pesados.

Para mí el vivir es Cristo y el morir ganancia, dijo el apóstol. No dice que la muerte es mala, sino que la muerte no es Cristo.

La muerte es un medio para romper con lo que nos esclaviza, sin caer en Platón que creía que el cuerpo era la cárcel del alma.

Las ideologías nos atan, las creencias también en cierto sentido cuando son falsas, nos ata absolutizar o divinizar lo que es pasajero como el dinero o el poder.

Mi esposo, mi esposa, mi hija, mi primo son una bendición, pero pasajera.

Mi yo quiere y lucha por convertirlas en eternas.

Amigo, esas cosas y personas no son eternas, son cosas, situaciones, animales o personas que deben pasar al igual que tú.

Ese es el valor de la muerte, esa es su función, que la semilla se pudra, muera y dé fruto.

Si el hijo os liberare de eso, seréis verdaderamente libres. Completamente libre en tu corazón.

Esa revelación fue dada en oriente, en occidente, en todo sitio y de diversas formas, pero en la plenitud de los tiempos se hizo real en una Cruz.

¿Cómo apropiarse de eso?

Nos referimos a hacer de esa experiencia no una idea, sino, una real vivencia que nos golpea y libera.

De eso tratará la Tanatología Ministerial , de cómo tratar con el tema de la muerte.

1.   *¿Qué es la Tanatología*

QUÉ ES LA TANATOLOGÍA

- La Tanatología aborda el fenómeno de la muerte desde los puntos: humanista, religioso/fe y espiritual de lo que significa morir después de la vida
- Se refiere al sentido de un final, de una ruptura radical: pérdida de la salud, empleo, divorcio, secuestro, enfermedad y muerte. Pero esta disciplina ayuda a restablecer el estado emocional para continuar hacia la plenitud

Khalil Gibran escribió: "Mirad en el fondo de vuestro corazón cuando estéis contentos; comprobaréis que solo lo que os produjo tristeza os devuelve alegría; y mirad de nuevo en vuestro corazón cuando estéis tristes: comprobaréis que estáis llorando por lo que fue vuestro deleite".

Historia de la Tanatología como disciplina

La primera vez que se usó este concepto fue en 1901 por el médico y premio nobel, Elie Metchnikoff. Pero, su significado, fue muy distinto al que le damos hoy día ya que se refería a la medicina forense y trataba de los asuntos relacionados con los cadáveres más que de las personas que están vivas.

En 1991 la Dra. Elizabeth Kübler Ross quién es la madre de la Tanatología moderna, la definió como los *fenómenos psicológicos que acompañan a los enfermos en fase terminal durante el proceso de muerte.*

A partir de allí, tenemos otra visión, perspectiva y práctica de esta disciplina llamada Tanatología. Tana viene de thanatos, muerte, y logía, que significa estudio, tratado, doctrina.

La familia pasa por procesos en los que la presencia de un enfermo terminal nos lleva a la tanatología para ayudar a ese miembro y al sistema familiar a transitar los procesos centrándose no en la cantidad de vida sino en la calidad de vida.

Requiere por ende de una filosofía de la vida y de la muerte, en nuestro caso de una teología de la vida y de la muerte ya que ambas no se pueden separar. Cada día vivimos y morimos al mismo tiempo, son un matrimonio cuya separación final es terminar con ambas en una dimensión y entrar a otra por la vía de lo que está más allá, la eternidad.

La tanatología propiamente dicha se refiere a estos procesos con el que camina hacia la muerte física y al tratamiento de su entorno.

Campos de aplicación

Los objetivos de la Tanatología se centran en la calidad de vida del enfermo, intentando evitar que en el afán de preservar su vida se les haga pasar por tratamientos innecesarios y dolorosos.

El propiciar una "muerte adecuada" incluye:

a. Ausencia de sufrimiento innecesario
b. Persistencia de las relaciones significativas del enfermo
c. Intervalo permisible y aceptable para el dolor
d. Alivio de los conflictos
e. Ejercicio de opciones y oportunidades factibles para el enfermo

f.   Creencia del enfermo en la oportunidad

g.   Consumación en la medida de lo posible de los deseos predominantes del enfermo.

h.   Comprensión del enfermo de las limitaciones físicas que sufre

i.   Todo lo anterior, será dentro del marco del ideal y de la idiosincrasia del paciente

(Fuente: Domínguez Mondragón, Guadalupe La tanatología y sus campos de aplicación. *Horizonte Sanitario* [en línea]. 2009, 8(2), 28–39 ISSN: 1665–3262. Disponible en: https://www.redalyc.org/articulo.oa?id=457845132005)

La tanatología extendida

La tanatología se ha extendido a otros campos como por ejemplo el espectro de las pérdidas. La vida está llena de entradas y salidas. Hay diversidad de pérdidas en el proceso de una familia. No solo las producidas por la muerte física.

Tipos de pérdidas

Pangrazzi, un teólogo y tanatólogo de gran autoridad, autor de diversos libros, entre los que se encuentran: "¡A ti grito, Señor! Oraciones desde el sufrimiento" (Santander, 1990), "La pérdida de un ser querido: un viaje dentro de la vida" (Madrid, 1993), "¿Por qué a mí? El lenguaje sobre el sufrimiento" (Madrid, 1994), "El enneagrama, un viaje hacia la libertad" (Santander, 1997), "El grupo, lugar de crecimiento" (Madrid, 2001), "En mi dolor te invoco, Señor. Oraciones en la enfermedad y el dolor" (Santander, 2002). "Hacer bien el bien" (2006) y "Vivir el ocaso" (2007). enumera una gran cantidad de tipos de pérdidas que hemos condensado en cinco bloques:

316

1. Pérdida de la vida. Es un tipo de pérdida total, ya sea de otra persona o de la propia vida en casos de enfermedades terminales en el que la persona se enfrenta a su final.
2. Pérdidas de aspectos de sí mismo. Son pérdidas que tienen que ver con la salud. Aquí pueden aparecer tanto pérdidas físicas, referidas a partes de nuestro cuerpo, incluidas las capacidades sensoriales, cognitivas, motoras, como psicológicas, por ejemplo, la autoestima o valores, ideales, ilusiones, otros.
3. Pérdidas de objetos externos. Aquí aparecen pérdidas que no tienen que ver directamente con la persona propiamente dicha, y se trata de pérdidas materiales. Incluimos en este tipo de pérdidas al trabajo, la situación económica, pertenencias y objetos.
4. Pérdidas emocionales. Como pueden ser rupturas con la pareja o amistades.
5. Pérdidas ligadas con el desarrollo. Nos referimos a pérdidas relacionadas al propio ciclo vital normal, como puede ser el paso por las distintas etapas o edades, infancia, adolescencia, juventud, menopausia, vejez, otros.

Como podemos ver, hay diversidad de pérdidas, que son una clave hermenéutica de la vida misma, las pérdidas como parte de un proceso en el que la vida, la historia, las personas, caminamos hacia otros derroteros existenciales.

Pues la tanatología en sentido amplio, ayuda a las personas a transitar por el proceso de dichas pérdidas.

Algunos científicos han estudiado estas etapas. Diversos autores (Bolwy, Parkes, Engel; Sanders) han definido distintas fases que representan un proceso sin cortes radicales.

1. Fase de la persona en shock. La persona está aturdida.
2. Fase de anhelo y búsqueda. Se desea recuperar lo perdido, a la persona, objeto o etapa. Frustración e irritabilidad al no lograrlo.
3. Fase de desorganización y desesperación. Tiempo de tristeza, desorganización, falta de sentido, conciencia progresiva de que lo que se perdió nunca volverá.
4. Fase de reorganización. Se construyen nuevos paradigmas de vida donde el fallecido ya no tiene cabida. Nuevos intentos de volver a la vida real y conquistar nuevos proyectos.

Tipos de duelo

Existen varios tipos de duelo:
1. Duelo Crónico: la duración del proceso de duelo es excesiva, y es difícil para el individuo realizar un cierre emocional ante la pérdida.
2. Duelo Retrasado: el individuo no logra procesar la pérdida en el momento en que ocurre, y se manifiesta posteriormente en su vida.
3. Duelo Exagerado: el individuo experimenta una manifestación sintomatológica disfuncional e incapacitante. Se observa una reacción emocional desproporcionada a las normas culturales.
4. Duelo Enmascarado: la persona no logra reconocer de manera consciente la pérdida que experimenta. Suele presentarse con somatizaciones fisiológicas (malestar estomacal, dolor de cabeza, alergias, palpitaciones, náuseas, jaquecas, y otras manifestaciones físicas)

También las pérdidas han sido objeto de varias clasificaciones. Tizón (2004) ha identificado varios tipos de pérdida, entre las cuales se encuentran:

1. Las pérdidas relacionales incluyen separaciones y divorcios, fallecimiento de un ser querido, abandonos, abusos, entre otros.
2. Las pérdidas intrapersonales abarcan aquellas pérdidas que tienen que ver con los individuos y su cuerpo. Por ejemplo, capacidades intelectuales y/o físicas.
4. Las pérdidas materiales surgen cuando las personan pierden objetos o posesiones que les pertenecen.
5. Las pérdidas evolutivas están relacionadas a las fases del ciclo de vida que abarcan la infancia, la adolescencia, la juventud, la adultez y la vejez.

Importancia del proceso

Toda situación debe pasar por un proceso difícil pero saludable. Poch & Herrero (2003), han identificado algunos elementos característicos del proceso del duelo.

1. El Proceso requiere paciencia: evoluciona a través del tiempo y del espacio.
2. El Proceso es completamente normal: todas las personas que atraviesan una pérdida experimentan el proceso de duelo.
3. El Proceso es dinámico: cambios a lo largo del tiempo, como, por ejemplo, en el estado de ánimo.
4. El Proceso requiere del reconocimiento social: la experiencia del duelo, aunque sea una experiencia

individual se manifestará en un entorno social. Es un fenómeno con la variable de la cultura.

5. Es un Proceso Íntimo: la reacción de la persona ante la pérdida será de acuerdo a la idiosincrasia.
6. El Proceso es Social: los rituales de la cultura son parte de la resolución de dichos duelos
7. El Proceso es Significativo. Cada persona y familia debe darle un sentido a sus propias pérdidas y a sus duelos. Esto es parte de la digestión de un evento tan traumático por el que todos, sin excepción pasaremos.

Kübler–Ross, que ya mencionamos, y que en una obra dedicada a la Tanatología tendríamos que dedicarle un largo capítulo –no lo hacemos porque esta obra es sobre familia, y de paso hablamos de tanatología para aplicarlo al acompañamiento pastoral–. Pero unas palabras sobre ella son muy justas antes de entrar en los procesos que propone.

Paréntesis

En homenaje a Elizabeth Kübler–Ross
Elizabeth Kübler–Ross, dice de ella Wikipedia: "A los 5 años, ingresó en el hospital por una neumonía, y allí tuvo su primer contacto con la muerte al asistir al fallecimiento de su compañera de habitación. En otra ocasión, vio a un vecino tranquilizar sosegadamente a su familia mientras se preparaba para su inminente muerte tras haber sufrido una fractura de cuello. Tales experiencias la llevaron al convencimiento de que la muerte era solo una de las muchas etapas de la vida, y de que las personas moribundas y quienes las rodean deberían estar preparadas para afrontarla con paz y con dignidad.

Siendo todavía adolescente, trabajó en Francia, Polonia e Italia, reconstruyendo comunidades devastadas por la Segunda Guerra Mundial como asistente de laboratorio en un hospital para refugiados de guerra; luego, en 1945, se convirtió en una activista del Servicio Voluntario Internacional para la Paz.

Justo después de la liberación de Europa en 1945, visitó Majdanek, un campo de concentración donde habían muerto más de 300.000 personas. Allí conoció a una niña que se había quedado atrás cuando las cámaras de gas no podían contener a otra persona. En lugar de permanecer amargada, recordó Kübler-Ross, esa niña eligió perdonar y olvidar. La niña dijo: "Si puedo cambiar la vida de una persona del odio y la venganza, al amor y la compasión, entonces merecería sobrevivir".

Las experiencias en Polonia cambiaron su vida para siempre: decidió pasar su vida sanando a otras personas. Las paredes de los barracones estaban llenos de dibujos de mariposas. Esos dibujos le marcaron, y a partir de entonces se dedicó en cuerpo y alma a crear una nueva cultura sobre la muerte. Convirtió el símbolo de la mariposa en un emblema de su trabajo, ya que para ella este hecho significaba el renacimiento hacia un estado de vida superior.

En contra de los deseos de su padre, se matriculó en la facultad de medicina de la Universidad de Zúrich en 1951 y se graduó en 1957. En 1958 se casó con un compañero de estudios, Emanuel Robert Ross. La pareja se mudó a Nueva York para realizar pasantías en el Glen Cove Community Hospital de Long Island. Kübler-Ross luego completó una residencia de tres años en Psiquiatría en el Manhattan State Hospital y estuvo durante un año en el Montefiore Hospital en el Bronx.

En 1962, después del nacimiento de su primer hijo, Kübler-Ross y su esposo dejaron Nueva York para buscar nuevos trabajos en la Facultad de Medicina de la Universidad de Colorado en Denver. Cuando nació su segundo hijo, en 1965, se mudaron a Chicago, donde se convirtió en profesora asistente de psiquiatría en el Hospital Billings, afiliado a la Universidad de Chicago. Allí, comenzó a centrarse en el tratamiento psicológico de pacientes terminales que padecían ansiedad. Descubrió que muchos profesionales de la salud preferían evitar hablar de la muerte con sus pacientes, dejándoles que se enfrentaran a la muerte en soledad. Las facultades de medicina prefirieron centrarse en la recuperación de los pacientes en lugar de en su muerte. Sin embargo, persistió en su trabajo, organizando seminarios sobre la muerte y el morir con cuidadores, personal sanitario y otras personas, que atrajeron a un gran público.

El éxito de su primer libro, Sobre la muerte y los moribundos (1969) la impulsó a dedicar su práctica clínica a los pacientes moribundos y a fundar el Shanti Nilaya («hogar de paz»), un centro de curación cerca de la ciudad californiana de Escondido. En la década de 1980 comenzó a concentrarse en ayudar a pacientes con sida y a otros enfermos que debían enfrentarse a la muerte. Kübler-Ross continuó con este trabajo hasta que se jubiló en 1996.

Ayudó a muchos familiares a manejar su pérdida, a saber, cómo enfrentarse a la muerte de un ser querido; les explicó cómo apoyar a la persona en agonía, lo que debía hacerse en esos difíciles momentos y lo que debía evitarse. Bajo su tutela se crearon fundaciones y movimientos cívicos que reclamaban el derecho a una muerte digna. Y comenzaron a publicarse libros, gracias a los cuales miles de familias recibieron consuelo.

Toda su obra versa sobre la muerte y el acto de morir, y en ella va describiendo diferentes fases de la persona enferma se-

gún se aproxima su final: negación, ira, negociación, depresión y aceptación.

Educada en su niñez en el calvinismo, no perteneció a ninguna confesión religiosa, aunque manifestó aprecio por la labor de los capellanes católicos y protestantes de los hospitales. En su autobiografía, La rueda de la vida, se declara religiosa «a su manera», apela a un Dios providencial y amoroso y reivindica el valor enriquecedor del sufrimiento. Fue una mujer de carácter, independiente, aguerrida y muy inquieta. Su interés por el más allá la llevó a un entusiasta acercamiento durante tres años a sesiones de espiritismo, lo que precipitó la separación de su marido, que solicitaría el divorcio en 1976.

En 1995 sufrió varios ataques de apoplejía que le paralizaron el lado izquierdo. En una entrevista de 2002 para The Arizona Republic, afirmaba que estaba preparada para morir. Falleció el 24 de agosto de 2004". Hasta acá la transcripción de Wikipedia.

Su modelo

Todo proceso de duelo pasa por etapas que hay que superar, hasta llegar al renacer, a la nueva situación en que vuelven a germinar algunas esperanzas en el desierto y brotan de nuevo algunas flores en el jardín de la vida. El trauma a veces perdura, pero siempre la vida querrá emerger de toda situación. De allí surgió el tema tan en boga sobre la resiliencia.

1. Negación
   La negación de la pérdida es una reacción de shock emocional en el que hay embobamiento cognitivo en el que se puede dar una negación de la importancia de la pérdida o de su carácter definitivo más que del hecho de que se haya producido.

2. Ira

   El fin de la negación va asociado a sentimientos de
   frustración. Se quiere culpar a otros o a algo por la
   muerte de la persona.

3. Negociación

   En la fase de negociación la persona guarda falsas esperanzas. El que perdió la salud comienza a pensar en
   soluciones mágicas.

4. Depresión

   La cuarta etapa del modelo de Kübler–Ross sobre el
   duelo es la de depresión. Es una etapa saludable, porque
   lleva a la persona a confrontar la realidad. Pero no debe
   quedarse allí.

5. Aceptación

   Se acepta la pérdida y se comienza a vivir la nueva
   realidad.

Cómo podemos ayudar pastoralmente en estos procesos que afectan a las personas y familias

La palabra clave es *acompañamiento*. El acompañamiento
humano se entiende como la sensibilidad con el otro.

El trabajo profundo solo el Espíritu Santo puede hacerlo,
por lo tanto, la oración y la aplicación de la Palabra de Dios
son fundamentales.

Algunas recomendaciones que los pastoralistas ofrecen
nos ayudarán mucho, si las sabemos aplicar con sabiduría,
paciencia y amor.

1. Ayudar a la persona y familia a comprender, a discernir
   sobre los asuntos en qué tienen el control y lo que no.

2. Reconstruir la identidad valiéndose de los consejos y, reflexiones, oración y estudio de la Palabra de Dios, respondiendo a interrogantes tales como: ¿qué hice? ¿qué es la existencia? ¿qué es mi familia a partir de ahora? ¿qué roles he ganado y he perdido?

3. Revisar el tema del apego que hubo, consciente o inconsciente, tratando de aceptar primero las experiencias positivas. Celebración de lo positivo que se compartió con el ausente.

4. Buscar apoyo hasta lograr un equilibrio con la situación de pérdida.

5. Tratar de normalizar los sentimientos negativos, como la culpa, manteniendo la mente ocupada en diversas actividades. Acompañamiento emocional para que expresen todo lo que quieran y en su momento tratar de entender esas emociones e integrarlas a través de sentimientos espirituales positivos frente a la vida.

6. Expresar los sentimientos de forma libre. Esto ayudará a recobrar la estabilidad emocional.

7. Conocer los aspectos implicados con la pérdida y el proceso del duelo, de tal forma que la persona sepa que se trata de algo normal y transitorio.

Finalizaremos este breve tratamiento del tema de la Tanatología Ministerial insertado dentro de esta Teología de la Familia para la Sociedad del Cambio con un hermoso salmo que ha sido una gran herramienta para los curadores cristianos de almas en sus acompañamientos tanatológicos ministeriales.

Salmo clave durante el acompañamiento

Salmo 23:1–6

1 Jehová es mi pastor; nada me faltará.

2 En lugares de delicados pastos me hará descansar; junto a aguas de reposo me pastoreará.

3 Confortará mi alma; me guiará por sendas de justicia por amor de su nombre.

4 Aunque ande en valle de sombra de muerte, no temeré mal alguno, porque tú estarás conmigo; tu vara y tu cayado me infundirán aliento.

5 Aderezas mesa delante de mí en presencia de mis angustiadores; unges mi cabeza con aceite; mi copa está rebosando.

6 Ciertamente el bien y la misericordia me seguirán todos los días de mi vida, y en la casa de Jehová moraré por largos días.

Concluyendo:

La mejor manera de acompañamiento pastoral, es estando allí para la familia doliente, orando con ellos, respetando sus espacios para que tomen las decisiones que les convenga, distanciarse en su momento, es decir espaciar las visitas y darle un seguimiento que a veces conlleva años, por ejemplo, con los padres que han perdido a un niño, esto nunca se logrará superar completamente, pero aprenderán a vivir con ello. El trabajo pastoral no es el de un psicólogo que termina en un momento dado, es una paternidad que se ejercerá de por vida.

Siempre habrá traumas a pesar de todo, pero la gestión de estos también es posible. Eso tendría que ser tratado en otro apartado más bien dirigido hacia la resiliencia, un tema que en las últimas décadas ha tomado una importancia enorme.

Capítulo IX

La resiliencia familiar

Dos son las acepciones de diccionario que guían a la definición completa de este término.

1. Capacidad de adaptación de un ser vivo frente a un agente perturbador o un estado o situación adversos.
2. Capacidad de un material, mecanismo o sistema para recuperar su estado inicial cuando ha cesado la perturbación a la que había estado sometido.

La resiliencia es capacidad para enfrentar las cosas más terribles, no solo producidas por los fenómenos medioambientales, sino por la crueldad del corazón humano, tan adámico como el de Caín matando a Abel. Esta vieja historia se repite, produciendo en las víctimas, traumas, pero también lo que llamamos resiliencia.

La resiliencia es la respuesta más positiva que surge de los traumas.

Tal y como el poeta lo expresa desde la estética literaria salpicada de lágrimas y esperanzas:

Holocausto

Si tocas los hornos
podrás sentir los pasos del diluvio
que no llegó a tiempo;
en Auschwitz solo aceptaron trenes
de carne segada.

El viento solía afirmarse en las alambradas
y llorar, como la lluvia,
cerca de mí, tan cerca,
que casi, casi me tocaba.

Pero éramos tantos,
como a Abraham le prometieron.

Cada campo fue agujero
en el pecho del cielo,
ese cielo que sufrió en silencio
su fusilamiento.

Y luego nuestro dolor sin plumaje,
ruptura de rayo en implícita nube,
grito de parto sin niño.

Me arrodillé tantas veces
que mi cuerpo echó raíces,
y fui combustible de mil hornos
de alabanza a los hielos.

Me recuerdo buscando una flor
para reencontrar mi lenguaje,
tocar con su perfume mi memoria
y alcanzar a Dios.

Pero éramos tantos
y tan anudados mis dedos.

Si los huesos sostienen mi tierra,
cada piedra es responso
por un alma durmiente,
un ejército de esperanzas,
un Pueblo sin despedidas,
un suspiro redentor
que aún no llega,
pero se aproxima.

Jorge Plescoff
Poeta Israelí

Tipologías resilientes

1. Familias tipo Malala

Este tipo de familia obtiene su inspiración en aquella chica pakistaní que recibió una embestida de balas hasta en su cráneo porque desafío al sistema queriendo ir a la escuela, estudiar y ser una mujer productiva. Sobrevivió a ese ataque y continuó. Recibió un Premio Nobel de la Paz a sus solo 16 años. Una mujer resiliente, fuerte en sus principios y más aún después de todas los traumas sufridos.

Las familias tipo Malala sobreviven a los ataques de una sociedad que discrimina, a las injurias sociales, a los ataques del mundo y del diablo. Son familiares sobrevivientes a los holocaustos, a las enfermedades terminales, a los incendios, terremotos y ciclones de todo tipo.

2. Familias Macías

Las familias tipo Macías nacen con problemas de todo tipo, sus miembros tienen condiciones especiales, limitaciones, traumas, pero salen adelante como esta joven mejicana, Adriana Macías, que nació sin brazos y pese a no haber adoptado ninguna prótesis, luchó y se convirtió en una estrella al llegar a conducirse en la vida diaria como una persona normal. Con la ayuda de su familia logró la superación completa especialmente en su alma para desplegar su vuelo como una preciosa águila sin límites que la hagan retroceder.

3. Familias Hawking

Son familias con una visión y empuje genial, aunque paralizadas por limitaciones. Son genios atrapados.

Familias geniales pero atrapadas en limitaciones que se presentaron como murallas, pero no para su genialidad. Nada las para, aportan desde su postración.

El nombre alude al genio Stephen Hawking quien desde su parálisis pudo interpretar al universo y sus leyes.

4. Familia tipo Galante

David Galante, sobrevive al holocausto, los jóvenes modernos le preguntan qué significa su tatuaje. Y él los mira en silencio, como quien dice, los tatuajes de ustedes se los ponen por lujo y moda, los nuestros son las señales de nuestro dolor y muerte. Ese tipo de familia tiene las marcas, los tatuajes de procesos dolorosos y la dulzura de la comprensión y la tolerancia.

"En el subsuelo de mi casa hicimos un búnker para escondernos. Allí las ratas nos comían; después, en el campo de concentración, nosotros las comíamos a ellas". Eugenia Unger

Ser una familia resiliente conlleva procesos en los cuales quizá han tenido que comer ratas para sobrevivir.

Según la maestra, Emma Santana, una familia resiliente se construye teniendo en cuenta: sentido del humor, confianza, iniciativa, moralidad, independencia, espiritualidad, identidad, creatividad, comunicación, respeto y amor.

Podemos decir que de la familia resiliente se forma de la elaboración del pentágono de la resiliencia que está formado por estos cinco elementos.

(¿Que figura es el Pentágono?)

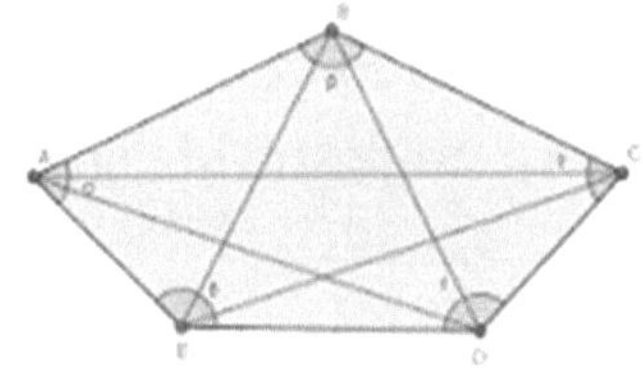

El **pentágono** es una **figura geométrica** formada por cinco lados, además que tiene cinco vértices y cinco ángulos internos. Es decir, el **pentágono** es un polígono que cuenta con cinco lados, siendo de mayor complejidad que un cuadrilátero y que un triángulo.

Pentágono - Qué es, definición y concepto - Economipedia https://economipedia.com

Pentágono o polígono de la resiliencia

1. Enseñanza con valores poderosamente bíblicos.
2. Enseñanza con el ejemplo, las palabras pueden conmover, pero son los hechos los que arrastran.
3. Construcción de la unidad familiar, tarea que requiere tiempo y esfuerzo.
4. Aceptación de las realidades. Aceptar la situación es el primer paso para sacar desde dentro a la resiliencia.
5. Practicar la Asertividad: una capacidad social en la que aprendemos a expresar nuestros sentimientos, emociones, descubrimos la manera de respetarnos a nosotros mismos, pero sin actuar de manera agresiva. En ciertas circunstancias como las de un campo de concentración no se puede ser muy asertivo, sino más bien aguantador, paciente, sufriente y serlo dentro de sí mismo, sabiendo que su libertad solamente está postergada pero no destruida en su conciencia.

Formar la familia resiliente es trabajar en estos cinco puntos con pasión y con devoción. Les podemos asegurar que se obtendrán grandes beneficios. Esto quedará confirmado cuando aparezcan esas tempestades y problemas, como dice la Escritura: "Estas cosas os he hablado para que en mí tengáis paz.

"En el mundo tenéis tribulación; pero confiad, yo he vencido al mundo". (Juan 16:33)

La resurrección de Cristo es el símbolo de la resiliencia bendecida y exaltada por el Padre, por el Eterno.

Una teología contextual, basada en un círculo hermenéutico que nos lleva a la práxis, debe de incluir en sus tareas pastorales aplicables a la familia, la práctica y no solo la teoría de la resiliencia, ya que la misma será el fruto de un proceso de comprensión y acción arduo y generalmente gratificante si se tiene perseverancia.

Aún así, no todo se puede combatir con el solo acompañamiento y proceso hacia una resiliencia, también intervienen en la lucha elementos destructores que escapan a la ciencia pero que la religión y la práctica ministerial, con apoyo de las escrituras ha podido clasificar como intromisiones demoníacas destructivas de las buenas obras. A esto se le ha llamado Guerra Espiritual y se ha tratado de sistematizar, a veces con ingredientes interpretativos que requieren una depuración bíblica. Sin embargo, según nuestra experiencia, tenemos la convicción de que la influencia de fuerzas negativas y diversos tipos de demonios ejercen presión y hasta posesión en las personas, aunque mantenemos la postura de que el cristiano nacido de nuevo, solamente recibe influencias poderosas que tratan de sesgar sus pensamientos para no actuar conforme a lo que Dios quiere.

Todo esto lo hemos visto en los procesos familiares que durante cuarenta años hemos venido trabajando en el campo pastoral. Por esa razón, el capítulo siguiente lo consideramos más que justificado en esta obra.

Capítulo X

Guerra espiritual desde la familia

Se denomina guerra espiritual a la confrontación de poderes espirituales, donde Dios manifiesta su soberanía a través de la iglesia sobre Satanás y el mundo.

El tema de la guerra espiritual ha traído tanta controversia que hubiese preferido usar otro, pero no tenemos por qué desalojar a ese concepto de su realidad bíblica.

No tenemos duda alguna que hay una guerra contra la familia que no solo viene de la carne y el mundo sino desde las tinieblas donde Satanás y sus demonios tienen como objetivo dañar la obra de Dios.

La familia es la obra de Dios.

Con respecto a la guerra espiritual hay dos extremos, uno es fanatizarse hasta el punto de no distinguir lo que es carnal de lo que es satánico y terminar reprendiendo hasta los espíritus de estornudo. El otro es ridiculizar la guerra espiritual e ignorar las asechanzas del diablo de las que nos advierte la Biblia.

1. ¿Cuál es la guerra espiritual bíblica? ¿Cuál es la guerra espiritual aplicable a la familia? Esas son nuestras dos preguntas en este capítulo.

La guerra espiritual bíblica

La Biblia nos dice muchas cosas sobre la influencia satánica, sus artimañas y su acción. Ese conjunto de afirmaciones de la Escritura constituye lo propiamente bíblico en la Guerra Espiritual. Lo expondremos recurriendo al siguiente esquema.

Los títulos de Satanás que indican su poder en el sistema del mundo:

1. El príncipe de este mundo (Juan 12:31)
2. El dios de este mundo (2 Corintios 4: 4)
3. El gobernador de las tinieblas (Efesios)
4. El rey de la belleza. Satanás también se transforma en "ángel de luz", una descripción que destaca su capacidad e inclinación a engañar (2 Corintios 11:14).
b. Su constante esfuerzo por destruir.
- Pedro advierte: "practiquen el dominio propio y manténganse alerta.
- Su enemigo el diablo ronda como león rugiente, buscando a quién devorar". (1 Pedro 5: 8)
- Nuestro adversario o enemigo, el diablo, se refiere a Satanás, que es una entidad real, no una criatura o invención mítica.
- Otros títulos de Satanás incluyen: el tentador (1 Tesalonicenses 3:5), el maligno (Mateo 13:19-38) y el acusador de los hermanos (Apocalipsis 12:10).
  No obstante, la Biblia afirma y nos recuerda que:
c. Los cristianos somos vencedores (Romanos 8:37) y que Satanás ya ha sido derrotado (Colosenses 2:15; 2 Pedro 3:22).

d. El poder de Cristo dentro del creyente es mayor que el poder de Satanás (1 Juan 4: 4).

e. Como creyentes no tenemos ninguna razón para vivir con miedo a Satanás o a los espíritus malignos. Satanás puede dañar, pero no puede vencer al creyente en Cristo.

f. Dios puede permitirle a Satanás atacar a los creyentes (2 Corintios 12: 7–9; Santiago 1: 2–4), pero aun así es para cumplir el plan de Dios.

    ¿Cómo realizar esa guerra espiritual a favor de nuestra familia?

Cuadrilátero estratégico de G. E. B. (Guerra espiritual bíblica)

a. La oración; es decir, conectar nuestra vida al poder de Dios (Mateo 26:41).

b. El ayuno; el Señor nos enseñó que hay batallas espirituales que no las podemos enfrentar sin usar la poderosa arma del ayuno (Mateo 17:18–21).

c. La adoración y la alabanza; que traen la presencia de Dios (Hechos 16:23–26).

d. La Palabra de Dios. En efesios 6:17 se nos habla que es la espada que podemos esgrimir para defendernos, de los ataques del enemigo.

Debemos entender que, aunque tengamos al Espíritu de Dios en nosotros, si no escudriñamos las Escrituras, nos falta algo, es por eso que estas dos armas debemos usarlas en combinación.

Para toda batalla de la vida del cristiano el Señor nos ha dado lo necesario para enfrentarla, nosotros tenemos la victoria por medio de Jesucristo para reprender las obras de satanás en contra de nuestra vida y de nuestra familia. (Efesios 5:11)

Esta vida familiar basada en una espiritualidad bíblica, agregando el estudio del fundamento que son las Escrituras mismas, nos traerán esos beneficios de los que nos habla el experto Sixto Porras.

(Sixto Porras es director regional de Enfoque a la Familia para Iberoamérica; ONG, reconocida por el Consejo Económico y Social de las Naciones Unidas como Asesora del mismo)

1. Ponemos el fundamente ético y moral que guía a la familia.
2. Transmitimos fe y esperanza a nuestros hijos.
3. Enseñamos a nuestros hijos a confiar en Dios.
4. Creamos una costumbre que nunca se olvida.
5. Nos une como familia.
6. Sabemos acudir a Dios en medio de la crisis.
7. Es una contención para la familia en los momentos cruciales.
8. Nos enseña a dialogar como familia y a escucharnos unos a otros.
9. Nos muestra el camino al éxito duradero.
10. Nos enseña a disculpar el error y a pedir perdón cuando nos equivocamos.

Todo lo señalado por Porras, lo consideramos guerra espiritual en un sentido bien amplio porque nos muestra el camino de la luz, opuesto al de las tinieblas, basándonos en principios y prácticas de un enorme arraigo bíblico.

¿Qué hacer cuando el ataque demoniaco desborda los límites de una espiritualidad tranquila? Cuando la resistencia se vuelve insoportable. Ahí tendríamos que hablar de una batalla de gran intensidad. Y has hemos visto y con ellas nos hemos enfrentado también.

Guerra frontal

No obstante, hay momentos en que los demonios arrecian de una forma más sorprendente y evidencia su deseo de crear un caos terrible alrededor de la familia y será la hora de asumir la guerra defensiva y ofensiva a la vez.

1. Póngase la ropa de guerrero y luche por la liberación de su familia. Eliseo le dijo al rey Joás, "toma un arco y flechas". Pablo dijo, "toma la espada del Espíritu" y declara la guerra.
2. Manos al arma. 2 Reyes 13:16; Eliseo le dijo al rey que pusiera sus manos sobre el arco, luego Eliseo puso sus manos sobre las manos del rey. Hazte cubrir por las manos de los profetas de Dios.
3. Hazlo público que se entere el mundo. Abrir la ventana del lugar en el cual el enemigo es victorioso. El enemigo de Israel estaba hacia el este, por lo tanto, Eliseo le dijo al rey que abriera la ventana hacia el oriente. Dios quiere que tú abras las "ventanas" de tu inquebrantable fe en la obra de Cristo.
4. Hay que dispararle al enemigo con fuerza y fe en el Nombre de Jesús. Eliseo le dijo al rey "tira" y el rey tiró. Luego Eliseo dijo, "saeta de salvación del Señor y saeta de salvación contra Siria".
5. Establecer el objetivo. Eliseo le dijo al rey que tomara las flechas y que las golpeara contra el suelo como un

símbolo de su victoria contra Siria. El rey hizo de esa manera, pero él "golpeó tres veces y se detuvo". Eliseo le dijo que, puesto que él limitó a Dios al golpear la tierra solamente tres veces, su victoria militar sería limitada. El objetivo es victoria total y no parcial. No le des chance al enemigo de permitirse un pedacito de victoria en tu familia. La victoria en Cristo es completa.

6. La victoria primero se obtiene en un cuarto secreto. Lo que sucedió entre Eliseo y el rey Joás en la cámara secreta aquel día determinó el resultado de la batalla con Siria. Secretamente con Dios, realice la guerra en contra del enemigo.

7. No se deje engañar. "Para que Satanás no saque ventaja alguna sobre nosotros, pues no ignoramos sus maquinaciones". (2 Corintios 2:11)

La palabra "maquinaciones" significa "planes solapados de carácter maligno". Por eso recuerda que, el Espíritu Santo es quien está dentro y delante y detrás de nosotros para darnos esa victoria a favor de nuestras familias.

"De igual manera, el Espíritu nos ayuda en nuestra debilidad, pues qué hemos de pedir como conviene, no lo sabemos, pero el Espíritu mismo intercede por nosotros con gemidos indecibles. Pero el que escudriña los corazones sabe cuál es la intención del Espíritu, porque conforme a la voluntad de Dios intercede por los santos". (Romanos 8:26–27).

"Pero recibiréis poder cuando haya venido sobre vosotros el Espíritu Santo, y me seréis testigos en Jerusalén, en toda Judea, en Samaria y hasta lo último de la tierra" (Hechos 1:8).

"Porque no tenemos lucha contra sangre y carne, sino contra principados, contra potestades, contra los gobernadores de las tinieblas de este mundo, contra huestes espirituales de maldad en las regiones celestes" (Efesios 6:12).

Considera estos hechos sobre combatir en el mundo natural para aplicar en tu guerra espiritual:

1. Preparación y entrenamiento.
2. La naturaleza del combate: Espiritual.
3. Las estrategias: El Espíritu Santo las dará.
4. Anticipación profética: Dios se anticipará con sus siervos los profetas declarando la victoria.
5. Prepararse con anticipación es sabio. No te duermas.
6. No dejarse impacientar: La victoria en Cristo es nuestra, no podemos impacientarnos. Todo a su tiempo. Toda malicia va a caer, hay que esperar sin prisa, con una fe firme.
7. Ataque y contraataque.

   Cuando haces un movimiento para Dios, Satanás siempre contraatacará con un movimiento de su parte. A eso hay que acostumbrarse si se abre una guerra espiritual a favor de la familia. Tira un golpe y **él** te querrá engañar con otro síntoma. Esta es una guerra de mentiras. Las verdades las tiene el creyente. Las mentiras vienen del enemigo. Mentira del diablo, tus hijos no se perderán, declárelo, aunque él te lance una mentira con cara de evidencia.

   No le creas, aunque venga con un resultado, así sea que provenga del más famoso laboratorio de pruebas clínicas.
8. Movilidad.

   El luchador sabe moverse, no se queda paralizado, sabe hacer pausas, pero nunca se va a quedar con los brazos cruzados ni perdido en acciones tontas o ineficaces. Sabe velar y dormir. No se desvela sin necesidad. Está tranquilo. Pero se mueve cuando hay que moverse.

9. Recuperación.

A veces temporalmente eres como derribado por el enemigo. Pero eso es una ilusión en la que te ha hecho caer. El profeta Elías estuvo así caído debajo de un enebro y el ángel vino para levantarlo.

José fue vendido a la esclavitud y puesto en prisión. Pero convirtió las desventajas en ventajas. Al final, triunfó sobre el enemigo.

10. El objetivo. El nuestro es la Gloria de Dios. El del enemigo es desprestigiar a Dios. Así que está perdido.

11. Perseverancia. Los que continúan sin fluctuar alcanzarán la victoria. Ore, medite, reprenda, declare, espere en fe, límpiate el sudor, respira, gózate, alaba, trabaja, muere cada día al mundo, ama compasivamente, eso es poderoso y verás el resultado a favor de tu familia.

Capítulo XI

Las familias alternativas

En la introducción hemos señalado tres cosas importantes sobre este tema. Primero; que se trata de fórmulas frente al deterioro de la familia tradicional. Segundo; que hay algunos de esos ensayos que no pueden ser aceptados bíblicamente como las familias alternativas formadas en los matrimonios del mismo sexo.

Tercero; que el concepto familia alternativa lo aplicaríamos a toda estructura comunitaria que tenga como finalidad comportarse como una familia, por ejemplo cuidar de los pequeños y compensar la falta de paternidad , ya sea de forma completa o parcial, residencial o ambulatoria.

Diversas fórmulas de familia alternativa

1. La familia alternativa receptores de candidatos en adopción por situaciones especiales.

Muchas adolescentes no saben qué hacer con un embarazo, lo primero que se les ocurrirá es abortar, sin medir las consecuencias psicológicas y el grave pecado que esto representa con sus secuelas que vendrán a través de ese acto criminal.

Otras, asumen su situación y se convierten en madres solteras, de las cuales han salido grandes mujeres de Dios con hijos muy bien formados. Aunque no siempre se corre con el mismo destino feliz. Sin embargo, hay personas que a través de programas o consejería atienden el deseo de estas chicas de entregar a su hijo a una familia alternativa para su situación, generalmente receptores calificados, parejas que anhelan tener un hijo para darle amor dentro de su nido familiar.

La mejor fórmula para este niño, sin duda alguna, es una familia cristiana. Pero, no de nombre sino, de hecho. Esto le proporcionaría a la criatura un ambiente adecuado para que el propósito de Dios se desarrolle en su vida.

Pero, nos encontramos con la pregunta que debe azotar la conciencia cristiana: ¿Estamos dispuestos a prestar ese servicio al Reino de Dios? ¿Estamos dispuestos a abrir el corazón y el hogar a un nuevo hijo no biológico? ¿Estamos en una buena actitud para recibir ese llamado del Padre Celestial y de Jesús mismo, diciendo, *deja a los niños venir a ti?*

Tenemos toda la autoridad moral para realizar este desafío, no desde la simple teoría. En el seno de nuestra familia tenemos hijos biológicos e hijos del corazón. Y esto es simplemente maravilloso. Nosotros somos hijos adoptivos de Dios, el único hijo no adoptivo es la Segunda persona de la Trinidad, el Unigénito hijo de Dios. Todos los demás lo somos por esta vía que a veces no queremos practicar, la adopción, siendo la que Dios ha practicado con nosotros.

Por supuesto que la decisión de entrar al bebé a una familia alternativa, conlleva un acompañamiento psicológico y pastoral sumamente importante.

Se trata de un duelo por parte de la madre, no solo de una vinculación con la nueva familia. La madre que entrega a su hijo, dígalo o no, sufrirá un duelo, el cual requiere acompañamiento.

Por otro lado, la familia completa que va a recibir al niño, que en el mejor de los casos no entrará en relación con la madre biológica, también necesitará un acople para el proceso de entrada. Esta familia también tendrá su duelo, consistente en despedir la vieja estructura anterior basada en lo biológico y entrar en un nuevo modelo más teológico, que requiere madurez y comprensión profunda del amor de Dios en su dimensión paternal, donde la atención pastoral brindará esos recursos teológicos y el acompañamiento psicológico, las herramientas para producir el ajuste.

La pregunta que nos surge es, si nuestra iglesia en su visión y planeamiento pastoral considera la necesidad de contar con el liderazgo capaz de hacer este tipo de acompañamientos.

Si nuestra iglesia es capaz de promover dentro de sus miembros el anhelo por imitar y agradar a Dios y convertirse en padres adoptivos.

Nuestra experiencia familiar a la que nos referimos más atrás, fue difícil al principio, pero con grandes resultados positivos y receptora de innumerables bendiciones de Dios. En términos generales ha sido un proceso muy valioso.

Se puede afirmar sin duda alguna que la calidad del amor es el mismo para todos y quizá hasta más por el que ha sido fruto de una decisión tan consciente y valorada.

Se puede afirmar que Dios se agrada tanto que él se encarga de suplir todo y de enviar más recursos financieros para sostener su santo proyecto de ser familia alternativa para sus criaturas abandonadas por las circunstancias humanas que nos caracterizan.

2. La familia alternativa correspondiente a personas célibes

Existen personas que han renunciado a su soledad como forma de vida y han adoptado la vida comunitaria con personas en su misma condición espiritual y hasta social.

Han surgido comunidades formadas por dos personas adultas, generalmente viudas, que asumen la vida célibe en cuanto a su sexualidad, pero deciden abrir su corazón y hogar a otros, para recibir ayuda, restauración e integración a un modelo de amor compartido y posteriormente ser de bendición para la sociedad.

Son estructuras comunitarias que profesan la fe, algunos son consagrados a su religión, otros evangélicos y protestantes en general. Se trata de un llamado de Dios para asistir a la orfandad humana.

Algunos son todavía más atrevidos en su fe y generosidad que han renunciado a su propia seguridad y abierto sus puertas a ir integrando en esa familia de fe a personas de la calle.

En algunos casos el mismo gobierno proporciona a través de sus programas de asistencia, alimentos, medicinas y hasta financiamiento para este tipo de proyectos tan desafiantes y que son medios de evangelización muy poderosos, que hablan a través de los hechos de misericordia.

3. Los centros de rehabilitación

Conocemos a fondo este tema por la larga experiencia en atención a estos seres humanos enfermos por las adicciones de todo tipo.

Existe un modelo de trabajo que tiene la finalidad de reeducar a través de una fórmula de tipo familiar. En otras palabras, el grupo humano que requiere ayuda y el personal dedicado a esas terapias de la mente y del alma, forman una familia con estructuras jerárquicas definidas.

No solo son una institución, sino que comparten el pan y los sueños por la recuperación, los oficios y tareas, la sujeción y la disciplina en amor.

Ese fue el modelo que por muchos años quiso implementar nuestro amigo ya fallecido, Azarías Silva en la República Dominicana a través del programa muy conocido que fundara David Wilkerson llamado Teen Challenger. Este, trabajó por muchos años bajo el nombre de Reto a la Juventud y aunque usaba la metodología propia del programa oficial e internacional, el modelo que trató siempre de implementar incluía una vivencia de tipo familiar. Fuimos decanos de educación en ese centro por muchos años y todavía muchos de esos jóvenes al referirse a nuestra persona, usan el título no de doctor o pastor sino el de "mi papá".

Muchos de ellos son hoy evangelistas, pastores y directores de nuevos centros. En este modelo a veces e inevitablemente, se cruzan límites y suceden situaciones que hay que atender, como el caso de tomar lo ajeno o no respetar los límites físicos. Pero, eso sucede también en muchas familias llamadas normales. Son gajes del oficio.

Los centros de rehabilitación que adopten el modelo de Silva, tendrán resultados muy diferentes a los que se conciben como clínicas o en el peor de los casos cárceles disfrazadas de hogar.

4. *La iglesia local o la célula como familia alternativa*

La iglesia es una familia, la de la fe, a veces se va perdiendo este calor y concepto en la medida que se va constituyendo la mega iglesia o la iglesia masiva.

Por eso ha surgido el movimiento celular. Muchas de las grandes iglesias están tratando de organizarse a través de células o grupos familiares.

Pues bien, hay experiencias de este tipo que se han enfocado de forma específica en la formación de hogares alternativos.

La célula como familia alternativa, es un artículo publicado por Mario Vega el jueves, 11 abril, 2013, donde nos cuenta una experiencia -en ese sentido-surgida en el Salvador. "Esta realidad demográfica dentro del país se traduce en una enorme cantidad de niños y jóvenes que viven sin uno de sus padres o sin los dos. Normalmente viven en casa de abuelos u otros parientes.

La realidad de un hogar sin padres es una situación que golpea a muchos niños y que luego produce su integración en pandillas violentas donde buscan satisfacer su sentido de pertenencia. En estas condiciones el trabajo de evangelización de las células no solo es una imagen de la familia, sino que es la familia para muchos de ellos.

Nuestros líderes son animados a convertirse en tutores de los niños y los jóvenes que asisten a las células con el propósito de librarlos de la violencia y otros vicios. En las células los niños encuentran atención, interés, amor y acogimiento".

La Célula Como Familia Alternativa–Misión Cristiana Elim: Misión Cristiana Elim.

Esta experiencia abre toda una nueva dimensión al trabajo celular al convertirse en una familia alternativa. Las células como familias alternativas son el lugar de la paternidad de Dios para ser ministrada a tantas personas que deambulan por la vida con el síndrome de Esaú, quien quedó gritando por alguna bendición, aunque fuese de segunda mano de parte de su padre.

La creatividad en cuanto a la formación de comunidades con el matiz de familias alternativas es todo un desafío, que conlleva riesgos, pero también grandes resultados porque si se siembra en esos sitios el amor de Cristo, de manera sincera y generosa, se obtendrá con el tiempo resultados hermosos para el Reino.

Capítulo XII

La familia política

Un tema que no quisiéramos dejar fuera de esta obra es el de la familia política. No tomando la palabra política en el sentido partidario como se acostumbra usualmente sino en el sentido civil del término.

¿Qué es la familia política? ¿Tiene alguna importancia? Por qué dedicarle un capítulo completo en esta obra.

Se trata de la familia de nuestro cónyuge. Clásicamente definida cuando la familia de tu esposo o esposa se convierte en tu familia política. El padre de tu esposa se convierte en tu suegro y tú en su nuera o yerno. Las relaciones políticas incluyen a la familia entera. También se le llama familia política a las familias en que todos se dedican a la política partidista, en ese sentido no la usaremos. María Martín Báez, Periodista, nos presenta una tipología interesante sobre las familias políticas:

Tipologías de las familias políticas

1. Familia política agobiante

Son esas familias de muchos miembros, se consultan todo y van a todos partes juntos. El poder y el control lo mantienen a base de agobio y el sofoque, no permitiéndole respirar a toda la estructura. Realmente para alguien que provenga de una familia abierta, liberal o anárquica esto se constituye en un verdadero campo de concentración. Solo le quedará asimilarte o distanciarse. Saber decirles que no es ofensivo y conflictivo sobre todo si nuestro cónyuge es parte de ese sistema.

2. Familia política "sui generis"

Son familias raras, donde se puede esperar cualquier cosa. Un abuelo que fuma marihuana. Tías que consultan a las cartas. Familiares con excentricidades. Para sobrevivir en ellas hay que ser muy tolerante, participar de lo que practican o discretamente ser escurridizo. El problema es que algunos de los hijos de la pareja van a querer interesarse en esos rituales y rarezas porque los sistemas tienden a reproducirse. No siempre, por supuesto, pero es una variable para considerar. Ser respetuosos con ellos es inteligente, al mismo tiempo que desmontar tales cosas en el razonamiento de las nuevas generaciones.

3. Familia política susceptible

Son familias muy defensivas, reaccionan contra el extraño. Encienden el sistema para mantenerlo caliente. Todo lo que hables será usado en tu contra, y de ser posible mantenga la distancia, frecuéntalos puntualmente, y no te expongas.

Si no hablas se ofenden y si hablas también.

4. Familia política ausente

Son familias que aparecen y desaparecen. Los podemos ver en una boda o en un funeral, luego se evaporan, simplemente no están.

Es importante ver cómo podemos localizarlos, quizá en un momento de emergencia se haga prioritario tener sus teléfonos, direcciones y formas de contactarlo.

5. *La anti familia política*

Son familias anuladoras, le señalan como gordo sin decirlo abiertamente, o falto de clase. No tienen piedad para el otro, aunque se esconden en ciertos formalismos. Quieren saber por quién votas y si pueden modificar tu creencia. Tienen doble lenguaje, por un lado, te expresan con la boca lo que sus gestos no respaldan.

La suegra que llama a su hijo, al marido de la mujer, para condicionar opiniones acerca de su familia.

Nunca llegarán a aceptar al extraño, nunca les gustaremos, será siempre la pauta.

6. *La súper familia política*

Una familia muy respetuosa, en que se respetan los espacios, la intimidad, las decisiones. Las cuñadas y cuñados se convierten en un apoyo de verdaderos hermanos. El suegro se convierte en un verdadero padre. Y la suegra en una madre prudente.

Esta es la familia política que más conviene.

Acciones ácidas contra la familia política

Son actos que no conviene hacer con la familia política.

Generalmente hay situaciones, acciones o gestiones portadoras de mucha acidez, que traen conflicto y hasta explosiones.

Vamos a enumerarlas para tratar de evitarlas tanto de una parte como de la otra.

1. Pedir dinero prestado. Esto crea un malestar que no siempre se hace evidente pero que "quema por debajo"

2. Negarles el apoyo a los padres o a los suegros en alguna necesidad. Aunque sea solo de manera simbólica se debe participar en la ayuda a los progenitores, lo agradecerán, de lo contrario se formará una herida que pronto estará infectando al sistema.

3. Suegros resolviendo los conflictos de la pareja. Eso es una bomba de tiempo muy peligrosa.

4. Comparar al cónyuge con su propio progenitor. Es que mi madre no es como tú. Esto es una declaración de guerra silenciosa o estruendosa, pero guerra al fin.

5. Delegar la educación de los hijos a los suegros o abuelos. Acción de consecuencias impredecibles.

6. Tomar a los suegros como confidentes de los problemas maritales, contarles situaciones, hablar mal de su esposo o esposa para ganar el apoyo de los ancianos.

7. Hablar mal de los abuelos a los nietos. Esto desconfigura los roles y afecta la mente del niño. Los abuelos son o deben ser sus héroes. Y a los héroes no se les critica, se les mitifica. Así siempre ha funcionado. Si por alguna razón ese abuelo es pervertido, se deben tomar las medidas de alejamiento sin dañar la mente del nieto.

8. Discutir y pelear con la suegra o el suegro. Esto es fatal. Sería como golpear a una mujer u ofenderla, quedándose expuesto al rechazo y al castigo social o policial. Con los suegros es mejor perder la pelea.

9. Entrar en negocios o contiendas con los cuñados. De ser posible no hay que mezclar negocio con familiaridad. Mejor será no ganar nada, pero no perder todo.

10. Hacer escenas de discusión frente a la familia política. Eso es desconsiderado, inmaduro y crea un ambiente tóxico para todo el mundo. En paz y amor deben resolverse los conflictos y dentro del seno de la discreción familiar. Nunca en la casa de la familia política o en su presencia si viven con nosotros, se debe escenificar un conflicto. La inteligencia emocional es fundamental para avanzar. En casos de violencia domestica sí se justifica una intervención de la familia, hasta de las autoridades civiles.

11. Invadir los espacios es simplemente desajustar el sistema familiar

12. Mostrar dependencia económica o emocional no da buenos resultados. Las emociones y el dinero deben manejarse sin embarrar a la familia política. Hay excepciones como las catástrofes de salud o tragedias, para las cuales también debemos prepararnos para no llegar a ser gravosos a la familia política.

Como no solo de pan vivirá el hombre, también es cierto que sin pan el amor se puede ir debilitando y los conflictos ir creciendo, con ello queremos decir que la organización económica de cada hogar no solo impide el tener que acudir a la familia política sino el poder hacerle frente a las agendas propias de la vida familiar.

De allí que nos hemos interesado en que una experta por la experiencia nos hablara sobre familia y finanzas.

Capítulo XIII

Familia y finanzas

Por la Dra. Zoila Suero de Díaz

Cuando se me habló de aportar un tema para este libro, me llegó la idea de que una de las cosas que no aprendemos previamente es ¿cómo manejar el dinero al compartir nuestra vida con otro?

Muchas veces el tiempo del noviazgo no lo utilizamos para prepararnos para la vida en común. Mi noviazgo fue de varios meses, ya éramos personas adultas y habíamos terminado nuestra profesión principal. Recuerdo que inmediatamente pusimos fecha de boda, comenzamos a leer juntos libros sobre la vida en pareja. Algunos sobre la vida sexual, otros sobre la crianza de los hijos y otros sobre las finanzas.

En un principio para mí la parte de las finanzas era maravillosa, pues encontré un hombre que estaba dispuesto a adoptar el método de toma tú todo y distribuye. Así que yo reunía lo que ganábamos y lo distribuía en un presupuesto común que incluía dinero para gastos personales que podíamos usar a nuestro parecer.

Siempre fui una persona que me ponía metas económicas desde niña, aun de lo que se me entregaba para merendar en la escuela sacaba una parte para ahorrar y comprarme cosas que quizá mis padres me dirían que no tenían el dinero para adquirirlas.

Mi madre fue para mí un ejemplo de administración en el hogar. Siempre ponía metas familiares y dirigía el renglón finanzas. Así logramos la primera, segunda y tercera casa, así logramos el primer vehículo familiar y pudieron ellos ahorrar algo para este tiempo de su vejez.

Es importante tener prioridades en nuestra vida personal y en nuestra vida de pareja, cuando tenemos esto claro, no las negociamos por cosas superficiales y pasajeras.

Recuerdo una pareja que vino para consejería pastoral prenupcial. Tenían un buen dinero ahorrado para la boda, aunque no eran ricos, pero toda pareja quiere una boda inolvidable. Luego de esta consejería y hablar sobre el tema de finanzas, decidieron que podían hacer una boda sencilla y con todo el dinero restante pagar la prima de un apartamento de un proyecto que estaba en construcción. Así lo hicieron y hoy están en casa propia, y tienen fotos bellísimas de una boda sencilla a orillas de la playa. Esto es ser sabios como pareja.

En lo que se refiere a nuestra vida como pareja, luego de 35 años de casados, hemos usado diferentes métodos para la administración.

No existe un método que sea el adecuado para la administración del dinero en pareja, todos funcionan, siempre y cuando los cónyuges se tengan consideración uno al otro y se respeten los pactos económicos asumidos en común.

Métodos para la administración financiera en pareja:

—Método 50/50 es un método que funciona cuando los dos ganan un monto parecido y cada uno puede aportar el 50 % de los gastos y con el otro dinero trabaja sus metas personales.

—Método del administrador general. En este, uno de los dos administra todas las finanzas y el otro es sumiso. Siempre y cuando haya justicia puede funcionar. Pero con este método muchas parejas han entrado en crisis y hasta ha habido serios conflictos.

—Método de una proporción de acuerdo con lo que gana cada uno, en este método el que gana más debe aportar más.

—Método de división de gastos, en este método a cada uno le corresponde un acápite del presupuesto, o sea, que a uno le corresponde pagar la luz, el servicio de la casa, la compra del mes, y así respectivamente.

—Puede haber otras formas creativas de asumir los gastos del hogar.

Quiero compartir algunos consejos que recomiendan los expertos y que en muchas ocasiones nos ha funcionado :

1. Plantearnos metas

a. Al plantearnos metas no solo debemos hablar de ellas, esto puede quedarse en solo un deseo, debemos reunirnos y escribir las cosas que queremos lograr como pareja.

   Cuando tenemos metas definidas todo nuestro esfuerzo va dirigido a empujar hacia esas metas. Cuando no tenemos metas el dinero se gasta y no se sabe en qué, por eso hay parejas que con menos logran más.

b. Ordenar las metas según el orden de prioridad, distribuirlas a corto, mediano y largo plazo. Una vez que tengamos nuestra lista debemos colocarla en un lugar donde podamos verla diariamente.

c. Nuestras metas deben de ser específicas, no podemos ahorrar por ahorrar, debemos dirigirnos hacia una meta tangible: comprar una computadora, comprar una nevera, un carro, una casa, otros.

d. Las metas deben tener una fecha final de cumplimiento, por esto es importante investigar cual es el costo y con lo que puedo ahorrar en qué tiempo lo podemos adquirir.

e. Al trazarnos una meta, esta debe ser acorde con nuestras posibilidades, por ejemplo, si queremos un apartamento y la cuota que podemos pagar es para uno de 3 millones de pesos, no tomemos uno de 5 millones, pues estaremos ahogados para poder cumplir y dejando de cubrir acápites importantes de nuestro presupuesto general. Con el tiempo podrían perder el apartamento y quedar sin nada. Esperemos a que nuestras circunstancias varíen y poder comprar el apartamento de sus sueños.

f. Algunas metas que se planteen puede que se queden en el camino. Pero cuando entendemos que estamos bajo la dirección de Dios, sabremos que nuestras obras están preparadas de antemano por El, y algunas de las metas que nos proponemos no están en ese plan.

2. Como elaborar un presupuesto

El presupuesto es una herramienta que nos sirve para establecer una relación entre nuestros ingresos y gastos y nos permite desarrollar nuestras metas ya sea personales o familiares, además nos sirve para visualizar cómo usamos nuestros recursos económicos y si lo hacemos adecuadamente. Nos evita el escape del dinero en cosas superfluas.

Recomendaciones para desarrollar nuestro presupuesto:

a. Determinen la periodicidad con que van a hacer su presupuesto, generalmente se hace de acuerdo con la forma de cobro, ya sea quincenal o mensual.
b. Consideren sus ingresos fijos y variables, así saben a qué atenerse con sus gastos.
c. Identificar los gastos fijos y variables. Los fijos corresponden a lo que todos los meses se tiene que pagar. La renta, préstamo, celular, compra, colegio, entre otros.

Los variables, son aquellos que quieres realizar en cada período, pero que se pueden hacer en otro momento.

d. Organiza tu presupuesto de acuerdo con la prioridad. Ejemplo: arriba el diezmo, luego alimentación, servicios, estudios, préstamos y otros. Es importante poner un acápite para gastos varios, son cosas que no podemos ser exactos, como tomarse un café, hacer un regalo, comer fuera, colaborar con alguien, reparación de algo que se ha estropeado.
e. Es importante que incluyas un pequeño monto para emergencias, así el día que tengas una no tendrás que afectar tu presupuesto ordinario.
f. No gasten todos sus ingresos, es importante tener un excedente, pues este te servirá para ahorrar, abre una cuenta bancaria con este objetivo, ese dinero debe ser no negociable, no por cualquier cosa se debe tocar, solo para caso de vida o muerte. Debe ser usado solo para los fines o metas que se han planteado (sea vacaciones, prima para una casa, proyecto familiar)

3. En cuanto a las deudas

    a.   La recomendación bíblica es no tener deudas pendientes con nadie. (Romanos 13:8).

Paguen a cada uno lo que corresponda: si deben impuestos, paguen los impuestos; si deben contribuciones, paguen las contribuciones, al que deban respeto, muéstrenle respeto; al que deban honor, ríndale honor. (Romanos 13:7)

Como cristianos, no es que nunca podamos entrar en una deuda, pero cuando lo hagamos, debe ser por algo que sea relevante y que con nuestro presupuesto no podemos alcanzar a comprar al contado. Por ejemplo una casa, un vehículo, solventar una carrera, educación de los hijos. Al contraer deudas debemos ser responsables, dar testimonio a través de honrar nuestros compromisos.

    b.   Nunca dejen que sus gastos superen sus ingresos y menos por contraer deudas. Inmediatamente encuentren el primer indicio de que esto está ocurriendo, revisen y ajusten los gastos. Con esto se evita tener que entrar en la trampa de pago de intereses que van atrapando cada vez más su economía.

Tenemos que aprender a vivir de acuerdo con nuestros ingresos.

    c.   La decisión de tener una deuda, algo fuera de nuestros gastos ordinarios, debe ser una decisión en conjunto, debe tomarse según la prioridad familiar, no por el capricho de uno de los dos, debe ser un compromiso de ambos, a la hora de asumir el pago.

d. Todas las familias en un momento dado pueden estar sobregirados, y perder el control de las finanzas, cuando trabajas con un presupuesto podrás ver las señales temprano, algunas de estas son cuando se acumulan créditos de cuentas por pagar, cuando no se puede cubrir más que el mínimo en las tarjetas de créditos, cuando se dificulta pagar los gastos fijos. Lo peor que pueden hacer al ver esas señales es hacerte el ciego y seguir viviendo como si no existieran, seguir gastando sin tomar medidas y ajustar ingresos y gastos.

Pues las cuentas se van acumulando, la deuda aumentará a un nivel impagable.

e. Cuando identificas que tus finanzas están en riesgo, debes crear un plan de acción

Plan en tiempo de riesgo

Aquí una secuencia práctica de cómo hacerlo:

- Hacer una lista de sus deudas.
- Calcular sus gastos fijos.
- Recortar los gastos innecesarios.
- Limitar el uso de tarjetas de crédito.
- Utilizar el efecto "bola de nieve" que consiste en iniciar pagando la deuda más pequeña lo más rápido posible, luego con ese dinero disponible seguir pagando la siguiente deuda más pequeña, hasta pagarlas todas.

4. Enseñando a los niños a administrar

Enseñar a los niños a administrar es muy importante, hacerle entender que el dinero no viene de manera mágica, no viene del cajero automático y que es necesario producirlo para tener disponibilidad.

En nuestra infancia desde que teníamos conocimiento, uno de los primeros regalos era un cochinito alcancía, y todos los familiares contribuían contigo para depositar monedas hasta completarlo. Al final se rompía la alcancía y se producía la alegría de poder comprar aquello para lo cual te sacrificaste. Así se enseñaba el ahorro y propuesta de metas.

Al hablar de administración del dinero a los niños debemos hablar de valores, dentro de ellos la honestidad, el ser generosos, el ser agradecidos.

No debemos dar dinero por portarse bien, por sacar buenas notas o por haber sido generosos con alguien o por decir la verdad, todas estas cosas son deberes o valores para forjar su carácter.

Debemos enseñar a los niños que el dinero es un instrumento de intercambio, yo ofrezco dinero y recibo a cambio un servicio o yo ofrezco un servicio y recibo a cambio dinero.

No acostumbremos a nuestros hijos a darle todo lo que pidan, enséñenles a ganárselo haciendo alguna tarea del hogar. No cometamos el error de querer darle a nuestros hijos todo lo que no pudieron darnos los padres, estos procesos fueron lo que permitieron que desarrolláramos destrezas y habilidades. Los jóvenes de hoy quieren todo ya y ahora, porque se acostumbran a no tener que hacer nada para ganarlo.

Algunos consejos:

a. Desde pequeños enséñenle la administración del dinero a través del juego:

—Monopolio, sirve para conocer el dinero y cómo invertirlo

—Juego de la luz encendida: que cada miembro de la casa pague una multa simbólica cada vez que deje la luz encendida, al final de mes se reúne todo y se usa para ir a la heladería.

—Enseñarles el valor de cada papeleta.

—Enseñarles a usar el cajero automático.

b. Permitan que sus hijos aporten de lo que recibe para su merienda escolar una cantidad mínima para los planes de diversión familiar. Puede ser algo de poco valor, pero servirá para la enseñanza de colaborar y de ahorrar con propósito.

c. Permitan que sus hijos los acompañen a hacer la compra, aproveche para enseñarles a escoger los productos que sean de calidad, pero con mejores precios. Dejen que ellos paguen y sepan cuánto cuesta lo que se lleva a la casa.

d. Para los más grandes es bueno darles semanal, dejar que ellos administren este dinero y que le dure toda la semana.

e. Sus hijos adolescentes pueden realizar tareas por pagas y así aumentar sus ingresos y administrar lo que ganan. Es bueno que hagan esto con un propósito: como ir a un campamento, comprar algo específico que les interesa.

f. También pueden aprender a hacer algún oficio o manualidad que les genere ingresos.

g. Pueden abrir una cuenta de ahorros para menores, enseñarles a guardar sus ahorros y que él/ella lleve el seguimiento de su libreta.

h. Enseñémosles a nuestros hijos la diferencia entre querer algo y necesitar algo. Esto les enseña a dar prioridad a la necesidad y tener la paciencia para los gustos.

5. Contando con la providencia de Dios

Podemos realizar planes financieros para nuestra vida de pareja y familiar, pero si no ponemos a Dios en primer lugar en nuestros proyectos, si no lo involucramos y vamos bajo su dirección, todo puede fracasar.

Como pareja antes de hacer un presupuesto o un proyecto familiar hay que orar y ponerlo en las manos de Dios.

"Si Jehová no edifica la casa, en vano trabajan los que la edifican; si Jehová no guarda la ciudad, en vano vela la guardia". (Sal. 127:1)

Lo otro que debemos tener en cuenta para que seamos prosperados, es diezmar. Tengo muchos años practicando el diezmo y puedo dar grandes testimonios de como Dios con un proyecto que creía me costaría mucho tiempo y esfuerzo, ha permitido que se logre en forma milagrosa.

"Traed todos los diezmos al alfolí y haya alimento en mi casa; y probadme ahora en esto, dice Jehová de los ejércitos, si no os abriré las ventanas de los cielos, y derramaré sobre vosotros bendición hasta que sobreabunde".

La visión es que todo lo que tenemos pertenece a Dios, todo lo que podemos lograr o alcanzar nos es entregado para ser administrado. Dios es dueño de todo, pero a veces en lugar de ejercer nuestro rol como administradores nos creemos dueños.

"De Jehová es la tierra y su plenitud; El mundo, y los que en él habitan". (Salmo 24: 1)

Algunos principios bíblicos sobre nuestras finanzas

a. "Ahora bien, se requiere de los administradores, que cada uno sea hallado fiel". (1 Corintios 4:2)

    Dios requiere que cada uno de nosotros administremos con fidelidad lo que Él pone en nuestras manos.

b. Pagad a todos lo que debéis: al que tributo, tributo; al que impuesto, impuesto; al que temor, temor; al que honra, honra. No debáis a nadie nada. (Rom. 13:8)

    Es irresponsable de nuestra parte adquirir cosas que nuestro presupuesto no nos permite.

c. El que siembra escasamente, también segará escasamente; y el que siembra generosamente, generosamente también segará. (2 Corintios 9:6)

    El dinero es una semilla que debemos administrar, y si nos queda excedente debemos sembrar para que produzca más.

d. El alma generosa será prosperada; Y el que saciare, él también será saciado. (Prov. 11:25)

    La generosidad es un principio de prosperidad.

e. Nunca te hagas responsable de las deudas de otra persona, pues si no tienes con qué pagar, hasta la cama te quitarán. (Prov. 22:26–27)

    No acostumbres ser fiador de otra persona, a menos que tengas y estés dispuesto/a a pagar.

f. Traed todos los diezmos al alfolí... (Malaquías 3:10)

    Los insto a probar este principio y disfrutar de sus beneficios y bendiciones.

Errores más comunes en la administración en pareja.

a. No tener espacio de conversación sobre las finanzas y los proyectos individuales y comunes.
b. La infidelidad financiera. Cuando uno de los dos esconde información sobre gastos o ingresos, esto al descubrirse hace perder la confianza de la pareja.
c. Manejarse sin presupuesto. El presupuesto es lo que nos mantiene en orden e informados sobre a dónde va nuestro dinero y cuál es nuestra situación financiera. Incluso dependiendo de la metodología escogida, es bueno que se tenga un presupuesto de los gastos comunes y otro de gastos personales.
d. No ahorrar. La pareja que no se pone de acuerdo para ahorrar se les hace muy difícil lograr metas familiares y mejorar su nivel económico.
e. No crear un fondo para emergencias. Esto puede en un momento dado crear crisis financiera.
f. Dejar de lado la parte recreativa de la pareja y la familia por falta de planificación y que para hacerlo se tenga que incurrir en deudas.

Capítulo XIV

El futuro de la familia

Este es un tema multidisciplinario donde opinan sociólogos, psicólogos, historiadores, filósofos y teólogos. Por ello podemos ir investigando sobre lo que estas ciencias dicen al respecto. Al llegar a lo teológico tendremos que hacer una parada para ver desde que perspectiva vamos a presentar ese futuro. Por supuesto que es imposible pronosticar nada hacia el futuro sino se parte del presente y desde allí percatarse de las tendencias posibles.

Una forma que tendrá que esperar es ir directamente a la Biblia y preguntarle, ¿qué irá a pasar con la familia dentro del propósito divino? Eso se hará, pero no para evitar el análisis del fenómeno del futuro visto por los futurólogos, no brujos, sino analistas de tendencias como Gustavo Poratti en cuanto a autos.

¿Cómo serán los automóviles del futuro? El autor de ese título de una monografía es Gustavo Poratti. Este experto en el tema lo trata en siete puntos

1. Automóviles híbridos
2. Automóviles a hidrógeno

3. Apariencia de los automóviles
4. Automóviles con más electrónica
5. Mecánica de los automóviles
6. Automóviles autónomos
7. Centrales inteligentes de control de tráfico

Y ¿qué tiene que ver esto con el futuro de la familia?. Quizá nada, pero en nuestra mente hicimos una analogía, así como los vehículos cambian sus formas y modelos, también la familia no escapa a esas transformaciones.

Y un punto de conjunción entre los automóviles y las familias, está en el hecho de que una gran cantidad de marcas y estilos de carros son adquiridos, admirados o rechazados por la familia. Mucho del mundo automovilístico está condicionado por las tendencias del mercado familiar.

No son solo medios de transporte sino verdaderos símbolos y fetiches, que marcan estatus y formas de pensar, objetivos a lograr y necesidades concretas de las familias y de la sociedad en general.

Los automóviles reflejan también el desarrollo socioeconómico de una nación y son un indicador de la condición en que se encuentran las familias de determinada sociedad.

Los automóviles de cada época podrían reflejar a la sociedad y a la familia de determinado tiempo y sus tendencias. Pero al mismo tiempo lo que representan esos autos marcarán los tipos de familia a los que las personas pudieran aspirar.

También, la otra relación que se nos ocurre es que esos automóviles serán diseñados pensando en individuos que provendrán de algún tipo o modelo familiar, por ende, tendrán untados en su sustancia filosófica y práctica algo de nuestro tema.

Dejando de lado esas inferencias sociológicas, volvamos a la analogía. ¿Cuál será la apariencia de la familia del futuro? ¿Cómo será la familia en los tiempos híbridos, en la era del hidrógeno? ¿Serán exclusivamente electrónicas? ¿autónomas en todo sentido? ¿regidas por cuáles centrales de inteligencia y de control mundial?

Trasladar todas esas preguntas al área del futuro de la familia es un ejercicio entretenido, que nos estimula a buscar, a investigar los posibles cambios que sufrirá la familia en el devenir de la historia.

La familia del futuro

¿Cómo será la familia del futuro?

La pérdida de influencia de la Biblia en la vida social fortaleció la aparición de movimientos contra lo establecido y esto se fue llevando en su corriente a la familia tradicional, con la libertad sexual que inició en los años 60 y que en todo ese siglo XX fue desenfrenado y más o menos controlado por enfermedades como HIB o SIDA y en el XXI por el Covid-19.

Junto con el feminismo, la defensa del matrimonio homosexual, el derecho al aborto y al divorcio, la existencia de las parejas de hecho, se ha producido una ruptura, y la aparición de una agenda que trastoca a los valores tradicionales.

Aparentemente dicha agenda está ganando la batalla y forjando un futuro muy incierto.

El papel tan relevante de la integración de la mujer al mundo del mercado, ha modificado la educación tradicional hogareña.

La influencia del Estado y de la Escuela en las mentes cada vez más tiernas de los niños, que antes crecían con su madre, pero ahora no, han quedado expuestos a nuevas agendas que inventan los dueños del mundo.

Los vehículos ya no se necesitan tan grandes, con eso queremos señalar que la familia numerosa tendrá que desaparecer.

No se puede, simplemente no se puede, esa es la idea que abrazan las familias actuales. Es lo que dicen los ideólogos de las nuevas formas de constructos familiares. Las familias han ido por sí mismas disminuyendo su tamaño a un hijo o a lo sumo dos, pareciera que esto es presentado como el dogma moderno, no niños o pocos, mejor solo uno y tal vez dos.

O tal vez mejor no tener y si por desgracia hay un embarazo no esperado, se puede matar. Pero, el dogma del vehículo económico y pequeño debe prevalecer. Ese es nuestro incierto futuro, donde las sociedades se van achicando en su natalidad, una población cada vez más anciana y la llegada del mundo más pobre hacia el más rico, de inmigrantes líquidos que vendrán a ocupar esos espacios.

La familia tipo electrodoméstico

Hoy encontramos la siguiente paradoja. Familias de dos o tres personas en una urbe formada por millones de gente de todo el mundo. Esta tendencia llevará a la estructura familiar a no tener gran poder, son demasiado pequeñas y frágiles, Cada vez se pretende que sean más y más pequeñas y más y más frágiles en sus principios, valores y resistencia para mantenerse juntos hasta que la muerte los separe.

La pauta es divorciarse y asociarse económica, social y sexualmente de forma temporal y legalmente definida, o simplemente una unión sin demasiados compromisos ni tradición.

¿Se adapta el ser humano a todo? Parece que sí.

¿Somos adaptables a cualquier estructura familiar? ¿Otras formas alternativas de familia?

Parece que eso es lo que se ha demostrado. No significa que hayamos avanzado en cuanto a los valores de amor y solidaridad, compromiso y seriedad, sino que hemos sobrevivido y para ello nos hemos puesto a romper e inventar. Y como todo efecto electrodoméstico funciona bien por un tiempo y luego se deshecha.

Esa es la realidad actual. La familia como electrodoméstico.

Las diversas culturas crean sus sistemas económicos en virtud de su sobrevivencia y como en el mito de Platón, llegan a adorar a dicho sistema y sacrificarse en sus altares.

El nuevo orden creado por el hombre, está matando lo mejor de él, su vida espiritual y sus valores fundamentales heredados de sus ancestros.

Es el ídolo económico el centro de adoración. Los templos maravillosos son los centros comerciales a los cuales van ricos y pobres. Unos a adquirir lo más caro, otros a buscar imitaciones o simplemente a adorar el antro con la sensación de estar en el cielo.

Efectos de la liturgia de los centros comerciales

Estos son los momentos litúrgicos de los que visitan un centro comercial, en esos instantes en que puede sacar el permiso para ir a rendir culto, para luego seguir siendo su esclavo.

De seguir así, ¿cómo serán las familias del futuro?

La respuesta hay que buscarla en la gestión económica. Las economías se basan primordialmente en el individuo consumidor o en la familia.

Si la familia se va reduciendo y el individualismo creciendo, el factor más predominante será el sujeto independiente que consume, produce y reproduce la vida con su trabajo y actividad económica.

La satisfacción de este individuo, física, emocional, sexual y cultural girará alrededor de sus demandas y hasta de sus propios caprichos.

Las familias se irán relegando hacia las clases más pobres donde predominará la producción de la mano de obra barata.

Las clases medias con un número restringido de hijos, será la gran consumidora.

Las clases más poderosas cuya figura principal es el magnate y la enorme cantidad de socios que respaldan a esos monstruos multinacionales.

¿Y la familia dónde va quedando? Va siendo parte de una tradición y de una transición. La familia continuará, pero no de forma permanente sino al servicio del placer y controladas por las políticas de natalidad.

La gente no se casará para tener hijos, sino para vivir una felicidad condicionada al momento. El trabajo básico tendrá que ser realizado por las nuevas fórmulas de esclavitud laboral mientras van apareciendo los añorados robots que desplazarán la masiva mano de obra y servirán a un reducido mundo feliz.

Quizá los demás serán enviados a poblar otros planetas como experimento social. Nadie sabe qué es lo que vendrá y lo que Dios en su infinita paciencia permitirá.

Si de esa relación surgieran hijos, estos seguirán con uno de sus progenitores y como una pertenencia compartida con futuros hijos de otras relaciones experimentables, o como agentes repetidores de un nuevo modelo donde los vínculos sí importan, pero no se mantienen dentro de una estructura estable.

Es la liquidez de la que ya hablamos en ocasión al análisis de la sociedad líquida y agrietada de la actualidad.

Como no estamos hablando de actualidad sino de pronóstico, de futuro, serán sociedades aún más líquidas y sus grietas pasarán a ser nichos tolerables. La economía basada en el individuo superará los conceptos de propiedad y de herencia. Es el individuo el que debe tener lo suyo propio. La herencia ya no será el legado, ni la propiedad lo transmisible, sino la participación en las acciones y la mentalidad de posesión individual.

No es que se acabará el derecho de propiedad o de herencia, sino que se volverá funcional, no patrimonial.

El símbolo dará paso a lo puramente líquido, a la conversión en dinero, capital, en algo parecido a la iniciativa de la economía encriptada.

Los símbolos dan sentido y dirección a las instituciones, al ir desapareciendo la ideología, o la teología, o el sentido filosófico de las mismas, serán solo mecanismos de transferencia de la riqueza y del capital, del conocimiento o del aprendizaje de un determinado oficio que por formación o casualidad, por inversión e interés pecuniario el individuo aprende en conexión con su agente promotor y financiero, que podría ser el padre, el tutor, o simplemente un elemento anónimo con el que se tranzan algunos compromisos, hasta con algo tan impersonal como un robot que procesa información a través de algoritmos que comprometen fuertemente por medio de contratos que deberán ser respetados.

Cada vez con menos frecuencia tenemos relación directa con personas, pagamos la luz, el cable, el teléfono y muchos servicios a una computadora, la cual manipulamos a través de un pequeño móvil con sus aplicaciones, que en el pasado servía para tener conversaciones y hoy día para *textear*, palabra novedosa que ha hecho de la relación un tránsito de lo personal auditivo a la inversión simbológica, donde la realidad es sustituida al mismo tiempo por lo visto, es decir, la imagen, y de la cantidad de personas que tengan acceso a la misma, también se podría recibir recompensas provenientes de los famosos sistemas de monetización.

La imagen que se convierte en dinero como mercancía de admiración, placer, droga imaginaria, y mucho más.

Familia sombra

Cada vez más, la inteligencia artificial está tomando los comandos de la sombra. Se le llama sombra a las creaciones o proyecciones creadas por el hombre, pero que en un momento toman vida propia y lo dominan.

Vamos hacia una sociedad creadora de familias no reales, niños cuidados por robots. ¿Y cuándo será eso? Eso ya comenzó. Nuestros niños están más horas en un computador que con la familia real. Ya ni siquiera se teme a la mala práctica de una niñera, hasta eso va desapareciendo, es la internet la que cuida a los niños y ofrece monitoreo para que el padre pueda chequear desde su lugar de trabajo lo que pueda estar pasando en ese nicho llamado casa que se va convirtiendo cada vez más en un escenario o plataforma.

Así como la televisión ha ido dando espacio a las redes sociales y estas funcionan desde estudios particulares, así también la familia dinámica ha venido dando paso a la familia virtual.

Los sueños de un mundo alternativo del llamado metaverso, son pronósticos muy cercanos de lo que viene, la familia metavérsica. Es más fácil, interesante y placentero contar con una familia virtual, completamente creada a nuestra imagen, desenfreno e imaginaciones, para no asumir la familia real, donde hay que enfrentar procesos, enormes frustraciones, grandes inversiones emocionales y económicas y en donde a lo mejor se obtendrá poco, desde el punto de vista de la utilidad de la inversión.

Familia neocomunista

La familia neocomunista es una posibilidad futura, tanto o más peligrosa que los regímenes de izquierda con sus totalitarismos y atrocidades. Más que el capitalismo con sus grandes demandas de productividad generadoras de ansiedad colectiva.

El neocomunismo, que producirá una nueva familia, se centrará en una pérdida del sentido y la simbología de la familia quizá haciendo honor a las viejas tesis de Federico Engels uno de los padres del materialismo dialéctico, cuando exponía el rol de la familia en la sociedad burguesa y el de la familia en el nuevo orden del amor igualitario.

La familia, según Engels es parte del régimen de propiedad privada y de explotación. Al desaparecer las clases sociales, la familia no tendrá razón de ser.

La familia moderna se funda, afirma Engels, en la esclavitud doméstica de la mujer. El hombre es en la familia el burgués, la mujer el proletariado. ¿desaparecerá cuando desaparezcan tales causas? A su juicio, sí, porque la familia dejará de ser la unidad económica de la sociedad, pasando la economía doméstica a ser un asunto puramente estatal, el cuidado y educación de los niños no será de la familia sino del dios llamado Estado.

Ese comunismo que se extendió por la Europa del Este y por la Unión Soviética fracasó.

Pero, la esencia de esa idea no terminó, ella copuló con las corrientes posmodernas, dando origen a un neo comunismo, en donde el individuo y no el estado son los que garantizan la realidad de las cosas.

Un capitalismo comunista que rompe con todas las tradiciones, así como el marxismo quiso destruir todo símbolo religioso y patriarcal, religioso y propio de lo que llamaron la burguesía y a la fe cristiana, llamaron el opio de los pueblos.

Las destrucciones del arte, de las instituciones, y de los valores que el marxismo trajo se asemejan a las que podrían suceder en el neo comunismo derrumbando a la mayor institución , a la familia.

De allí su interés por exaltar el matrimonio entre personas que biológicamente no pueden procrear, la estimulación del aborto como forma de control de la cantidad, la ideología de género que atenta contra la genética, la ciencia y la propia biología, la unificación de los países en una sola cultura mundial, la proclamación de una ideología de lo diverso en base a la creación de una cultura aglutinante de sujetos de diversos colores.

Pero la trampa estaría,- como diría María Rubio Gómez, experta antropóloga social-, en que, cuando se habla de diversidad se está haciendo alusión realmente a las diferencias que fundamentan sistemas clasificatorios, antesala de la construcción de desigualdades.

En otras palabras, la diversidad la crean los individuos, según esta ola de pensamiento que va hacia el neocomunismo, donde ya no es el estado que determinará lo bueno o malo en función de su propia ideología, sino los individuos tan diversos como quieran ser.

Podríamos estar hablando de una dictadura de la diversidad en la que el que no esté de acuerdo podría terminar siendo juzgado por nuevas leyes neocomunistas y finalizar en una cárcel o con la letra escarlata de ser un renegado.

Estamos asistiendo a la predominancia de la familia de hecho, ¿cuál es esa? la que se quiera que sea, la que los individuos hayan elegido en el gran imperio del individualismo, de la sociedad diversa, descompuesta y fracturada en sujetos que a su vez adoran a una especie de metaestado no identificable pero que se ha convertido en su gran dios y tirano, la nueva economía mundial.

No sé por qué burlarse de los que predicen la llegada de un Anticristo, como el Antihéroe convertido en un dios. Este nuevo comunismo construirá los altares necesarios para que sean ocupados no por el estado como en el viejo comunismo ni por una figura fruto de la fracturada democracia, sino del totalitarismo de la individualidad colectivizada.

El nuevo dios, o la encarnación misma de Satanás, como el príncipe de este mundo. Ese será el Anticristo, un neocomunista adorador de sí mismo. Un príncipe capaz de gobernar un mundo basado no en el poder del Estado sino en el del mismo individuo, símbolo del sistema económico que se oculta tras las nuevas ideologías, las nuevas izquierdas, los nuevos movimientos que capitalizan a los grupos llamados urbanos, a las colonias étnicas convertidas en fetiches y a una religión que se ha rebajado a adorar a la *bestia*.

La familia robótica

La nueva familia robótica estará compuesta por la máquina inteligente y el individuo, asociados para resolver los problemas que surjan de las nuevas fórmulas y ensayos económicos.

Algunos piensan incluso en el resultado de una cópula entre la biología y la robótica de tal forma que surja una especie de conciencia nueva, capaz de manejar en alta gama los más complejos problemas que se vayan presentando.

Esta simbiosis del *Homo Deus* como la llama el filósofo Yuval Harari, será el resultado del desarrollo tecnológico. Nick Bostrom, filósofo sueco conocido por sus trabajos sobre el principio antrópico, el riesgo existencial, la ética sobre el perfeccionamiento humano, los riesgos de la superinteligencia nos advierte: "sabemos inventar, pero no sabemos des-inventar". O sea, que los procesos son irreversibles. Caminamos hacia una fórmula económica desconocida y hacia creaciones igualmente desconocidas en sus reacciones inteligentes.

Lo que no podemos dejar de lado como teólogos bíblicos es que Dios es soberano y no lo están sorprendiendo con todo ello. Al contrario, Dios conducirá todos los asuntos hacia sus propósitos. Esa es nuestra fe. No obstante, debemos discernir lo que está pasando para no ser engañados tras esos dioses.

En esta utopía de un paraíso acá en la tierra, el confort y el bienestar son sus mayores atractivos, "la comodidad se ha convertido en un valor que supera conceptos más abstractos como la privacidad, la democracia o la igualdad, señala Colin Horgan -escritor, productor y editor político en Toronto, en One Zero.

Lo cierto es que "quienes han provocado la crisis actual de valores no la resolverán". Rachel Thomas.

¿Qué hacer?

Esta pregunta sin duda alguna golpeará las puertas del mundo cristiano, no en el sentido de la cristiandad cultural occidental sino a la iglesia misma, en busca de una respuesta desde la esencia del Evangelio.

Repetimos, que la familia futura además de ser pequeña, casi inexistente, como lo será el estado, también será parte de un neocomunismo absolutista, cuyo absoluto no será el partido ni el estado, sino la economía real y simbólica.

Tendremos una familia en comunicación con la robótica y la tecnología, buscadora de alternativas de existencia placentera a toda costa.

Pero, lo cierto es que esas ínfulas futurísticas han sido impactadas por una severa crisis mundial, donde la biología se ha unido a las tensiones producidas por el reordenamiento que intentará imponerse a través de diversas guerras de diferente índole, desde las químicas hasta las del jaqueo entre las economías mundiales.

Buscando un poco de sobriedad en la reflexión, será necesario atender a la frase de *Markus Gabriel, filósofo de la Universidad de Bonn, en El País "La inteligencia artificial es una ilusión. No existe ni existirá. Lo que hay es software de códigos escritos por humanos para explotar a otros humanos".*

Un aterrizaje forzado junto a M. Gabriel nos lleva a pensar que, aunque realmente la creatura del hombre creador, es decir la tecnología y la robótica podrían ser agentes dominadores, lo que subyace son relaciones humanas, de grupos luchando por la hegemonía y el control del poder y detrás de todo ello, las fuerzas que operan en una corriente contraria en muchos aspectos a lo que enseña la Biblia.

No obstante, alguna cosa hay que hacer. Una de ellas es predicar en todo momento y de diversas formas, no solo el mensaje de salvación de las almas a través de Jesucristo, sino la ética del Reino.

Esa ética tan necesaria para que esto no se desintegre. Aún en el mundo secular, aparecen pensamientos opuestos a toda esa corriente y proponiendo a la ética como un medio de contraste.

Rachel Thomas, escribió el 22 de abril del 2019 en https:// www.fast.ai, sobre las cosas que se pueden hacer para contrarrestar esta deshumanización tecnológica a través de hacer más ético el proceso o la carrera que ha venido recorriendo la humanidad y que tiende hacia una vida de desconocidos resultados.

En resumen, son 16 cosas que se puede hacer para que la tecnología sea más ética:

1. Lista de verificación para proyectos de datos. Respondiendo a preguntas relacionadas con el abuso tecnológico moderno.
2. Desalojar riesgos éticos. Cuestionarse de ¿Cómo podría un gobierno autoritario usar su trabajo para vigilancia? Incluso ha habido múltiples momentos en que la vigilancia masiva y la recopilación de datos han jugado un papel clave en genocidios.
3. Resistir a la tiranía de las métricas. Los algoritmos no pueden ser agentes independientes programados para que *el fin justifique los medios*.
4. Crear productos que su valor no dependa de la publicidad. Crear un producto por el que la gente pague por el propio valor del mismo.
5. Crear productos cuya ingeniería se sientan con confianza y seguridad.
6. La representación del Defensor del Pueblo dentro de la empresa.
7. Organización con la participación de los empleados.
8. Abandone su empresa cuando la defensa interna ya no funcione. Primero la ética, sin ella no hay empresa que resista el peso de la trasparencia social.
9. Evitar acuerdos inmorales de no discriminación.
10. Apoyar regulaciones y legislación bien pensadas.
11. Apertura amplia a los reporteros de investigación.
12. Decidir de antemano cuáles son tus valores y límites personales.

13. Solicitar a su empresa que firme el Compromiso de Responsabilidad Social.
14. Aumentar la diversidad asegurándose de que los empleados de grupos sub-representados estén preparados para el éxito.
15. Aumentar la justicia igualitaria revisando sus procesos de entrevistas e incorporación de personas discriminadas por su condición física o de otro tipo no moral.
16. ¡Comparte tus casos de éxito! Las noticias están sesgadas hacia lo negativo y lo escandaloso. Si logra el éxito de forma ética, sin importar el tamaño de su victoria, compártalo para inspirar y alentar a otros.

Este tipo de iniciativas desde una ética para este tiempo tecnológico podrían verse como un nadar en contra de la corriente.

Pero, representan intentos de salir de ese salvajismo moral de dejar que las fuerzas mismas de la producción y de la tecnología impongan el camino a seguir en esta nueva sociedad.

La familia no está desvinculada del factor social y laboral. El futuro de la familia no está divorciado del curso que van tomando los acontecimientos en el plano de la producción y por supuesto de las orientaciones morales que pueda asumir determinada sociedad, o por el contrario de los derrumbes éticos de sus instituciones.

Si los cambios no comienzan en las áreas del mundo laboral, de lo económico y social, tampoco van a repercutir en el tipo de sociedad que valore el papel de la familia no como un simple medio sino como fuente de ética y estabilidad para todos.

Esas iniciativas en el campo secular y desde esos mismos derroteros debe ser un estímulo para una pastoral social, una ética desde los foros cristianos y desde la práctica profesional y laboral de los mismos para una transformación del mundo en el que se está viviendo y hacia el cual nos dirigimos.

Con ello queremos decir que no es suficiente dar charlas sobre familia o hacer seminarios , sino asumir una nueva misión integral que incluya la gran selva de la tecnología dentro del enorme marco social y económico, incluso del político y cultural en general. No es un trabajo fácil de diseñar ni de hacer sin dejar de realizar las tareas docentes y exhortativas propias del ministerio cristiano.

El ideal posmoderno de una sexualidad no reproductiva

Siguiendo con nuestro hilo, acerca de ese futuro en el imaginario social, acerca de por donde podrá ir la institución familiar del futuro, podemos ver visos de una familia basada en una sexualidad no reproductiva.

El sexo, se irá abandonando como elemento de hacer crecer el número de la población, sino como un medio de satisfacción basado en la utilidad y la fecha de caducidad. Como una mercancía al servicio del placer en sí mismo.

La ingeniería genética y de fertilidad será la industria capaz de ofrecer un servicio para conservar óvulos y espermas para el tiempo en que se desee contar con un hijo como una especie de tienda que exhibe sus productos de diversos colores, tamaños, cultura, herencia y moda.

En un mundo superpoblado es muy posible que sea el pequeño y poderoso Estado quien desee regular en virtud de la sobrevivencia y el equilibrio de la economía social, estos recursos, quizá no de forma absolutista sino detrás de los disfraces de la manipulación publicitaria. En un mundo en el que hay que controlar el crecimiento poblacional, el modelo imperante será el neocomunismo donde todos obedezcamos en virtud del placer y el bienestar personal. En donde es mejor no tener hijos por lo que significa el sacrificio del placer de los padres, hasta que este, el bienestar esté garantizado.

No sabemos si el tipo de hijos tan planificados por lo tecnológico, no serán demasiado parecidos a los robots que funcionan a través de algoritmos.

El recurso de la fertilidad artificial ha venido a ser de mucha bendición para familias que tienen problemas biológicos para concebir, es simplemente un recurso, pero que desde la perspectiva futurista en que estamos percibiendo su posible utilización, no será solo un simple recurso, sino un medio para un fin, el de construir ese reino neocomunista y fascista a la vez donde la economía y el placer del individuo sea garantizado a todo precio.

Si caminamos por ese sendero, de la familia pequeña, al servicio de un modelo neo hedónico, las sociedades deberán ser más pequeñas.

Los recursos inmensos estarán prometidos para los que construyan sobre una base minimalista de familia, donde la gran promesa es tener mucho para pocos.

En ese sentido no es descabellado ni simplemente conspiracionismo el pensar en formas sutiles de eliminación de lo que estorbe, es decir de lo que no sea capaz de producir, nos referimos a los más vulnerables, a la "raza débil", los ancianos, los indigentes, los excluidos de la tecnología en las sociedades olvidadas.

¿Qué pasará con una sociedad que quiera eliminar lo que considere no útil? ¿qué pasará con una sociedad basada en el pragmatismo? ¿Qué pasará en una sociedad que, a través de la aparente filantropía organizacional, experimente la creación de un nuevo tipo de hombre?

La respuesta no es fácil de responder, porque lo primero que hay que descifrar es si las cosas realmente van por ese camino, lo que nos llevaría a investigaciones sociológicas que nos ayuden a profundizar en la propuesta de *una teología de la familia para la sociedad del cambio*.

Nuestros planteamientos, como dice la articulista Romero Baeza, pueden tener mucho de ciencia ficción, pero no de fantasía. Recordemos la ciencia ficción de un Julio Verne, quien en su obra *La isla misteriosa* (1875) proponía el uso de lo que actualmente conocemos como hidrógeno verde, obtenido de la electrolisis del agua para su uso como combustible; el agua como "el carbón del futuro" para cuando "los depósitos de carbón se agoten". Este por ejemplo es un tema de enorme actualidad.

Dentro de ese ejercicio de ficción también podríamos imaginar propuestas que la iglesia de Dios hará para la familia dentro de un mundo que camina hacia el metaverso, el neocomunismo y la eliminación de los menos favorecidos.

Es decir, hacia una familia al servicio de un mundo que pretende ser una raza privilegiada tal y como la aspiró el régimen de Hitler y a ser controlada por el imperio de la economía a través de un estado poderoso y pequeño, una especie de *Stalinismo* posmoderno.

Tal vez la fórmula china de comunismo de partido y capitalismo en la economía tengan algo de ese sabor del futuro metálico y autoritario que le espera a la humanidad y que obligará a las gentes a construir familias conforme lo obliguen los poderosos y hasta los anticristos del momento, y por supuesto, los automóviles y otros objetos, reflejarán toda esa ideología convertida en fetiche.

La película de Disney Meet the Robinsons

La película de Disney sobre la Familia del Futuro, Meet the Robinsons del 2007 dirigida por Stephen J. Anderson (actor en "Frozen" y "Frozen II"), que en su reparto nos encontramos con las voces originales de Jordan Fry ("Charlie y la fábrica de chocolate"), Nicole Sullivan ("Superhéroe movie"), Harland Williams ("Robots") y Ángela Bassett ("American horror story" o "Black panther"), narra la historia de un niño Lewis que desea ser adoptado, pero no lo ha logrado debido a que es un inventor de aparatos raros.

Vivía en su orfanatorio, excluido de lo que deseaba, que era encontrar a su madre y ser feliz. Para eso inventa una máquina que lo lleve hasta lo más profundo de sus recuerdos en donde hallaría a su madre. Pero, los experimentos fallan y en lugar de eso, se abre un espacio desconocido luego de que se decepciona de su fallido experimento. En ese nuevo espacio de su vida aparece un niño del futuro, Wilbur, una especie de ángel animador que le motiva a seguir adelante, se trata de un niño arrogante y sabelotodo y bromista.

Este se da cuenta que su futuro dependerá del huérfano, por lo que lo introduce en la máquina del tiempo iniciando un viaje en el cual ambos deberán lidiar con ataques de seres peligrosos para salvar al mundo del futuro que viene.

La película está disponible y pueden verla en YouTube.

El punto interpretativo está en la experiencia de orfandad que sufre la generación actual, por una parte, y las soluciones que tendrán que ser buscadas en un mundo futurista, con una familia reconstruida y alternativa por la otra.

El filme presenta desafíos positivos y al mismo tiempo la tendencia a buscar en la máquina, lo que sirva para reconstruir el presente dañado. Es como si en el futuro se pudiera hallar la madre de la seguridad que no aparece, que solo la podrá percibir de lejos, como si se tratara de una sombra, pero sí la familia alternativa que abre el espacio para la restauración del todo. La madre como tema nostálgico atraviesa todo el argumento, trayendo furia por no encontrarla y esperanza de poder hallarla.

Son los intentos del hombre moderno buscando una salida hacia el futuro, pero teñido por la tinta indeleble de un paraíso perdido y anhelado representado en la madre que lo ha dejado abandonado a la entrada de un orfanato que a la postre será también clausurado.

Representa a un mundo sin salida para el cual Disney le inventa un relato lleno de futurismo, ciencia ficción y hasta aburrimiento en la tediosa trama. Quizá ese aburrimiento que denuncian algunos jóvenes frente a este filme representa también el propio que están experimentando las generaciones abandonadas por la atención paterna y materna de una familia presente y no ausente de sus procesos y conflictos.

Estamos escribiendo en estos momentos de la historia una película que puede ser afectada por el Evangelio de Jesucristo de una manera poderosa, trayendo como resultado la familia profética, es decir, el remanente que cruzará por todo el desierto y por grandes tribulaciones pero que saldrá victoriosa y rescatada por la Segunda Venida de Jesucristo a instalar la familia escatológica.

Este es el verdadero futuro de la familia predestinada por Dios para hacerla suya. Lo demás son desvaríos e ilusiones que el hombre va construyendo y de los cuales se irá desilusionando como sucede con tantas y superficiales modas.

La familia que perseverará en el futuro es la que está fundamentada en la Roca de la Salvación.

Unas palabras a manera de conclusión

Durante este camino teológico alrededor del tema de la familia nos hemos esforzado en presentar una obra que conjugue varias cosas en los diversos lectores que podemos encontrar.

En primer lugar, un planteamiento teológico capaz de interesar a los filósofos, teólogos, clérigos, líderes y gente que en general quiera leer, reflexionar y extraer lo que le pueda ser útil para el ejercicio de su vida académica, pastoral, familiar o en sus tertulias intelectuales.

También hemos querido alcanzar a los diversos grupos eclesiales que se reúnen para compartir sus inquietudes, leer y confrontarlas con sus diversos servicios diaconales en favor de la gente y de las familias. Tuvimos en mente a nuestros estudiantes del Instituto Teológico que pudieran ser desafiados por los profesores de teología y de pastoral para leer y ejercer juicio crítico sobre la lectura de esta obra.

En ese mismo sentido pensamos en nuestros estudiantes de la universidad interesados en analizar la obra como ejercicio de alguna asignatura en las áreas de la teología, educación o sociología.

La colaboración del capítulo de finanzas, quizá el más práctico y útil de todo el libro, tuvo en su mente ser un instrumento de ayuda a las parejas, especialmente de las iglesias, de los ministerios, clubes y pastoral familiar en general. Pienso que ese capítulo será el más exitoso en términos de instrumento ajeno a las dialécticas teológicas que caracterizan el estilo del autor principal. Fuera del pensamiento complejo, se torna como un oasis en medio del desierto por donde el autor ha traído a sus lectores. Nuestra enorme gratitud para la Dra. Suero, por este maravilloso capítulo, fresco en su estilo y grato para leer.

Quisimos también ejercitar la capacidad de imaginar y trasladarnos al futuro, no sin antes ofrecer algún paño de lágrimas para las pérdidas de la vida y para los desafíos de la familia en su constante construcción de resiliencia, resistencia y sobrevivencia con esperanza y fe.

Ese futuro tan incierto, peligroso, emocionante, tecnológico que en sí mismo no es malo, ya está siendo un desafío enorme a quienes creemos en el valor de la familia y en su vocación teológica.

Que este libro haya servido para alertarnos y equiparnos para esos momentos históricos que ha traído la llamada posmodernidad.

¿Qué podemos decir para ponerle punto final de oro a este esfuerzo?

"(Que) El fin de todo el discurso oído es este: Teme a Dios, y guarda sus mandamientos; porque esto es el todo del hombre. Porque Dios traerá toda obra a juicio, juntamente con toda cosa encubierta, sea buena o sea mala". (Eclesiastés 12:13-14)

Bibliografía

Agrafojo E. (2000). Manrique de Lara B. El duelo. *Modelos teóricos. Reacciones normales y patológicas de duelo.*

Aguirre, R., (2001) Del movimiento de Jesús a la iglesia cristiana. *Ensayo de exégesis sociológica del cristianismo primitivo*, Estella: Verbo Divino.

Ainsworth, M. Bowlby, J. 1965. El cuidado de los niños y el crecimiento del amor. London: Penguin Books.

Aldave, E., (2018). Muerte, duelo y nueva vida en el cuarto evangelio. Estudio exegético de Juan 11:1-12-11 a la luz de las prácticas rituales de la antigüedad, Estella: Verbo Divino Divino,.

Arens, E., (2015). ¿Hasta que la muerte los separe? El divorcio en el Nuevo Testamento, Estella: Verbo Divino.

Avia y Vázquez 1999; Ochoa de Alda I. 2002) (Avia D y Vázquez C. Optimismo inteligente. Alianza Editorial, Madrid, 1999). (Ochoa de Alda, I. Nuevas narrativas para afrontar la muerte de un ser querido en Rev. Cuadernos de Terapia familiar. II Época año XVI, n°: 51, 2002. 123–131. Boss P. La pérdida ambigua, Gedisa, Barcelona, 2001.

Bandstra, Barry L. (2008). Leyendo el Antiguo Testamento. Aprendizaje Cengage.

Baratas M.D. (2002). El duelo: una perspectiva general, en Rev. Cuadernos de Terapia Familiar nº 51, Madrid.

Battistutta Federico; *(2018)* Teología de la liberación animal. *Piacenza, Italia Publicado en Adista, 44, 10–13, Roma.*

Bauman, Zygmunt (2000), Modernidad Líquida, Buenos Aires, Fondo de Cultura Económica.

Bauman, Zygmunt (2002), Amor Líquido, Buenos Aires, Fondo de Cultura Económica.

BECK, Ulrich y BECK–GERNSHEIM, Elisabeth (2001). El normal caos del amor. Las nuevas formas de la relación amorosa. Barcelona: Paidós.

Bergant, Dianne (2013). Génesis: en el principio. Prensa litúrgica.

Bermejo JC. (2005). Estoy en duelo. PPC, Madrid.

Bermejo JC. (2005). Estoy en duelo. PPC, Madrid.

Bernabé, C., (2008). Duelo y género en los relatos de la visita a la tumba.

Bernabé, C., (2017) El cristianismo como estilo de vida. Aguirre, R. (ed.). *Así vivían los primeros cristianos. Evolución de las prácticas y de las creencias en el cristianismo de los orígenes,* Estella: Verbo Divino.

Bernal, Aurora (2007). Nuevos modelos familiares, nuevas ficciones. INFAD: International Journal of Blenkinsopp.

Bond, Donald y Bond de, Viviana, (1983). La Familia Cristiana, Sebring, FL: Editorial Bautista Independiente, Comentario Bíblico Mathew Henry, Dalbello, Dr. Ed, Estudio Bíblico para Matrimonio, Características de una Familia Cristiana Saludable. Diccionario Bíblico Certeza.

Borg, M. J. – Crossan, J. D., (2009). El primer Pablo. La recuperación de un visionario radical, Estella: Verbo Divino.

Boss P. (2001). La pérdida ambigua, Gedisa, Barcelona.

Bowlby J. (1993). La pérdida afectiva, Paidós, Barcelona.

Bowlby J. (1993). La pérdida afectiva. Paidos, Barcelona.

Bowlby J. (1993). La pérdida afectiva. Paidos. Barcelona.

Braumann, G., νήπιος: Coenen, L. – Beyreuther, E. – Bietenhard, H., Diccionario

Brazier D. (2000). El Buda que siente y padece. Declée de Brouwer, Bilbao.

Brueggemann, Walter (1986). Génesis. Interpretación: Comentario bíblico para la enseñanza y la predicación. Atlanta: John Knox Press.

C. – Gil, C. (2008) (eds.). Reimaginando los orígenes del cristianismo, Estella: Verbo Divino.

Cabodevilla I. (1999). Vivir y morir conscientemente, Desclée de Brouwer. Bilbao.

Cabodevilla I. (2002). Las reacciones de duelo, en Die Trill, M. Psicooncología, Ades ediciones, Madrid 2003,647–657. James JW, Friedman R, Landon L. Cuando los niños sufren. Los libros del comienzo. Madrid,.

Cabodevilla I. (2003). Las reacciones de duelo, en Die, M. Psicooncología, Ades ediciones, Madrid, 647–657.

Cabodevilla I. (2003). Las reacciones de duelo, en Die, M., Psicooncología, Ades ediciones. Madrid.

Cabodevilla I. (2003). Las reacciones de duelo, en maría Die Trill, Psicooncología, Ades ediciones. Madrid.

Cáceres Guinet, H., Jesús, el varón, Estella: Verbo Divino, 2011.

Cadoret, Anne (2003), Padres como los demás, Barcelona.

Carr, David M. (2000). Libro de Génesis. En Freedman, David Noel; Myers, Allen C. (eds.). Diccionario Eerdmans de la Biblia. Prensa de la Universidad de Amsterdam.

Cotter, David W (2003). Génesis. Prensa litúrgica.

Crossan, J. D. – Reed, J., (2006). En busca de Pablo. *El Imperio de Roma y el Reino de Dios frente a frente en una nueva visión de las palabras y el mundo del apóstol de Jesús*, Estella: Verbo Divino.

Crossan, J. D., (2016). Cómo leer la Biblia y seguir siendo cristiano. *Luchando con la violencia divina desde el Génesis al Apocalipsis*, Madrid: PPC.

D. Neufeld – R. E. DeMaris (eds.) Para entender el mundo social del Nuevo

Daniel S. Schipani (2016) Manual de Psicología pastoral.

De La Torre, Miguel (2011). Génesis. Creencia: un comentario teológico sobre la Biblia. Prensa de Westminster John Knox.

Del Valle Loroño, A.I. (1998), Inercias de género y resistencia a la igualdad en la organización doméstica. Inguruak Ames, Richard F., Cinco Claves para Éxito en el Matrimonio, 2007.

Edición en Español de Formato: Edición Kindle

Edwin H. Friedman; (1996). La teoría sistémica de la familia, y Las familias dentro de la congregación. En *Generación a Generación: El proceso de las familias en la iglesia y la sinagoga.* Buenos Aires: Nueva Creación: págs. 25–261.

Elsa Tamez, (1983) La mujer que complicó la historia de la salvación: el relato de Agar leído desde América Latina: Vida y pensamiento 3, 1 y 2 19–30.

Emil Schürer, (1979). Historia del pueblo judío en tiempos de Jesús, Ediciones Cristiandad.

Epstein, Robert (2007). El contínuum de la homosexualidad. Mente y Cerebro, 23, 54–60.

Esly Regina Carvalho (2001). *Cuando se rompe el vínculo: Separación, divorcio, y nuevo casamiento.* Buenos Aires: Kairós.

Espinal, A Gimeno, F González; (2018). El enfoque sistémico en los estudios sobre la familia. Revista internacional de sistemas 14 (4), 21–34.

Estefanía Simón; (2020). https://forbes.es/author/estefania-simon

Estévez, E., (2015). "Las mujeres en los orígenes cristianos": Aguirre, R. (ed.), *Así empezó el cristianismo,* Estella: Verbo Divino.

Evans, Craig A.; Lohr, Joel N. (2017). El libro del Génesis: composición, recepción e interpretación. SBL Press; First edición.

Fernández–Abascal, G. (2008) (coord.). Emociones positivas. Madrid: Pirámide.

Fernando Pliego Carrasco; (2018). Estructuras de Familia y Bienestar de Niños y Adultos. Editorial: Universidad Anahuac, Materia Sociología.

Foucault, Michel (1986), Historia de la sexualidad. 1– la voluntad de saber, México, Siglo XXI Editores.

Foucault, Michel (2003), Historia de la sexualidad. 2– el uso de los placeres, Buenos Aires, Siglo XXI Editores.

Frangipane F. (2016). Fortaleza para la batalla: *180 lecturas diarias que le equipan para la guerra espiritual* (Spanish Edition) Edición Kindle.

Frangipane F. (2020). Los tres campos de la lucha espiritual (Spanish Edition) Edición Kindle.

Fretheim, Terence E. (1994). El libro del Génesis. En la Biblia del nuevo intérprete. Editado por Leander E. Keck, vol. 1, págs. 319–674. Nashville: Abingdon Press.

Freud S. (2017). Duelo y melancolía. (Spanish Edition) Editorial Universidad Veracruzana; conmemoración centenaria. Edición Kindle, Amazon. 1era. edición.

Freud Sigmund (1987). "20° Conferencia. La vida sexual de los seres humanos", Sigmund Freud, Obras Completas, Conferencias de Introducción al Psicoanálisis (parte III) 1916–1917, Buenos Aires, Amorrortu Editores.

Galán, Elena (2007). Desarrollo emocional, educación afectiva y modelos de familia. INFAD:

Garralda M. S. y otros Incidencia de duelos de riesgo en familiares de primer grado en una unidad de cuidados paliativos. VI Congreso Nacional de la Sociedad Española de Cuidados Paliativos, San Sebastián, junio 2006.

Gedisa Derrida, Jacques; Roudinesco, Elizabeth (2005), Y mañana qué, Buenos Aires, Fondo de Cultura Económica.

Giberti, Eva (2004), "La adopción y la alternativa homosexual", J.H. Raíces Montero, compilador, Adopción. La caída del prejuicio, Buenos Aires, Editores del Puerto.

Gignac, A., (2014). L'épitre aux Romains, Paris: Du Cerf.

Gil, C., (2001) Los valores negados, Estella: Verbo Divino.

Gil, C., (2015). Pablo en el naciente cristianismo, Estella: Verbo Divino.

Gil, C., (2019) La novedad de Pablo en el judaísmo de su tiempo. *Un debate que no acaba*: Revista Bíblica 81, Buenos Aires: PPC, p. 91–117.

Gloor, D. (2015). La homosexualidad en la Biblia, San José: Sebila.

Goff, Guillermo, (2003). El Matrimonio y la Familia en la Vida Cristiana. Editorial Mundo Hispano.

Gómez Sancho M. (1998). Medicina Paliativa, Aran ediciones, Madrid.

González, María (2002). Dinámicas familiares: Organización de la vida cotidiana y desarrollo infantil y adolescente en familias homoparentales. Madrid: Defensor Comunidad de Madrid.

Gracia, E. y Musitu, G. (2000). Psicología social de la familia. Barcelona: Paidós.

Guijarro, S., (2013) "La relación paternofilial": R. Aguirre (ed.), El Nuevo Testamento en su contexto. Propuestas de lectura, Estella: Verbo Divino.

Guijarro, S., (2015). "La primera generación en Judea y Galilea": Aguirre, R. (ed.), *Así empezó el cristianismo*, Estella: Verbo Divino,

Hamilton, Víctor P (1990). El libro de Génesis: capítulos 1–17. Eerdmans.

Hamilton, Víctor P (1995). El libro de Génesis: capítulos 18–50. Eerdmans.

HAN, Byung–Chul (2013): La sociedad de la transparencia, Barcelona: Herder Editorial. HAN, Byung–Chul (2014): En el enjambre, Barcelona: Herder Editorial.

HAN, Byung–Chul (2013): La sociedad del cansancio, Barcelona: Herder Editorial.

Henry Fernández Kenneth Copeland; (2002). Fe, familia y finanzas: Cimientos fuertes para una vida mejor (Spanish Edition).

Hernández Garibaldo, Adrián, (2012). Manual de Enseñanzas para Matrimonios, Guadalajara Jalisco, México, enero.

Hirsch, Samson Raphael (1999). El Pentateuco: Génesis. Traducido por Isaac Levy. Judaica Press, 2da edición. Publicado originalmente como Der Pentateuch uebersetzt und erklaert Frankfurt, 1867–1878.

Howard Clinebell, (1999). El asesoramiento para el enriquecimiento matrimonial y la crisis de la pareja. En *Asesoramiento y cuidado pastoral*. Grand Rapids: Libros Desafío, págs. 233–270.

http://desintegracion–familiar–psicologia.blogspot.pe

http://docplayer.es/14968450–Sahuaro–iglesia–de–cristo–hermosillosonora–mex

http://fortaleciendomatrimonios.blogspot.pe

http://losnavegantes.net/familia/estudios–edelstein

http://www.bbnradio.org/bbnnet/downloads/hogar_cristiano

http://www.encinardemamre.com/taller_para_matrimonios_
parejas_cristianas.ht.

Hundayi, M, (2015). La tiranía de los modos de vida, Madrid: Cátedra,.

Hurtado, L. W., (2017). Destructor de los dioses. *El cristianismo en el mundo antiguo,* Salamanca: Sígueme.

Huxley, Aldux (1975). Un mundo feliz. Madrid: Espasa Calpe.

International Journal of Developmental and Educational Psychology, 3 (1), 55–66.

International Journal of Developmental and Educational Psychology, 3 (1), 173–180.

James JW, Friedman R. (2001). Manual para superar pérdidas emocionales. Los libros de comienzo. Madrid.

Joachin Jeremías, (2017). Jerusalén en tiempos de Jesús, Ediciones Cristiandad. S.L.

Johannes Leipoldt y Walter Grundmann, El mundo del Nuevo Testamento, (1973). Ediciones Cristiandad. Tomo I. Estudio histórico–cultural, páginas 201 y siguientes.

Jorge A. León. (2009). El matrimonio hoy, *El matrimonio y las estructuras familiares*, y El asesoramiento pastoral de la pareja. *En Psicología pastoral para la familia: Una perspectiva cristiana de orientación familiar*. Cleveland, TN: Editorial Evangélica, págs. 19–104.

Jorge E. Maldonado (2004). La relación de pareja: El eje de las relaciones familiares. En *Introducción al asesoramiento pastoral de la familia*. Nashville: Abingdon Press, págs. 59–80.

Joseph (2011). Creación, no creación, recreación: un comentario discursivo sobre Génesis 1–11. Continuum International Publishing Group.

K. Eia Asen, Peter Tomson, (1997). Intervención Familiar, Guía práctica para los profesionales de la salud– editorial.

Kaplan H.I. (1996). Sinopsis de psiquiatría, Médica– Panamérica, Madrid.

Keeney, B. P. (1983). *Descripción cibernética de la terapia familiar: Estética del cambio*. Buenos Aires: Ed. Paidós.

Kessler, Martin; Deurloo, Karel Adriaan (2004). Un comentario sobre Génesis: el libro de los comienzos. Prensa Paulista.

Kübler–Ross, (1994). Sobre la muerte y los moribundos. Barcelona: Grijalbo.

Kubler–Ross, 1994 La muerte: un amanecer. Barcelona: Luciérnaga.

La individualización. El individualismo institucionalizado y sus consecuencias sociales y políticas. Barcelona: Paidós.

Larry Burkett. (2009). La familia y sus finanzas, (Spanish Edition).

Las no cosas: (2021) Editorial TAURUS, Colección del libro: Idioma: Castellano Traductor/a: Chamorro Mielke, Joaquín, Número de páginas: 144.

Leloup JY, Boff L. (1997). Terapeutas del desierto. Sal Terrae, Santander.

Leticia García Villaluenga, José Ignacio Bolaños Cartujo; (2016). Guía: Cómo resolver los conflictos familiares. Editores: Comunidad de Madrid, Dirección General de Familia, Comunidad de Madrid, España

Lévi–Strauss, Claude, (1969). Estructuras elementales del parentesco, Introducción, Capítulo I: Naturaleza y Cultura, Capítulo II: El problema del Incesto.

Lic. Celia Zingman de Galperín, Lic. Alicia Jeroz de Arbiser, El ciclo vital familiar. Sociedad Argentina de Terapia Familiar.

Lic. Silvia Baeza; (1999). El rol de la familia en la educación de los hijos. Jornadas interdisciplinarias de Instituciones de Promoción Social, Educación y Salud. Ministerio de Cultura y Educación – Ministerio de Bienestar Social. Gobierno de la Provincia de la Pampa. Santa Rosa, 24 y 25 de septiembre de 1999. Conferencia Inaugural.

Liquid Modernity (2000). Cambridge: Polity.

Lizarraga S, Ayarra M, Cabodevilla I. (2005). Atención a la familia del paciente al final de la vida. Rev. Formación Médica Continuada en Atención Primaria; 12, 692–701.

López E. Die, M. (2000). Aspectos psicológicos en cuidados paliativos, Ades ediciones, Madrid. 475–490.

López, Víctor y Castillo, Úrsula (2007). Evolución y afianzamiento de los nuevos modelos familiares:

Luengo, T. Román, J.M. Marugán, M. y Del Caño, M. (2007). Modelos familiares y satisfacción parental: Influencia de variables del proceso familiar. INFAD: International Journal of Developmental and.

MacDonald, M. Y., (2004). Las mujeres en el cristianismo primitivo y la opinión pagana. *El poder de la mujer histérica,* Estella: Verbo Divino,.

Madera Vargas, I. (2001). Por el Camino de Emaús, Indo–American Press Service, Bogotá.

Malina, B.–Rohrbaugh, R., (1996). Los evangelios sinópticos y la cultura mediterránea del siglo I. Comentario desde las ciencias sociales, Estella: Verbo Divino.

Malina, M., (2002). El mundo social de Jesús y los evangelios, Santander: Sal Terrae.

María Elena Mamarián; (2012). «Prevención de la violencia en el noviazgo». En Hugo N. Santos, ed. *Dimensiones del cuidado y asesoramiento pastoral: Aportes desde América Latina y el Caribe.* Tomo II. Buenos Aires: Kairós, págs. 127–156.

María Martín Baz, (2019). Tipos de familia política *y maneras de lidiar con ella,* agosto 12, https://luciasecasa.com/lifestyle/tipos-de-familia-politica.

McKeown, James (2008). Génesis. Eerdmans.

Meier, J. P., (2005). Un judío marginal. Nueva visión del Jesús histórico, tomo I: *Las raíces del problema y de la persona*, Estella: Verbo Divino.

Meier, J. P., (2009). Un judío marginal. Nueva visión del Jesús histórico, tomo IV: Ley y amor, Estella: Verbo Divino.

Melaine Klein. (1978). Obras completas, Paidós, Barcelona,.

Minuchin, S. & Fishman, H. C. (1985) *Técnicas de Terapia Familiar*. Barcelona: Paidós.

Minuchin, S. (1974). *Un modelo familiar. Familias y Terapia Familiar*. Barcelona: Gedisa.

Modernidad líquida. (1999). Buenos Aires: Fondo de Cultura Económica.

Molero, Rosa–Josefa y otras (2007). Las familias extensas acogedoras: Perfil y necesidades. INFAD:

Monlau, P. (1856). Diccionario etimológico de la lengua castellana, Madrid: Rivandeneyra.

Moxnes, (2005). H., Poner a Jesús en su lugar, Estella: Verbo Divino.

Osiek, C. – Pouya, J., (2014). Los conceptos de género en el mundo imperial romano, Paidós.

Pangrazzi A, (2021). Alivio mi dolor hablando de mi amor, Acompañar en el sufrimiento y en el duelo / Ediciones Mensajero.

Pangrazzi A. (1993). La pérdida de un ser querido. Un viaje dentro de la vida. Paulinas, Madrid.

Pangrazzi A. (1993). La pérdida de un ser querido. Un viaje dentro de la vida. Paulinas, Madrid.

Pangrazzi A.; (2016). El dolor no es para siempre Los grupos de ayuda mutua en el duelo; Editorial SAL TERRAE.

Parellada D. Prólogo en Grollman E.A. (1986). Vivir cuando un ser querido ha muerto. Ediciones 29, Barcelona.

Pérez, F. (2004). ¿Me muero? *Análisis sobre el miedo a la muerte y algunas consideraciones teóricas sobre el enfrentamiento con el emblema de la muerte y el morir.* University of Puerto Rico, Río Piedras, Puerto Rico.

Pikaza, X. (2016). La familia en la Biblia, Estella: Verbo Divino,.

Piñero, A., Jesús y las mujeres, Madrid: Trotta, 2014.

Pittman, F.; (1990), Momentos decisivos. Tratamiento de familias en situaciones de crisis. Buenos Aires: Paidós.

Poch, C. & Hererro, O. (2003). La muerte y el duelo en el contexto educativo: Reflexiones, testimonies y actividades. Barcelona: Paidós Ibérica.

Quinzio, Sergio; (1995); Mysterium iniquitatis, Adelphi, Milán.

Ramos, Victoria y González Bernal, Jerónimo (2007). Nuevos modelos de familia y educación.

Reed, J. L., (2006). El Jesús de Galilea. Aportaciones desde la arqueología, Salamanca, Sígueme.

Reeves, N. C. (2011). Death Acceptance Through Ritual. Death Studies,

Richard Ing.; (2006). Guerra espiritual (Spanish Edition). Edición Kindle.

Richard Ing; (2015). Haga guerra espiritual por su matrimonio: Identifique la batalla por su corazón, su hogar y su familia (Spanish Edition).

Richards, P.S. & Bergin, A. (2005). A Spiritual Strategy for Counseling and Psychotherapy. Washington: American Psychological Association.

Rita María Ceballos (2009). Agar, una mujer de la Biblia. Centro Pastoral de Comunicación H. Juan Gonzalo, S.J. (CEPA) Derechos reservados.

Rivera Avilés, H. M. (2007). Actitudes hacia la muerte y bienestar espiritual en una muestra de envejecientes. (Disertación Doctoral) Escuela de Medicina de Ponce, Ponce Puerto Rico.

Roger Bartra (2006). *Culturas líquidas en La tierra baldía/Liquid Cultures in The Waste Land*, Edición bilingüe, Centre de Cultura Contemporánea de Barcelona

Roger Bartra 2022. El mito del salvaje (nueva edición ampliada), Siglo XXI Editores en coedición con la UNAM y el INAH.

Rojas S. (2005). El manejo del duelo. Granica, Barcelona.

Rojas S. (2005). El manejo del duelo. Granica, Barcelona.

Román, José-María; Martín, Luis-Jorge y Carbonero, Miguel Ángell (2009). Estructuras familiares y satisfacción de las necesidades de los hijos y de la pareja. Universidad de Valladolid. Departamento de

Rosa, M. (2005). Duelo a la Transparencia. San Juan, Instituto de Cultura de Puerto Rico.

Salazar, G. T., & Arriagada, R. R. (2020). Manual de finanzas personales y de familia. *Cómo usar bien mi dinero y el tuyo*. Chile: Ediciones Universidad Autónoma de Chile.

Santiago, M. (2011). La espiritualidad, una definición y su pertinencia a la psicología social– comunitaria. (Tesis Doctoral). Universidad de Puerto Rico, Río Piedras.

Sarna, Nahum M. The JPS Torah Commentary: (1989). Génesis: El texto hebreo tradicional con la nueva traducción JPS. Filadelfia: Sociedad de Publicaciones Judías.

Ska, Jean-Louis (2006). Introducción a la lectura del Pentateuco. Eisenbrauns.

Sófocles (1976), "Edipo Rey", Dramas y Tragedias, Barcelona, Editorial Iberia. Zizek, Slavoj (2001), El espinoso sujeto, Buenos Aires, Paidós.

Speiser, EA (1964). Génesis: Introducción, traducción y notas. Nueva York: Anchor Bible.

Steven Morales, (2022) (Content Director at Radical) Coalición por el Evangelio, https://www.coalicionporelevangelio.org/autor/steven-morales.

Stroebe, M.S., & Schut, H. (1999). The dual process model of coping with bereavement: Rationale and description. Death Studies, 23, 197–224.

Sweeney, Marvin (2012). Génesis en el contexto del pensamiento judío.

Teológico del Nuevo Testamento, tomo II, Salamanca: Sígueme, 2005.

Testamento, Estella: Verbo Divino, 2014.

Theissen, G. (2016). La religión de los primeros cristianos, Salamanca: Sígueme.

Tizon J. L. (2004). Pérdida, pena y duelo. Vivencias, investigaciones y asistencia. Barcelona: Paidós.

Tizon J. L. (2004). Pérdida, pena, duelo. Paidós, Barcelona.

Tizon J. L. (2004). Pérdida, pena, duelo. Paidós, Barcelona.

Tizon J. L. (2004). Pérdida, pena, duelo. Paidós, Barcelona.

Tizon J. L. (2004). Pérdida, pena, duelo. Paidós, Barcelona.

Tizon, J. L. (2004). Pérdida, pena y duelo. *Vivencias, investigaciones y asistencia.* Barcelona: Paidós y Fundación Vidal Barraquer.

Torralba F.; (1999). Futilidad y vulnerabilidad, en La medicina paliativa, una necesidad sociosanitaria. Hospital San Juan de Dios. Santurce, 283–298.

Una visión integradora. INFAD: International Journal of Developmental and Educational Psychology.

Universidad Autónoma de Santo Domingo UASD. (f/n/d). El enfoque Sistémico en los Estudios sobre la Familia.

Von Rad, Gerhard (1972). Génesis: un comentario. Prensa de Westminster John Knox.

Walsh, F. (2008). Spirituality, healing, and Resilience. In M. McGoldrick & K. Hardy (Eds.), Revisioning family therapy: Race, culture, and gender in clinical practice. (2nd ed., pp. 61–75). New York: Guiford Press.

Walsh, F. (2009). Spiritual Resources in Family Therapy. New York: Guiford Press. Winiarski, M. University Press.

Wallace, P. S. & Bruer, N. L. (1994). Helping your clients through tough times. Life Association News, 89, 152–155.

Westermann, C. (1986). Génesis 37–50, Minneapolis: Augsburg Publishing House.

Worden W. 1999. El tratamiento del duelo. *Asesoramiento psicológico y terapia.* Paidos, Barcelona.

Worden, W. (1997). El Tratamiento del Duelo. Barcelona: Paidos.

Yalom I. (1984). Psicoterapia existencial. Herder, Barcelona.

Yoffe, L. (2007). Efectos positivos de la religión y la espiritualidad en el afrontamiento de duelos. Psicodebate, 7, 193–205.

Esta edición de *Teología de la familia,* consta de una tirada de 100 ejemplares y se terminó de imprimir en el mes de noviembre de 2022, en Santo Domingo, República Dominicana.